Kohlhammer

Die AutorInnen

Dr. Jens-Uwe Martens, Dipl.-Psychologe, leitet das Institut für wissenschaftliche Lehrmethoden (IWL) in München. Er war lange Zeit Dozent und Lehrbeauftragter an der Ludwig-Maximilians-Universität (LMU) und der Universität der Bundeswehr in München. Er ist heute als Buchautor, Coach und Seminarleiter aktiv.

Birgit M. Begus, Dipl.-Soziologin, ist Geschäftsführerin der BEGUS Unternehmensberatung, Seminarleiterin, Autorin und Coachin.

Jens-Uwe Martens
Birgit M. Begus

Das Geheimnis seelischer Kraft

Wie Sie durch Resilienz Schicksalsschläge und Krisen überwinden

3., erweiterte und aktualisierte Auflage

Verlag W. Kohlhammer

Dieses Werk einschließlich aller seiner Teile ist urheberrechtlich geschützt. Jede Verwendung außerhalb der engen Grenzen des Urheberrechts ist ohne Zustimmung des Verlags unzulässig und strafbar. Das gilt insbesondere für Vervielfältigungen, Übersetzungen, Mikroverfilmungen und für die Einspeicherung und Verarbeitung in elektronischen Systemen.

Pharmakologische Daten verändern sich ständig. Verlag und Autoren tragen dafür Sorge, dass alle gemachten Angaben dem derzeitigen Wissensstand entsprechen. Eine Haftung hierfür kann jedoch nicht übernommen werden. Es empfiehlt sich, die Angaben anhand des Beipackzettels und der entsprechenden Fachinformationen zu überprüfen. Aufgrund der Auswahl häufig angewendeter Arzneimittel besteht kein Anspruch auf Vollständigkeit.

Die Wiedergabe von Warenbezeichnungen, Handelsnamen und sonstigen Kennzeichen in diesem Buch berechtigt nicht zu der Annahme, dass diese von jedermann frei benutzt werden dürfen. Vielmehr kann es sich auch dann um eingetragene Warenzeichen oder sonstige geschützte Kennzeichen handeln, wenn sie nicht eigens als solche gekennzeichnet sind.

Es konnten nicht alle Rechtsinhaber von Abbildungen ermittelt werden. Sollte dem Verlag gegenüber der Nachweis der Rechtsinhaberschaft geführt werden, wird das branchenübliche Honorar nachträglich gezahlt.

Dieses Werk enthält Hinweise/Links zu externen Websites Dritter, auf deren Inhalt der Verlag keinen Einfluss hat und die der Haftung der jeweiligen Seitenanbieter oder -betreiber unterliegen. Zum Zeitpunkt der Verlinkung wurden die externen Websites auf mögliche Rechtsverstöße überprüft und dabei keine Rechtsverletzung festgestellt. Ohne konkrete Hinweise auf eine solche Rechtsverletzung ist eine permanente inhaltliche Kontrolle der verlinkten Seiten nicht zumutbar. Sollten jedoch Rechtsverletzungen bekannt werden, werden die betroffenen externen Links soweit möglich unverzüglich entfernt.

3., erweiterte und aktualisierte Auflage 2023

Alle Rechte vorbehalten
© W. Kohlhammer GmbH, Stuttgart
Gesamtherstellung: W. Kohlhammer GmbH, Stuttgart

Print:
ISBN 978-3-17-042347-3

E-Book-Formate:
pdf: ISBN 978-3-17-042348-0
epub: ISBN 978-3-17-042349-7

*Für unsere Familien, die große Quelle unserer Resilienz.
Wir wünschen euch allen genug innere Widerstandskraft,
um immer wieder glücklich zu sein.*

Inhalt

Danksagung   11

Vorwort   13

Einführung: Schicksalsschläge als Gefahr und Chance   19

1   Unsere innere Widerstandskraft: Resilienz   25

1.1   Was ist »Resilienz«?   25
1.2   Wie verbreitet ist Resilienz?   27
1.3   Wie wirkt Resilienz auf den Körper und die Psyche?   29

2   Wie man Schicksalsschläge und Krisen bewältigen kann   32

2.1   Resilienz-Faktor 1: Sehen der Realität   33
Noris   33
Sehen der Realität im Katastrophenfall   36
Dem Unglück ins Auge schauen   38
Hilfe von Fachleuten für die Seele   41
Resümee   43

2.2   Resilienz-Faktor 2: Die optimale Einstellung zum eigenen Schicksal   44
Trost finden bei Starbucks   44
Anpassung an Lebenssituationen durch Einstellungsänderung   47
Warum haben unsere Einstellungen so viel Macht über uns?   49
Wie können wir unsere Einstellungen ändern?   51
Akzeptieren von Veränderungen   52
Herausforderung in jungen Jahren   53
Natascha Kampusch   53
Gestalter-Grundhaltung oder Selbstwirksamkeits-Überzeugung   58
Die Opfer-Grundhaltung und erlernte Hilflosigkeit   60
Eine Untersuchung zur Gestalter-Grundhaltung   62
Resümee   63

2.3	Resilienz-Faktor 3: Bewusstseins-Abspaltung als Resilienz-Faktor?	64

Erfahrungen des Autors Jens-Uwe zur Bewusstseins-Abspaltung   64
Körperliche Vorgänge bei der Dissoziation   66
Resümee   67

2.4	Resilienzfaktor 4: Sich selbst erkennen – Selbstbewusstsein und Persönlichkeit entwickeln	68

Pierre   69
Ein Erklärungsmodell: Transaktionsanalyse   72
Was ist Selbstbewusstsein?   74
Wichtige Regeln zur Selbsterkenntnis   76
Was passiert, wenn wir keine Selbsterkenntnis suchen?   81
Resümee   82

2.5	Resilienz-Faktor 5: Für sich selbst sorgen; sich erlauben, glücklich zu sein	83

Ein fataler Fehler   83
»Rollenspiel«   86
Humorvoller Umgang mit dem Schicksalsschlag   87
Resümee   88

2.6	Resilienz-Faktor 6: Hilfe durch soziale Kontakte	89

Was kann ein Blinder mit dunkler Hautfarbe vom Leben erwarten?   89
Schmetterling und Taucherglocke   91
Unsichtbare Stigmata   96
Innere Hemmnisse   97
Resümee   98

2.7	Resilienz-Faktor 7: Verzeihen	99

Erfahrungen auf Robben Island   99
»Wild Bill Cody«   102
Erkenntnisse der Psychologie und Soziologie zum Verzeihen   104
Sich selbst verzeihen   105
Resümee   108

2.8	Resilienz-Faktor 8: Trauerarbeit leisten	108

Boris darf nicht sprechen   108
Über das traumatische Erlebnis sprechen   112

Über das traumatische Erlebnis schreiben 113
Anleitung zum Expressiven Schreiben 116
Andere Formen der »Trauerarbeit« 117
Resümee 118

2.9 Resilienz-Faktor 9: Aufgaben- oder zielorientiert sein 119
Ein Genie wird seiner Kräfte beraubt 119
Verdrängen als Resilienzfaktor? 123
Hilfe für Andere 124
Superman im Rollstuhl 124
Resümee 125

2.10 Resilienz-Faktor 10: Sich fit halten 126
Der Selbstausbeuter 126
Dominik Fels 129
Resümee 130

2.11 Resilienz-Faktor 11: Sinn erleben 131
Viktor Frankl 132
Zusammenhänge erkennen 135
Resümee 139

2.12 Resilienz-Faktor 12: Vertrauen auf ein Höheres Wesen 139
Krista Bouillé 140
Der Glaube an ein uns wohlgesonnenes Höheres Wesen hilft
uns in Krisenzeiten 145
Untersuchungen zum Thema Religiosität 146
Resümee 148

2.13 Die Hirn-physiologischen Grundlagen der Resilienz 149
2.14 Die Resilienz-Faktoren im kurzen Überblick 152

3 Am Schicksal gescheitert? 157

3.1 Können Außenstehende beurteilen, ob jemand an seinem
Schicksal gescheitert ist? 157
3.2 Sackgassen auf dem Weg der Bewältigung von
Schicksalsschlägen 158
In die Sucht flüchten 158
Die Probleme verdrängen 159

Hassen	161
Ausgiebiges Selbstmitleid	162
Ausklammern aller Gefühle	163
Langzeitige soziale Isolierung	163

3.3	Resümee	165

4 Angst vor Schicksalsschlägen — 166

4.1	Das Wesen der Angst und der Furcht	166
4.2	Umgang mit Angst und Furcht	168
4.3	Die ultimative Angst: die Angst vor dem Sterben	171

Ungewollte Begegnungen der Autorin Birgit mit dem Tod	171
Ein Übergang?	174
Das geht gar nicht …	175
Tätiges Mitgefühl	178
Wunder, gibt es sie?	180
Können wir unsere Angst vor dem Tod lindern?	182

4.4	Angst oder Liebe?	182
4.5	Resümee	183

5 Schlussbetrachtung: Das Paradox schwieriger Zeiten — 185

Anhang A Wie steht es um Ihre Widerstandskraft? — 189

Anhang B Hilfreiche Gedankenmuster und günstige äußere Umstände zum Stärken der Resilienz — 195

Literaturverzeichnis — 200

Stichwortverzeichnis — 207

Personenverzeichnis — 212

Danksagung

Wir danken Krista Bouillé sowie Noris und seinen Eltern für ihre Offenheit in den Interviews und für das Vertrauen, das sie uns geschenkt haben.

Wolfgang Schäuble und David Greuzinger stellten uns ihr Fachwissen bezüglich spezieller Aspekte der Resilienz zur Verfügung. Jördis Schulz und besonders Peter Schmid-Meil gaben uns viele schriftstellerische Anregungen und Hinweise. Margot Vatter, Günter Bernkopf, Heike und Bernd Weidenmann sowie Susanne Ehmann vom Kohlhammer Verlag berieten und unterstützten uns als hilfreiche Lektoren.

Dieses Buch wäre nicht, was es ist, ohne euch alle. Herzlichen Dank!

Vorwort

»Schlechte Zeiten haben einen wissenschaftlichen Wert. Es handelt sich um Gelegenheiten, die ein guter Lerner nicht missen möchte.«
— Ralph Waldo Emerson[1]

Warum schreiben wir dieses Buch?

Jeder Mensch hat seinen ganz eigenen Lebensweg zu gehen. Manchmal werden wir dabei mit Widerständen konfrontiert, die wir als Unglück oder Schicksalsschlag ansehen. In solchen Situationen müssen wir beweisen, was in uns steckt, ob wir die Kraft, Ausdauer und Geschicklichkeit besitzen, mit diesen Aufgaben fertigzuwerden. Wenn jemand besonders schwierige Lebensaufgaben meistert, dann spricht man davon, dass er oder sie außergewöhnliche Widerstandskraft oder Resilienz besitzt.

Die Beschäftigung mit diesem Thema zeigt, wie viel Kraft in uns Menschen wohnt oder wohnen kann. Immer wieder entdeckt man, mit welchem Mut und mit welchem Selbstvertrauen sich Menschen auch den schlimmsten Schicksalsschlägen und Krisen stellen und sie in ihr Lebenskonzept in einer Weise einbauen, die nur bewundernswürdig genannt werden kann.

Wenn man von solchen Fällen liest oder von ihnen hört, stellt sich unwillkürlich die Frage: Wie würde ich reagieren? Auch wir Autoren haben uns diese Frage gestellt und nicht selten entstand in uns der Eindruck, dass wir das nie geschafft hätten, was andere uns vorgemacht haben. Man kann sich in guten Zeiten nicht vorstellen, welche inneren Kräfte im Notfall freigesetzt werden können, und daher kann man sich auch nicht vorstellen, dass man besonders schwere Schicksalsschläge unbeschadet überstehen kann.

Ich selbst, Jens-Uwe Martens, ein »Familienmensch«, dessen Lebensziel es schon als Kind war, einmal eine große Familie zu besitzen, habe meine erste Familie, meine Frau und meine zwei kleinen Kinder, die ich über alles liebte, bei einem Flugzeugunfall von einem Tag auf den anderen verloren. Heute kann ich sagen, dass ich es geschafft habe, dieses Unglück zu überwinden. Ich habe wieder eine bezaubernde Frau gefunden, die mir vier Kinder geschenkt hat, die sich sehr gut entwickeln, habe sogar schon sechs Enkelkinder (Stand 2022) – allerdings hat das Verarbeiten meines Traumas ziemlich lange gedauert.

---

1 Ralph Waldo Emerson (1803–1882), Essayist und Dichter, USA

Vorwort

Wenn Sie mich fragen, ob ich mir vorstellen könnte weiterzuleben, wenn ich heute meine Familie wieder verlieren würde, so antwortete ich Ihnen voller Überzeugung: Nein, auf keinen Fall, das würde ich nicht überstehen! Natürlich gibt es eine Stimme in mir, die sagt: Aber du hast es doch schon einmal überstanden! Mein Verstand stimmt dem zu, aber vorstellen kann ich mir das nicht, obwohl ich das alles schon einmal erlebt und bewusst durchlebt habe, obwohl ich sogar in diesem und anderen Büchern darüber geschrieben habe, die genau analysieren, wie ich das geschafft habe[2]. Wir können in guten Zeiten die Stärke unserer inneren Kräfte, die nach einem Unglück oder in einer großen persönlichen Krise freigesetzt werden, nicht ermessen.

Auch ich, Birgit M. Begus, bin, wie so viele Menschen, vom Schicksal herausgefordert worden, nach dem frühen Tod meines Sohnes und einer eigenen lebensbedrohlichen Diagnose meine inneren Kräfte zu ergründen. Ich weiß heute, dass man Situationen »überleben« kann, von denen man vorher dachte, man könne es nie und nimmer, und ich habe darüber hinaus erfahren, dass alles Schwierige in meinem Leben etwas Gutes in sich trägt, das mich reicher macht.

Falls es Ihnen, liebe Leserin und lieber Leser, beim Lesen dieses Buches auch so gehen wird, dass Sie sich fragen, ob Sie das eine oder das andere der beschriebenen Schicksale ertragen könnten, ob Sie den Kampf mit den »Dämonen«, die als einschneidende Erlebnisse ungefragt in unser Leben einbrechen, aufgenommen hätten, dann können wir Ihnen nur Mut machen: Vertrauen Sie auf die Kraft, die auch in Ihnen schlummert und die Sie mit vielem, oder vielleicht sogar allem fertig werden lässt – vorausgesetzt, dass Sie die später in diesem Buch erwähnten Irrwege und Sackgassen vermeiden.

Kaum ein Leben verläuft »glatt«, ohne Hindernisse, Probleme und Widerstände. In Untersuchungen zum expressiven Schreiben, die man mit verschiedenen Gruppen durchführte, hat man entdeckt, dass durchschnittlich jeder zweite Teilnehmer oder jede zweite Teilnehmerin über Erfahrungen berichtete, die man als traumatisch bezeichnen kann. Das gilt sogar für Studentinnen und Studenten, die noch keine lange Lebenserfahrung haben. Besonders häufig wurde berichtet von

- Vergewaltigungen,
- körperlichem und emotionalem Missbrauch,
- Selbstmordversuchen,

---

2 Martens, Jens-Uwe (1998 und 2012b)

- Drogenproblemen,
- tragischen Unfällen,
- Todesfällen,
- gescheiterten Liebesbeziehungen und
- Scheidungsdramen[3].

Es ist deshalb nicht nur klug, selbst vorbereitet zu sein, irgendwann im Leben Schicksalsschlägen und Krisen zu begegnen, sondern auch wichtig zu wissen, wie wir die Resilienz anderer Menschen stärken.

Wir werden im Laufe des Buches immer wieder erkennen, wie sehr wir Menschen uns gegenseitig brauchen, wenn sich Schlimmes ereignet.

Welche einschneidenden Erlebnisse sind Ihnen schon begegnet? Wie sind Sie damit fertig geworden? Wem wollen Sie beistehen in seiner oder ihrer Not? Dieses Buch kann Ihnen oder vielleicht durch Sie jemand anderem helfen, ein erfülltes, friedvolles und vielleicht sogar letztlich glückliches Leben zu führen – auch dann, wenn Probleme, Krisen oder Leid Sie heimgesucht haben oder noch auf Sie warten.

Lassen Sie sich inspirieren von den vielen Beispielen in diesem Buch, die Ihnen zeigen, was Menschen bewältigen können, wie sie es gemacht haben und wie Sie Ihre Resilienz und die der anderen stärken können.

Sie werden sicher die für Sie passenden Vorbilder finden.

Wir werden die wichtigsten Elemente von Resilienz mit Hilfe von zitierten Schicksalen verdeutlichen sowie Möglichkeiten aufzeigen, diese Fähigkeit bei sich selbst zu fördern. Im Anhang finden Sie eine Checkliste, mit der Sie feststellen können, wie es um Ihre eigene Widerstandskraft oder Resilienz bestellt ist. Sie können dann entscheiden, welche Seite Sie in sich fördern wollen oder wie Sie Betroffenen in Ihrer Umgebung helfen können. Denn das Thema Resilienz geht uns alle an, entweder als selbst Betroffene oder weil wir das Bedürfnis haben, einer Person zu helfen.

Die Corona-Pandemie – ein Resilienztest für uns alle

Inzwischen haben wir alle durch die Corona-Pandemie eine große Prüfung unserer Resilienz erfahren. Nicht nur wir als Einzelne wurden herausgefordert, unsere innere Widerstandskraft und Stärke zu mobilisieren, sondern alle Menschen weltweit. Alle Staaten und Kulturen waren betroffen, kämpften um die Gesundheit und das Überleben von Menschen sowie auch um den Erhalt

---

3 Horn u. a., 2011, S. 210

der Wirtschaftskraft ihres Landes. Jede und jeder von uns hat neue Prozesse der Selbstorganisation und Anpassung vollzogen und hat neue Systemorganisationen in der Gesellschaft erlebt. Auch ist sowohl im persönlichen wie im öffentlichen Bereich eine neue Werte-Hierarchie entstanden, die lebhaft diskutiert wird.

Schlagartig hat sich im März 2020 unsere Realität verändert: Geschäfte blieben geschlossen, Treffen jeder Art außerhalb der zusammenlebenden Kernfamilie mussten abgesagt werden, Abstand voneinander war Gebot, die Kinder blieben zu Hause, da Schulen, Kindergärten und Kitas geschlossen waren, Homeoffice war angeraten, wo auch immer es möglich war. Bei den einen fiel plötzlich Einkommen weg, bei den anderen stieg die berufliche Belastung ins fast Unbewältigbare. Über allem schwebte die Sorge um die eigene Gesundheit, die der Familie und die der Freundinnen und Freunde. Man musste auf Umarmungen verzichten, manche Familie war durch Grenzschließungen auseinandergerissen. Etliche Abschiede von einem geliebten sterbenden Familienmitglied fanden plötzlich und ohne ein mögliches letztes Treffen statt, jede Beerdigung ohne tröstende Freunde. Es war eine große Herausforderung.

Wie ist es Ihnen gegangen? Wie uns allen?

Haben wir es geschafft, der Situation und der Gefahr ins Auge zu schauen oder sind wir in Verleugnung und Verschwörungsmythen geflüchtet? Mit welcher inneren Einstellung haben wir die notwendigen Anpassungen geleistet? Haben wir geklagt, rebelliert oder unsere neue Realität aktiv gestaltet?

Wie stand es um unseren Humor und unsere Fähigkeit, Spannungen auszuhalten und zu klären? Konnten wir nach Auseinandersetzungen verzeihen, auch uns selbst verzeihen?

Oder fühlten wir uns einsam?

Konnten wir dem Lockdown und allem, was dann kam, einen Sinn geben? Vielleicht über die Möglichkeit hinaus, den Keller aufzuräumen und den Körper zu trainieren?

Die Zeit der Beschränkungen durch COVID 19 war eine große Chance, Selbsterkenntnis zu erlangen, sich selbst ein bisschen besser kennenzulernen. Und zu verstehen, was wirklich wichtig ist im Leben.

Wissenschaftlerinnen und Wissenschaftler sagen, dass es keine Herdenimmunität geben wird, die Corona-Pandemie wird in eine Endemie übergehen, bei der die Erkrankungen immer wieder in einer bestimmten Gegend oder Population gehäuft auftreten. Wir werden lernen, mit COVID 19 zu leben.

COVID 19 wird bleiben und mit ihm die Erfahrungen und der Reifeprozess, den wir durch es erlebten und erleben.

Vorwort

Der Einmarsch der Russen in die Ukraine – Krieg in Europa

Am 24. Februar 2022 wurde die Sorge um unsere Gesundheit durch Corona plötzlich von einer neuen Gefahr überdeckt. Die Russen haben die Ukraine angegegriffen! Seitdem sehen wir im Fernsehen oder auf Bildern in Zeitungen und allen Medien fast täglich von Bomben zerstörte Wohnhäuser, Menschen, die seit Wochen in Kellern ausharren oder Frauen, die mit ihren Kindern in den Westen flüchten.

Was macht das mit uns? Was macht das mit Ihnen? Leiden Sie mit den Betroffenen mit? Haben auch Sie Angst, dass sich der Krieg ausweiten könnte und daraus vielleicht ein dritter Weltkrieg, vielleicht sogar ein mit Atombomben geführter Krieg wird?

Die in diesem Buch dargestellten Resilienzfaktoren lassen sich auch in dieser Situation unterstützend einsetzen. Viele Menschen helfen zum Beispiel den Flüchtlingen, werden tätig, sind aufgaben- und zielorientiert (Resilienz-Faktor 9) oder sie verarbeiten ihre Ängste, indem sie mit Vertrauten darüber reden (Resilienz-Faktor 6: Hilfe durch soziale Kontakte). Die Anwendung der Resilienzfaktoren ist eine sehr individuelle Aktion. Sie werden sicher weitere Strategien zur Stärkung Ihrer Resilienz in diesem Buch finden, die Ihnen persönlich helfen können.

Wir wünschen Ihnen, dass Sie genug Stärke besitzen oder in sich fördern, diese schwierigen Zeiten unbeschadet zu überstehen.

München, Frühjahr 2023
Jens-Uwe Martens
Birgit M. Begus

Einführung:
Schicksalsschläge als Gefahr und Chance

> »Bewahre mich vor dem naiven Glauben, es müsse im Leben alles gelingen. Schenke mir die nüchterne Erkenntnis, dass Schwierigkeiten, Niederlagen, Misserfolge und Rückschläge eine selbstverständliche Zugabe zum Leben sind, durch die wir wachsen und reifen.«
> — Antoine de Saint-Exupéry

Schicksalsschläge können wir überwinden und daran wachsen oder wir lassen zu, dass sie unser ganzes Leben zerstören und wir vielleicht sogar daran zugrunde gehen. Ich, Jens-Uwe, habe persönlich beides erlebt: Resilienz und Scheitern. In einem Buch nur für meine Familie und meine engsten Freunde habe ich diese Erfahrungen beschrieben[1]. Die Mitautorin Birgit hat die Erlebnisse zusammengefasst:

> »Die Zeit heilt alle Wunden«, hatte Jens-Uwe auf meinen fragenden Blick geantwortet, als ich vor Jahren ein Bild seiner ersten Frau und seiner ersten beiden Kinder, die bei einem Flugzeugabsturz ums Leben gekommen waren, betrachtete. Heilt die Zeit wirklich alle Wunden?
>
> Aber das allein kann es nicht gewesen sein. Ich fragte mich oft, welch starke seelische Kraft in diesem Mann stecken muss, dass er so erfolgreich, kraft- und humorvoll, mit beeindruckender Ehrlichkeit über sich selbst mitten im Leben steht. Was hat er gemacht, außer die Zeit wirken zu lassen? Welchen Weg ist er gegangen durch mehrere Schicksalsschläge hindurch, wie sie keiner von uns erleben will, in sein erfülltes, glückliches Leben, in dem es eines seiner Hobbys ist, Glücksmomente zu sammeln?
>
> Sein Buch »Gespräche mit Ute« gibt manche Antwort auf meine Fragen. Es ist ein berührendes Buch über die Beziehung des zunächst jungen Jens-Uwe, viertes von fünf Kindern, mit seiner sechs Jahre älteren Schwester Ute. Da ist der kleine Jens-Uwe noch schüchtern, geht manchmal im Trubel der großen Familie unter und muss mit sieben Jahren - mitten in der schwersten Nachkriegszeit - mit Unterbrechungen ein ganzes Jahr im Krankenhaus liegen, die meiste Zeit mit einem Streckverband ans Bett gefesselt. 50 Kilometer entfernt vom Zuhause liegt die Klinik, eine Weltreise in damaliger Zeit, ohne Auto, ohne verlässlich fahrende Züge. 50 Kilometer bedeuten in

---

1 Martens, Jens-Uwe (2014b)

dieser Zeit, lange vor der Erfindung von SMS, E-Mails, Skype, FaceTime, CD oder gar Fernsehen mit seinen Kindersendungen, tiefe Einsamkeit und lange Tage. Ich erinnere mich, wie Jens-Uwe mir einmal erzählte, dass er an manchen Wochenenden sehnsüchtig auf einen Besuch der Mutter gewartet hatte, um schließlich von der Krankenschwester gesagt zu bekommen, dass seine Mutter nicht kommen konnte, weil sie nicht mehr in den überfüllten Zug hineingekommen war.

Es ist Ute, die spröde, verlässliche, die einfühlsame ältere Schwester, die den besten Zugang zu Jens-Uwe gewinnt, ihn mit langen Gesprächen, Verständnis und Zuwendung durch die anschließende Zeit des Ausgeschlossenseins in der Schule und auch durch die Pubertät begleitet. Sie ist es, die ihm erklärt: »Man kann das Leben als eine Abenteuerreise sehen, bei der man nie weiß, auf welche Hindernisse man stößt, mit welchen Dämonen und Untieren man kämpfen muss. Du bist stark genug und«, fügt sie hinzu, »du hast natürlich für diese Reise Weggefährten, die dir helfen werden.«

Ute ist die wichtigste Weggefährtin für Jens-Uwe, die Vertraute und Seelentrösterin, die ihm auch den nächsten Schritt im Umgang mit den Herausforderungen des Lateinlernens vermittelt: »Wenn du den Dämon nicht besiegen kannst, musst du dich eben mit ihm arrangieren.« Durchhaltevermögen und Disziplin entwickelt zu haben, sind der Lohn für diesen Kampf und auch die Beschäftigung mit Saint-Exupéry und den Philosophen Epiktet und Marc Aurel.

»Man weiß nie im Voraus, wozu etwas gut sein wird. Das kann man immer erst viel später, wenn alles schon vorbei ist, beurteilen«, sagt Ute dem kleinen Jens-Uwe und ahnt sicher nicht, dass all die schwierigen Herausforderungen ihrer jungen Leben und auch die folgenden Jahre des Glücks nur eine Vorbereitung für die ganz großen Schicksalsschläge sind.

Zunächst lacht ihnen das Glück. Sowohl Ute als auch Jens-Uwe finden ihre große Liebe. Ute heiratet zuerst, bekommt drei Kinder, dann Jens-Uwe und Mike, eine Jugendliebe, die zwei Kinder bekommen, einen Jungen und zwei Jahre später ein Mädchen. Durch den beruflichen Erfolg des Vaters ist auch finanzieller Wohlstand garantiert. Die Familien wohnen nahe beieinander und verbringen eine glückliche Zeit zusammen. Jens-Uwe schließt sein Psychologiestudium ab und gründet eine kleine Firma, die er mit viel Freude erfolgreich leitet. Das Glück scheint perfekt, selbst mit einer Fehlbildung des kleinen Sohnes von Mike und Jens-Uwe, die aber einem glücklichen Leben seinerseits nicht im Wege stehen muss. Nach dem anfänglichen Hadern mit dem Schicksal war die innere Einstellung gefunden: Das Schicksal hatte ihnen eine Aufgabe gestellt, die es galt anzunehmen und nach besten Möglichkeiten zu lösen.

Kurze Zeit später aber schlägt das Schicksal erbarmungslos zu. Jens-Uwe und Mike sind gerade einmal 29 Jahre alt, Jan-Peter und Beatrix nur fünf und fast drei Jahre: Mike und die Kinder stürzen mit einem Flugzeug ab, die kleine Familie ist bis auf den Vater ausgelöscht.

Jens-Uwe fühlt sich in den folgenden Monaten rückblickend als willenloser und vor allem gefühlloser Roboter, der irgendwie von seinem Verstand ferngesteuert wird. Und wieder ist es Ute, die ihn auffängt.

Er zieht bei ihr und ihrer Familie ein, sie bieten ihm ein liebevolles Heim. Ute gibt ihm auch praktische Hilfe, indem sie seinen Haushalt auflöst und vor allem dadurch, dass sie viele lange Gespräche mit ihm führt. Sie und die innere Kontrollinstanz Jens-Uwes schützen ihn davor, in Selbstmitleid zu versinken oder in unrealistische Gedankengebäude abzudriften, wie: Das Schreckliche sei nicht geschehen. Jens-Uwe gelingt es erneut, eine hilfreiche Einstellung zu finden: »Ich stellte mir vor, dass mir dieser zweite, viel schlimmere Schicksalsschlag auferlegt war, damit ich mich daran bewähren könnte. Ich habe die Aufgabe bekommen, meinem Schicksal oder einer höheren Macht zu beweisen, dass ich auch damit fertigwerde.«

Nach einigen Monaten bei Ute und ihrer Familie wagt Jens-Uwe einen Schritt in ein neues Leben, eine neue Wohnung, einen neuen Einrichtungsstil, sogar eine neue Art, sich zu kleiden. Es ist Teil einer selbst verordneten Therapie auf dem Weg, das Geschehene zu verarbeiten und eine »neue« Persönlichkeit zu finden.

Ein zweiter Teil der selbst verordneten Therapie ist die wieder wichtig werdende Arbeit im Institut und nach einiger Zeit ein dritter, die Suche nach wenigstens körperlicher Liebe – auch wenn Seele und Gefühle noch taub sind. »Ich muss die Prägung auf meine Frau Mike auflösen, ich darf nicht nach einer zweiten Mike suchen«, ist seine Begründung für diesen Schritt. In schonungsloser Offenheit beschreibt Jens-Uwe Martens seine Versuche, dadurch seelisch zu gesunden, dass er seiner Vernunft folgt. »Gestalter« seines Lebens will er sein, nicht »Opfer der Umstände.«

Während Jens-Uwe Schritte in ein neues Leben zu gehen versucht, wendet sich das Schicksal Utes Familie zu. Ihr zehnjähriger Sohn verliert alle Haare, auch Wimpern und Augenbrauen, aufgrund einer seltenen Stoffwechselkrankheit und alles Suchen nach einer wirksamen Behandlungsmethode bleibt erfolglos. Nun ist es Jens-Uwe, der zu helfen versucht, der bei langen Spaziergängen und Gesprächen die verzweifelte Ute tröstet und seinen Neffen darin unterstützt, eine gute Einstellung zu dieser Herausforderung zu finden.

Es ist beeindruckend, wie viel stärker als die Mutter Ute ihr Sohn ist. Er erkennt, dass es ihm nicht hilft, Perücken zu tragen, sondern dass er lernen muss, mit seinem Aussehen, mit dem Unverständnis mancher Menschen, den Nachteilen und den gelegentlichen Vorteilen zu leben, zu sich zu stehen, so, wie er ist. Darüber hinaus wird ihm klar, dass er immer auffallen wird: »Mit diesem Kopf bin ich etwas Besonderes, ob ich will oder nicht. Ich falle immer auf.« Rückblickend meint er: »Ich musste ein besonderes Selbstbewusstsein entwickeln, das meiner Sonderrolle gerecht wird und durch das ich mit diesem besonderen Aussehen leben kann (Anm.: bis heute), ohne mich zu verstecken.«

»Durch Akzeptanz entsteht Raum«, drückt er es treffend aus, entsteht der Raum, der notwendig ist, um die Bedeutung der Eindrücke zu erkennen und die richtigen Schlüsse daraus zu ziehen.

Wie tragisch: Ute kann die guten Interpretationen, mit denen sie Jens-Uwe in seiner Not geholfen hatte, für sich nicht annehmen, als Jens-Uwe nun ihre Stütze ist. Ute bleibt in einer »Erdulderhaltung« gefangen. Sie kann ihren Sohn nicht unterstützen, eine positive Haltung zu seinem besonderen Aussehen zu gewinnen, empfiehlt ihm lieber, weiter Perücken zu tragen, obwohl er schon deshalb gehänselt worden war. Sie bleibt verzweifelt und untröstlich.

Währenddessen macht Jens-Uwes seelische Gesundung einen großen Schritt nach vorne: Seine Empfindungen erwachen aus der Taubheit, als er sich verliebt – in eine verheiratete Frau. In der Sicherheit des Unerfüllbaren – die Geliebte lässt keinen Zweifel daran, dass sie ihren Mann und ihre Kinder nie verlassen würde – wagt Jens-Uwes wunde Seele wieder zu lieben. Es entwickelt sich eine viele Jahre dauernde heimliche Beziehung, in deren Verlauf Jens-Uwe mit Zustimmung der Geliebten gleichzeitig weiter nach einer Frau sucht, mit der er eine neue Familie gründen kann. »Unzurechnungsfähig« nennt Jens-Uwe sich selbst rückblickend, als er in dieser Konstellation sogar in Offenheit gegenüber allen Betroffenen eine neue Ehe eingeht, die nur von kurzer Dauer ist.

Auch in dieser Phase beweist Ute ihrem Bruder gegenüber grenzenlose Geduld und Verständnis ohne jede Verurteilung.

Es ist der Rat eines Kollegen, der sich auf Eheberatung spezialisiert hat, der Jens-Uwe aufrüttelt: Er solle sich mit der Dreieckssituation in Bezug auf die Geliebte und ihren Mann abfinden und sich freuen, eine solch bezaubernde Frau gefunden zu haben.

Das würde bedeuten, auf die Erfüllung des sehnsüchtigen Wunsches, des großen Lebenszieles, wieder eine Familie zu haben, zu verzichten. Jens-Uwe ist inzwischen vierzig Jahre alt. Schon am Ende des Gesprächs mit dem Kollegen gewinnt in Jens-Uwe »der Gestalter« wieder die Oberhand, er ist kein »Opfer«. Er beschließt, so schwer es auch für beide sein mag, sich endgültig von der Geliebten zu trennen, sich nicht mehr die schönen Erlebnisse und Möglichkeiten mit ihr ständig vor Augen zu führen, sondern all die negativen Seiten, die diese Beziehung für ihn mit sich bringt, und den inneren Preis, den er bezahlen muss.

Dass die Dämonen unseres Lebens nicht nur Unglück, sondern auch Heilung und Schutz bringen können, erweist sich in Form von Elke, die nicht nur durch ihr Erscheinen in Jens-Uwes Leben mithilft, die Beziehung mit der verheirateten Geliebten wirklich endgültig sein zu lassen, sondern die auch bis heute Jens-Uwes »Fenster zum Leben« ist. Elke ist so anders, hat im Vergleich zu ihm so unterschiedliche Interessen und Vorlieben, dass Jens-Uwe in der Überzeugung, dass sie nicht zusammenpassen, nur sehr langsam sein Herz für sie öffnen kann. Während er noch versucht, ihr aus dem Weg zu gehen, zieht sie in seine Nähe, um »zufällig« gleichzeitig zu joggen, auch mal bei ihm zu duschen und nach einiger Zeit bei ihm einzuziehen. Aus der Überzeugung von Jens-Uwe, dass sie nicht zusammenpassen, weil sie so verschieden sind, wird die neue Erkenntnis, dass sie besonders gut zusammenpassen, gerade weil sie so verschieden sind und sich dadurch ergänzen. Der spontanen Verlobung folgen die Hochzeit und die glückliche Ankunft vier gesunder Kinder.

Doch während mit Elke und den Kindern das Glück in Jens-Uwes Leben zurückkehrt, stellt das Schicksal Ute vor eine weitere Prüfung. Nina, Utes sechzehnjährige Tochter, verhält sich auffällig und was zunächst alle für eine pubertäre Reaktion gehalten hatten, entpuppt sich als Schizophrenie. Leidvolle Jahre beginnen für Nina und ihre ganze Familie.

Krankenhausaufenthalte, Entlassungen, Hoffnung auf Besserung und Rückfälle wechseln sich ab. Es ist heute kaum mehr vorstellbar, dass noch vor vier Jahrzehnten diese Krankheit fast ausschließlich medikamentös behandelt wurde, ohne intensive psychotherapeutische Betreuung der Patientin in den Phasen der Besserung oder psychologische Beratung der Familie. Nina hat außer der eher ratlos wirkenden Liebe ihrer Eltern nur die Hilfe ihres Patenonkels Jens-Uwe in psychologischer Hinsicht und muss selbst damit fertig werden, sich fremdbestimmt, gleichsam entmündigt und voll Scham über das in den akuten Phasen der Krankheit Getane zu fühlen.

So sehr Ute Rettungsanker, liebevolle Freundin, fast Therapeutin für Jens-Uwe gewesen war, so wenig kann sie nun aus seiner Erfahrung mit schweren Schicksalsschlägen und seinem psychologischen Wissen, das er ihr nur zu gerne zur Verfügung stellt, schöpfen. Sie schwankt zwischen unrealistischer Hoffnung auf beständige Heilung der Tochter und bitterer Enttäuschung bei einem Rückfall oder »Schub«. Sie verzweifelt in solchen Momenten und sucht ähnlich ihrem Mann Erleichterung im abendlichen Konsum von Alkohol.

Es schmerzt Jens-Uwe unsagbar, dass es ihm nicht gelingt, Ute zu vermitteln, welche Kraft darin liegt, von höheren Mächten auferlegte Aufgaben als Herausforderung zu akzeptieren, an denen man sich bewähren kann, statt sich gegen das Schicksal aufzulehnen, es eigentlich nicht wahrhaben zu wollen. »Akzeptanz schafft Raum«, hatte Ninas Bruder das genannt. Raum zur Gestaltung, Raum, eine zweite ärztliche Meinung einzuholen, Raum, Wichtiges von Unwichtigem zu unterscheiden, Raum, dem Leben mit der Krankheit einen neuen Sinn zu geben. Aber Ute gelingt die Akzeptanz nicht und Jens-Uwe gelingt es nicht, sie ihr zu vermitteln.

Nach zehn Jahren des Kampfes zerbricht Nina an ihrem Schicksal, sie wirft sich vor die U-Bahn und ist tot. Zurück bleiben eine Familie und Verwandte, die sich, wie alle Menschen in dieser Lage, erschüttert fragen: Hätte ich es verhindern können?

Jens-Uwe kennt nur zu gut aus eigener Erfahrung die Einsamkeit, das Unerreichbar-Sein nach dem Verlust eines geliebten Menschen, selbst in Gesellschaft. Mitfühlend und verständnisvoll ist er für seine Schwester da, ohne ihr billigen Trost anzubieten. Nach einem ihrer gemeinsamen Spaziergänge zu Hause angekommen, fühlt Ute sich nicht wohl, setzt sich auf das Sofa im Wohnzimmer, während Jens-Uwe ihr einen Tee macht. Als er nach wenigen Minuten zurück in das Zimmer kommt, liegt Ute wie schlafend auf dem Sofa. Sie ist tot, nach nur sechs Monaten ihrer Tochter gefolgt.

»Man kann das Leben als eine Abenteuerreise sehen, bei der man nie weiß, auf welche Hindernisse man stößt, mit welchen Dämonen und Untieren man kämpfen muss«, erklärte Ute einst dem kleinen Jens-Uwe.

Nach diesen vielen bestandenen Kämpfen und auch Niederlagen endet Jens-Uwe mit der Frage: »Ob wohl irgendwo, irgendwann ein neuer Dämon auf mich wartet?«

»Und«, hatte Ute hinzugefügt, »du hast natürlich für diese Reise Weggefährten, die dir helfen werden – wenn du diese Hilfe annimmst.«

Warum konnte der eine Teil der Familie, Jens-Uwe, seine Schicksalsschläge überwinden, während seine Schwester Ute daran zugrunde gegangen ist? Was waren die entscheidenden Faktoren, die Jens-Uwe die Kraft gaben, mit den Widrigkeiten fertigzuwerden, während es Ute nicht glückte? Warum gelingt es manchen Menschen, nach schmerzhaften Geschehnissen und tiefen Krisen ihr Leben wieder in die Hand zu nehmen? Warum können sie ihre neuen Ziele erreichen, obwohl sich ihnen immer wieder Hindernisse in den Weg stellen und man es ihnen unter den gegebenen Umständen nie zugetraut hätte, während andere trotz Unterstützung von verschiedener Seite zu scheitern scheinen?

Einige Punkte sind in der obigen Schilderung schon deutlich geworden. Um diese Frage aber umfassend und nachvollziehbar zu beantworten und um die Kräfte, die die Resilienz fördern, vielleicht selbst zu unterstützen, werden wir weitere Fallbeispiele, wissenschaftliche Untersuchungen und einige psychologische Modelle heranziehen. Wir werden im Folgenden aus diesen Elementen die wichtigsten Kräfte des Widerstandes gegen die Unbilden des Schicksals extrahieren und einzeln darstellen.

1 Unsere innere Widerstandskraft: Resilienz

»Wenn Sie glücklich sein wollen, dürfen Sie nicht um jeden Preis dem Unglück ausweichen. Eher sollte man danach suchen, wie man es meistern kann«.
— Boris Cyrulnik

1.1 Was ist »Resilienz«?

In der Psychologie und in der Soziologie wurde in letzter Zeit besonders häufig untersucht, welche Eigenschaften einen Menschen dazu befähigen, Schicksalsschläge und Krisen zu überwinden, ohne Schaden zu nehmen, ja sogar durch Rückgriff auf persönliche und sozial vermittelte Ressourcen daran zu wachsen. Um diese Fähigkeiten zu beschreiben, benutzt man in Soziologie und Psychologie den Begriff »Resilienz«, der hier am besten mit psychischer Widerstandskraft übersetzt werden kann.

Der Begriff »Resilienz« leitet sich aus dem lateinischen Verb »resilire« ab, das »zurückspringen, abprallen« bedeutet. Er wird in der Technik und Materialwirtschaft verwendet, um die Fähigkeit eines Systems zu beschreiben, nach einem Teilausfall nicht vollständig zu versagen, oder um die Eigenschaft eines Materials zu beschreiben, nach einer Verformung wieder in den Ausgangszustand zurückzukehren.

In der Psychologie setzte man zunächst den Begriff Resilienz dafür ein, die Widerstandsfähigkeit von Kindern zu bezeichnen, sich trotz schwieriger und belastender Umstände normal zu entwickeln.

> Heute versteht man in der Psychologie unter Resilienz ganz allgemein die innere, psychische Widerstandskraft oder Stärke einer Person (oder einer Familie), auf belastende Lebenssituationen, wie Unglücke, Notsituationen, traumatische Erfahrungen, existentielle Bedrohungen oder Ähnliches, angemessen zu reagieren und sie ohne psychische Folgeschäden zu bewältigen.

1 Unsere innere Widerstandskraft: Resilienz

Wir schließen uns dieser Definition an und gehen in diesem Buch auf die innere Widerstandkraft ein, die manche Menschen entwickeln, wenn sie schwere, ihr Leben stark verändernde Schicksalsschläge erleben oder massiven Bedrohungen ausgesetzt sind. Das betrifft sowohl objektiv feststellbare Ereignisse als auch subjektiv erfahrene Erlebnisse.

Anders als in der Technik umfasst Resilienz in der Psychologie und Soziologie jedoch nicht nur die Kraft, die aufgewendet werden muss, um wieder annähernd in den Ausgangszustand zurückzukehren, sondern auch die Fähigkeit, in der Situation und durch das Geschehene zu wachsen. Wir verändern uns während der Bewältigung einer schwierigen Lage, sei es dadurch, dass wir unsere Ansichten ändern oder neue Stärken und Kompetenzen hinzugewinnen. Bei neuen Widrigkeiten können wir auf mehr innere und oft auch äußere Ressourcen zurückgreifen als wir das bei der vorangegangenen Herausforderung konnten. So wird aus dem »Zurückspringen« (bounce back) in die alte »Form« etwas Größeres, ein »Vorwärtsspringen« (bounce forward). Wir haben Erfahrung, Kompetenz, Stärke und vielleicht auch ein Gefühl der Selbstwirksamkeit hinzugewonnen. Wir haben uns – ebenso wie oft das Leben – verändert.

Der Begriff der Resilienz wird manchmal auch verwendet, um zu beschreiben, wie man mit täglichen Belastungen der Arbeitswelt umgehen und dabei die eigene Gesundheit erhalten kann. Wir beziehen uns in diesem Buch jedoch auf die innere Widerstandskraft, die betroffene Menschen bei Ereignissen zeigen, die plötzlich einschneidende Veränderungen in ihrem Leben bewirkt haben. An ihrem Umgang mit sich und den Veränderungen können wir wie mit Hilfe eines Vergrößerungsglases sehen, was uns auch im täglichen Leben helfen kann, in Balance zu bleiben und Krisen zu bewältigen.

Während man zu Beginn der Resilienz-Forschung davon ausging, dass Resilienz eine angeborene Fähigkeit sei, weiß man heute, dass sich Resilienz zusätzlich in einem Interaktionsprozess zwischen dem Individuum und der Umwelt entwickelt und weitgehend erlernbar ist. Resilienz ist ein dynamischer Anpassungs- und Entwicklungsprozess und verändert sich im Laufe des Lebens je nach Erfahrungen sowie aktueller körperlicher, geistiger und psychischer Konstitution.

Resilienz wird durch eine Reihe von Strategien gestärkt, mit Schicksalsschlägen umzugehen (»Resilienz-Faktoren«), die wir in diesem Buch an Hand von konkreten Fallbeispielen analysieren und darstellen werden.

»Unverwundbar oder immun gegenüber dem Schicksal ist kein Mensch«, betont Rosemarie Welter-Enderlin[1]. Auch Menschen mit großer Widerstandskraft, also starker Resilienz, werden von Schwierigkeiten gebeutelt, erleiden Schmerzen und Trauer, aber sie erholen sich wieder davon.

1.2   Wie verbreitet ist Resilienz?

Manche Menschen scheinen an einem Schicksalsschlag zu scheitern. Depressionen und exzessiver Drogenkonsum sind die häufigsten Folgen nicht oder ungenügend verarbeiteter Schicksalsschläge. Verständlicherweise hört man von solchen Fällen seltener, die Betroffenen versuchen sie zu verbergen, sprechen wenig darüber und schreiben keine Bücher, weil sie keine Kraft dazu haben und nicht stolz darauf sind. Es ist daher schwer zu bestimmen, wie groß der Anteil der Menschen ist, die auf Schicksalsschläge oder extreme Lebensbedingungen mit Widerstandskraft reagieren.

Um trotzdem eine Aussage zu versuchen, zitieren wir hier zwei einschlägige Untersuchungen, von denen sich eine auf Kinder bezieht, die unter sehr schwierigen Bedingungen aufgewachsen sind. Die Resilienz von Kindern – ein wichtiges Thema – steht in diesem Buch jedoch nicht im Mittelpunkt[2]:

In einer der ersten Langzeitstudien zum Thema Resilienz begleitete Emmy Werner auf der Hawaii-Insel Kauai 698 Kinder, die alle 1955 geboren wurden, 40 Jahre lang[3]. Knapp 210 dieser Kinder hatten sehr schlechte Startbedingungen: Sie waren in Armut geboren und wuchsen in Armut auf; bei einigen von ihnen waren vor oder während der Geburt Komplikationen aufgetreten; etliche lebten in Familien, in denen chronisch Unfrieden, Scheidung oder elterliche Psychopathologie ihre Entwicklung belasteten oder sie wurden von Müttern großgezogen, die weniger als acht Jahre zur Schule gegangen waren. Zur Überraschung von Emmy Werner entwickelten nur zwei Drittel der Kinder, die bis zum Alter von zwei Jahren vier oder mehr Risikofaktoren ausgesetzt waren, bis zum Alter von zehn Jahren Lern- oder Verhaltensprobleme. Auch wurden bis zum Alter von 18 Jahren lediglich zwei Drittel dieser

---

1 Welter-Enderlin, Rosemarie, 2010, S. 22
2 Einen Überblick über die Forschung in diesem Bereich gibt u. a. das Buch von Opp, Fingerle und Freytag (Hrsg.), 2007
3 Werner & Smith, 1992, s. a. Berndt, 2014, S. 65

210 Kinder straffällig und/oder psychisch krank[4]. 72 Kindern, mehr als einem Drittel, gelang es jedoch, ihre schwierige Situation zu meistern: Sie zeigten keine Verhaltensauffälligkeiten, waren gut in der Schule, waren in das soziale Leben ihrer Insel eingebunden und setzten sich realistische Ziele. Im Alter von 40 Jahren war keine dieser 72 Personen arbeitslos, straffällig oder auf staatliche Unterstützung angewiesen. Sie waren zu leistungsfähigen, zuversichtlichen und fürsorglichen Erwachsenen geworden. Auch wenn die Startbedingungen noch so schlecht sind, gelingt es gemäß dieser Studie einem Drittel der betroffenen Menschen, ihr Leben zu meistern.

Aaron Antonovsky wertete 1970 eine Erhebung über die Anpassungsfähigkeit von Frauen verschiedener ethnischer Gruppen aus. Eine Gruppe der Frauen hatte sich in jungen Jahren in einem nationalsozialistischen Konzentrationslager befunden. Trotz der unvorstellbaren Qualen eines Lagerlebens mit anschließendem Flüchtlingsdasein waren 29 % dieser Frauen fünfundzwanzig Jahre später körperlich und psychisch gesund[5].

Ob jemand genügend Widerstandskraft besaß, um ein schlimmes Erlebnis ohne Schaden zu nehmen zu überstehen, kann man nur beurteilen, wenn man die Person, wie es in den beiden oben zitierten Untersuchungen geschehen ist, über längere Zeit beobachtet. Deutlich wird das vor allem bei Schicksalen von Menschen in Kriegsländern, wo Erwachsene und auch Kinder zunächst oft stark erscheinen, während sie einige Zeit später in Friedenszeiten zusammenbrechen.

Boris Cyrulnik, bekannt für seine Arbeiten über Resilienz[6], berichtet von dem vierjährigen Libanesen Ali, der sich während eines israelischen Bombenangriffes in Cana befindet:

> Das Gebäude, in das Ali sich mit seinen Eltern und seiner Schwester Zeinab geflüchtet hat, wird von einer Rakete getroffen und stürzt ein. Die Mutter Roula kann sich aus den Trümmern befreien, aber seine Schwester ist tot und Ali liegt mit einer Kopfverletzung im Koma. Ein Nachbar hält ihn für tot und trägt ihn in ein Haus, in dem man die Leichen gelagert hat. Als das Kind wieder zu Bewusstsein kommt, findet es sich allein unter den zerrissenen Leibern. Sein Weinen ruft Hilfe herbei.
>
> Vierzehn Tage später ist der Kleine fröhlich und lebhaft, man merkt ihm die schrecklichen Erlebnisse, die er durchmachen musste, nicht an. Er sagt, seine

---

4 Werner, Emmy, 2012, S. 30
5 Antonovsky, Aaron, 1997
6 Cyrulnik, Boris, 2014, S. 87

Schwester sei glücklich im Paradies. Er schläft gut, spricht freundlich und zeichnet israelische Panzer, die von libanesischen Soldaten angegriffen und zerstört werden. In der Schule zeigt er gute Leistungen und ist stolz, Märtyrer in der Familie zu haben. Wenn er groß ist, wolle er Soldat werden, sagt er. Seine bewundernde Umgebung spricht von Resilienz.

Zwei Jahre später herrscht Friede, die Libanesen sind schon wieder mit dem Aufbau beschäftigt. Doch Ali geht es sehr schlecht. Seine Mutter bringt ihn in das medizinisch-psychologische Zentrum in Tyros. Das Kind bleibt keine paar Sekunden an seinem Platz, läuft hin und her, zerreißt alle Zeichnungen – seine und die seiner leidenden Kameraden –, es zerbricht Gegenstände und reagiert ausgesprochen aggressiv. Es hat Angst, dass seine Mutter getötet wird.

Dieses Beispiel zeigt, dass man eine kurzzeitige Bewältigungsstrategie, auch Coping genannt, nicht mit Resilienz verwechseln darf. Kurzfristige Bewältigungsstrategien, wie die Verdrängung des Geschehen, das Nicht-dran-Denken, können die Persönlichkeit kurzzeitig schützen, aber das Trauma bleibt wirksam und kommt nach einiger Zeit in Form von Verhaltensauffälligkeiten wieder zum Vorschein – bei Kindern ebenso wie bei Erwachsenen.

Resilienz ist also ein längerfristiger Prozess, in dem schwerwiegende Erlebnisse, die einem Menschen widerfahren sind, verarbeitet werden. Untersuchungen legen nahe, dass etwa ein Drittel der betroffenen Menschen starke Resilienz aufweist. Gleichzeitig weiß man heute, dass Resilienz förder- und erlernbar ist.

1.3 Wie wirkt Resilienz auf den Körper und die Psyche?

Das gängige medizinische Modell des Westens geht davon aus, dass der Körper, die Psyche und die soziale Realität des Menschen überwiegend unabhängig voneinander zu sehen sind. Oft sind es gar nicht die Ärzte, die diesem Konzept anhängen, sondern die Patienten, die ein schnell wirkendes Mittel bei Kopf- oder Magenschmerzen, Herzrasen oder sonstigen Beschwerden fordern.

Dem gegenüber steht die systemische, ganzheitlich medizinische Sichtweise, die Körper und Seele nicht als getrennt voneinander betrachtet. Sie geht davon aus, dass Körper, Geist und Psyche sich gegenseitig beeinflussen, dass die Natur ein hierarchisch angeordnetes Kontinuum von miteinander in

Wechselwirkung stehenden, immer komplexer werdenden und auseinander hervorgehenden Systemen ist. Lebende Systeme reagieren nicht einfach passiv auf Umgebungsreize, sondern sie interpretieren diese und weisen ihnen (je nach eigener Funktion) aktiv Bedeutung zu, sie werten sie.[7]

Welchen großen Einfluss wir durch unsere bewusste oder unbewusste Bewertung erleben, sieht man daran, dass häufig die Vorstellung von etwas ausreicht, um eine körperliche Reaktion auszulösen. Das Einsetzen von Placebos beruht auf diesen Erkenntnissen und jeder, dem das Herz schneller schlägt, wenn er an eine Prüfungssituation oder den ersten Kuss denkt, erfährt diesen Zusammenhang zwischen Vorstellung und Körperreaktion. Ein sehr dramatisches Beispiel für die Wirkung einer Vorstellung auf den Körper ereignete sich in Indien:

In Indien wurde einem zum Tode Verurteilten mitgeteilt, dass man bei ihm eine neue Hinrichtungsart ausprobieren werde. Man verband ihm die Augen und legte ihn auf eine Liege. Dann ritzte man ihn nur leicht, aber so, dass er es registrierte, in den Arm und ließ anschließend Wasser in eine Schale tröpfeln, so dass es der Delinquent hören konnte. Er starb, obwohl er kein Blut verloren hatte.[8]

Das Bedeutende an diesem menschenverachtenden Geschehen ist, dass es uns überdeutlich aufzeigt, wie sehr uns unsere Vorstellungen beeinflussen. Tragisch für den Mann war, dass ihm wahrscheinlich nicht klar war, dass wir Menschen weitgehend selbst bestimmen können, welche Vorstellungen in uns wirksam werden. Wir können die Verantwortung für diese Vorstellungen übernehmen, die unsere körperlichen Vorgänge beeinflussen.

In der Psychoneuroimmunologie, einem Forschungszweig der Medizin, der sich mit der Wechselwirkung von Psyche, Nervensystem und Immunsystem beschäftigt, erforscht man, wie der Zusammenhang zwischen bewertender Vorstellung und körperlichen Vorgängen zu erklären ist. Wie der Begriff sagt, ist das Bindeglied zwischen beiden das Immunsystem. Christian Schubert[9] nennt das Immunsystem den »sechsten Sinn«, mit dem wir unter Zuhilfenahme der Psyche sowohl mit der Umwelt als auch mit unserem Körper verbunden sind.

Die Forschungsergebnisse der Psychoneuroimmunologie sind für das Thema Resilienz deshalb so wichtig, weil sie wissenschaftlich nachweisen, dass das bewusste Verarbeiten von Krisen und Schicksalsschlägen positiven

---

7   Vergleiche hierzu: Schubert, Christian, 2011, S. 1
8   Bartens, Werner, SZ-Magazin, Heft 4, 2013, Thema Gesundheit
9   Blalock, J. Edwin & Smith, Eric M., 2007, in Schubert, Christian, 2011, S. 4

Einfluss auf das Immunsystem und somit die Vermeidung oder Linderung von Folgekrankheiten hat sowie auf die psychische Situation der Betroffenen. Depression, Angst, Sorge, Ärger und Schuldgefühle werden gelindert, positive Affekte wie Dankbarkeit, Fröhlichkeit, Aktivsein, Autonomie, Selbstakzeptanz und positive Beziehungen zu anderen werden gestärkt.

2 Wie man Schicksalsschläge und Krisen bewältigen kann

> »Lass mich nicht darum beten, vor Gefahren gefeit zu sein, sondern darum, dass ich es schaffe, ihnen ohne Angst in die Augen zu schauen. Lass mich nicht darum bitten, dass meine Schmerzen gelindert werden, sondern um ein Herz, das sie überwinden kann.«
> — Rabindranath Tagore[1]

Wir werden nun ausführlich auf zwölf Faktoren eingehen, die ein wichtiger Teil von Resilienz sind. Wir stellen bei jedem Aspekt eine oder mehrere Personen vor, die einen schweren Schicksalsschlag überwunden haben und untersuchen daraufhin, welche Fähigkeiten, Vorstellungen, Praktiken oder beeinflussbare äußere Umstände ihnen dabei geholfen haben. Dabei wird die Betrachtung einer bestimmten Fertigkeit oder Vorgehensweise im Vordergrund stehen, die besonders hilfreich war, das persönliche Schicksal zu meistern. Wir hoffen, dass dadurch dieser jeweilige Aspekt der erfolgreichen Krisenbewältigung, den wir auch Resilienz-Faktor nennen, für Sie als Leserin oder Leser so konkret und einsichtig wird, dass Sie ihn im Bedarfsfall bei sich selbst umsetzen können, wenn Sie in eine Situation geraten, in der Sie ihn benötigen.

Natürlich haben die Menschen, die wir ins Zentrum unserer Betrachtung stellen, ihre Schicksalsschläge nicht nur mit einer Bewältigungsstrategie überwunden, sondern mehrere Resilienz-Faktoren kombiniert. Wir stellen trotzdem einen der Faktoren in den Vordergrund, um ihn an dem konkreten Fall besonders verständlich zu machen.

---

1 Rabindranath Tagore (1861–1941), Philosoph, Poet

2.1 Resilienz-Faktor 1: Sehen der Realität

> »Der Mensch kann nur die Welt wahrnehmen, die er schon in sich trägt.«
> — Antoine de Saint-Exupéry

In einem sind sich fast alle Forschungen über Resilienz einig: Eine der drei grundlegenden Charakteristika resilienter Menschen ist die Fähigkeit, die neu entstandene Wirklichkeit (einigermaßen realistisch) zu sehen. »Rapid reality reading« nennt es Diane Coutu[2], schnelles »Lesen« der Realität. Deutlich wird das an dem Schicksal des Jungen Noris.

Noris

> Noris ist sieben Jahre alt, als er mit seinen Eltern ins Krankenhaus fahren muss. »Wir dachten, es sei eine akute Blasenentzündung«, erzählt seine Mutter. Doch nach einigen Untersuchungen und bangem Warten auf die Ergebnisse der Labortests steht fest: Noris muss in der Klinik bleiben, er hat Typ-1-Diabetes mellitus.
>
> Typ-1-Diabetes mellitus ist eine unheilbare Autoimmunerkrankung, die vorwiegend bei Kindern ausbricht und deren Ursachen noch nicht vollständig erforscht sind. Eine Virusinfektion kann einer der Gründe sein, dass das Immunsystem nicht nur die Viren, sondern auch die Beta-Zellen der Bauchspeicheldrüse zerstört. Man erkennt diesen Typ-1-Diabetes mellitus erst, wenn fast alle dieser Zellen zerstört sind und die Bauchspeicheldrüse kein oder nur noch sehr wenig des lebenswichtigen Hormons Insulin produziert.
>
> Wie eine Riesenwelle rollte es über den kleinen Noris hinweg. »Ich bin erschrocken und hatte Angst, dass etwas Schlimmes passiert. Was das Schlimme sein konnte, wusste ich nicht genau. Ich habe gleich verstanden, dass es lange dauert und das ganze Leben beeinflusst«, sagt Noris im Interview. Infusionen werden gelegt, über Tage und Nächte wird jede Stunde in einen seiner kleinen Finger oder eine Vene gestochen, um den Blutzucker zu messen, sechs oder sieben Insulinspritzen pro Tag in den kleinen Bauch oder die Oberschenkel gegeben.

---

2 Coutu, Diane L. (2002)

»Es war ein Schock«, sagt seine Mutter. »Ich dachte nur: Das kann nicht sein! Wie geht das alles? Ich habe solche Angst vor Spritzen.«[3]

Schon am ersten Tag lernt Noris, sich selbst Blut aus der Fingerkuppe zu entnehmen und seinen Blutzucker zu messen, seine Haut zu desinfizieren, das Insulin in die Spritze aufzuziehen und den Stempel der Spritze hinunterzudrücken. Sich selbst in den Bauch zu stechen ist in den ersten Tagen zu schwer.

Während Noris von den Schwestern und Ärzten betreut wird, sitzen die Eltern vom zweiten Tag an regelmäßig im Raum der Diabetesberaterin und lernen die Wirkungskurven der notwendigen unterschiedlichen Insulinarten, wie viel davon Noris je nach Speise und Tageszeit braucht, wie man hohe Werte korrigiert, ein drohendes Koma abwendet und vieles mehr. Kinder brauchen tagsüber und oft auch nachts eine sehr engmaschige Betreuung, da die Therapie bei der kleinsten Erkältung, großer Freude, Angst und in Wachstumsphasen immer wieder neu angepasst werden muss. Die meisten Menschen mit Typ-1-Diabetes fallen in der Nacht in das gefährliche Koma, ein Zeichen, dass das Gehirn zu wenig Glukose bekommt. Es geht dann um Leben und Tod.

Nach zwei Wochen darf Noris aus dem geschützten Raum der Klinik wieder nach Hause. »Zu Hause war es anders als vorher«, erzählt Noris fast vier Jahre später[4]. »Das Essen muss immer berechnet werden, damit ich die richtige Menge Insulin abgebe. Man erzählt mir, dass ich manchmal bitterlich geweint habe, wenn ich nachts Spritzen bekommen habe, aber daran erinnere ich mich nicht mehr. In der Schule und mit den Freunden war es nicht schwierig. Bevor ich aus dem Krankenhaus zurück nach Hause kam, hat eine Lehrerin meiner Klasse erklärt, was ich habe und was Diabetes ist. So wussten alle Bescheid.«

Auch wenn Noris sich den Blutzucker allein bestimmen kann und inzwischen tagsüber selbst mit seinen sieben Jahren die Menge Insulin, die man ihm nennt, in den Bauch spritzt, ist es doch eine große Umstellung für die Familie. Alle sind vertrieben aus dem, was vorher unbeschwerte Normalität war. Was tun, wenn das Kind nicht aufisst oder spuckt und das Insulin schon im Blut ist? Da droht ein »Unterzucker« und ein mögliches Koma. Wie geht das, wenn eine Einladung zu einem Kindergeburtstag mit Kuchenschlacht kommt oder eine Klassenfahrt geplant ist, bei der niemand das Essen berechnet? Was ist zu tun, wenn sich das Kind gegen das unerlässliche Spritzen wehrt? Ab welchem Blutwert können wir nachts selbst

---

[3] Interview mit Noris' Mutter am 9.Dezember 2014. Anders als bei dem häufiger auftretenden Typ-2-Diabetes, der durch erbliche Anlagen, Fehlernährung oder Bewegungsmangel entsteht, kann man den Typ-1-Diabetes nicht durch die Einnahme von Tabletten beeinflussen. Man muss von Anfang an mehrmals täglich Insulin spritzen.

[4] Interview mit Noris am 30. Oktober 2014

2.1 Resilienz-Faktor 1: Sehen der Realität

beruhigt schlafen und wann müssen wir um zwei Uhr früh noch einmal messen? Wie hält man das Insulin im Schwimmbad kühl und beim Skifahren warm genug? Was muss man für einen Notfall immer bei sich haben? Das sind Fragen, welche die Eltern bewegen. Über jede Blutmessung, jede Nahrungsaufnahme, jede Insulingabe muss genau Buch geführt werden. Ist der Blutzucker zu hoch, muss Noris nach dem Spritzen des Insulins bis zu einer halben Stunde warten, bis er endlich essen darf, mag der Hunger noch so groß sein. Oder das Toben mit den Freunden und der Sport müssen verschoben werden, weil »Ketonkörper«[5], im Blut sind. Auf einmal wird einem Kind, das unbeschwert spielen und Spaß haben möchte, eine Struktur und eine Disziplin abgefordert, die es nur mit Hilfe der Erwachsenen tragen kann.

Gleichzeitig ist es für die Eltern schwer, ihr Kind Schritte in ein selbständiges Leben gehen zu lassen und es gleichzeitig mehr denn je kontrollieren zu müssen. Diabetes mellitus kennt keinen Urlaub, nimmt keine Nacht, kein Wochenende frei. Es bedeutet für die Betroffenen neben dem seelischen Stress eine enorme organisatorische Herausforderung und große Verantwortung.

»Haben Sie mit dem Schicksal gehadert?« fragen wir Noris Mutter.

»Wegen der Spritzenthematik habe ich mit Gott gehadert. Ganz schrecklich war die Nachtspritze. Noris hat sich sehr schnell tagsüber selbst gespritzt, die Spritze um 23 Uhr mussten wir Erwachsenen ihm geben. Ich habe oft neben dem schlafenden Kind geweint und konnte ihn nicht im Schlaf stechen. Ansonsten finde ich es blöd zu hadern mit Dingen, die sind, wie sie sind. Wenn's nicht stimmt im Leben schaue ich: Wo stimmt es? Was muss ich tun, damit es wieder gut wird?

Ich will, dass Noris machen kann, was er will, dass er eine normale Kindheit hat und dass man das irgendwie schafft. Ich versuche die Mitte zu finden, wie mit allen Gesundheitsfragen: Hinschauen, aufmerksam sein, aber sich nicht damit überbeschäftigen. Normalität ist wichtig, sonst ist der Fokus auf den Diabetes zu stark.«

»Hat es Sie belastet, dass das Überleben von Noris plötzlich von Ihrer Umsicht abhing?«

»Ich habe von mir weggeschoben, dass das Leben von Noris von mir abhängt. Ich muss funktionieren, den Alltag bewältigen.«

»Haben Sie mit dem Schicksal gehadert?« fragen wir Noris Vater.

»Nein, mit dem Schicksal habe ich nicht gehadert. Man muss es pragmatisch sehen, es ist, wie es ist, man muss damit umgehen.«[6]

---

5 Das Zwischenprodukt des Energiestoffwechsels »Ketonkörper« entsteht bei niedrigem Glucose Spiegel im Blut als Nebenprodukt der Fettverbrennung in der Leber. Ohne Behandlung führt eine zu hohe Anhäufung im Blut zum Koma.
6 Interview mit Noris Vater am 21. Dezember 2014

»Hast Du mit dem Schicksal gehadert, dass du Typ-1-Diabetes bekommen hast?« fragen wir auch Noris selbst.

»Es hat mich schon geärgert, dass ich das bekommen habe, aber das ist nicht der Weltuntergang«, antwortet Noris; er, der allein im ersten Jahr 2 500 Spritzen bekam und noch öfter in den Finger gestochen wurde.

»Fühlst Du dich eingeschränkt durch deine Krankheit?«

»Nein, gar nicht. Ich fühle mich gar nicht behindert durch den Diabetes.«

»Wie ist es jetzt, fast vier Jahre nach der Diagnose?«

Noris: »Der Schreck ist weg. Der Gedanke an eine Operation, bei der mir vielleicht einmal eine künstliche Bauchspeicheldrüse eingepflanzt wird, ist nicht toll. Ich habe Hoffnung auf eine andere Lösung, kann sie mir aber im Moment nicht vorstellen.«

»Welchen Platz nimmt die Krankheit jetzt in deinem Leben ein?«

Noris: »Der Diabetes ist wie ein Schleimmonster. Mit denen muss man nett sein, damit sie nicht wütend werden. Schleimmonster dürfen leben, aber sie dürfen nicht alles bestimmen.«

»Wie groß ist der Platz, den der Diabetes Typ1 einnimmt?«

Noris: »Ungefähr so groß!« (Noris macht einen Halbkreis mit Daumen und Zeigefinger von ungefähr drei Zentimeter Durchmesser. Noris selbst ist 1,53 Meter groß.) »Außer, wenn ich Insulin spritzen muss, denke ich nicht an ihn.«

Für Noris und seine Familie war es entscheidend wichtig, sich schnell mit der neuen Realität auseinanderzusetzen. Bereits am ersten Tag lernten er und seine Familie die veränderte Wirklichkeit zu sehen und sofort aktiv mit ihr Schaden mindernd umzugehen.

Sehen der Realität im Katastrophenfall

Wolfgang Schäuble, der als Oberbranddirektor der Berufsfeuerwehr München im Katastrophenfall mehr als 3 500 Männer und Frauen leitet und als Berater für Krisensituationen von Vorständen großer Konzerne gefragt ist, betont, wie wichtig es ist, eine Situation in ihrem vollen Umfang zu erfassen. »Der erste Schritt ist immer die Erkundung, die Informationsgewinnung«, sagt er. »Man muss ein Bild gewinnen, sich ein möglichst reales Bild zusammensetzen aus vielen Informationen. Es geht darum, zu schauen, aus Abstand zu betrachten, die Umgebung zu sehen, den Katastrophenherd zu

›umrunden‹, neue Blickwinkel einzunehmen, um die Situation möglichst klar zu erfassen.«[7]

Die Bedeutung dieses Vorgehens ist gut verstehbar, wenn man sich ein großes Unglück mitten in einer Stadt vorstellt, bei dem man als Laie wahrscheinlich »drauflos handeln« würde, ohne zu wissen, wo der Einsatz am wichtigsten ist. Genauso, wie es ein Einsatzleiter einer Rettungsgruppe macht, gilt es, das, was einem persönlich geschehen ist, zu »umrunden«, Informationen zu sammeln, verschiedene Perspektiven einzunehmen.

Ein Schock lässt uns jedoch betäubt, »entgeistert« und desorientiert innehalten. Die Ratio ist oft ausgeschaltet, tiefe Gefühle filtern unsere Wahrnehmung und beeinflussen sogar unser Wissen. Wir können uns nur an Informationen erinnern, die zu unseren (aufgewühlten) Emotionen passen. Wir unterliegen nicht selten einer verzerrten Wahrnehmung, die auch unsere Reaktionen beeinflusst. Wir sind für eine gewisse Zeit hilflos wie Kinder und brauchen Hilfe, emotionalen Schutz und Orientierung, sogar wenn wir nach außen aktiv erscheinen.

So, wie bei einem Unglück großen Ausmaßes der oberste Einsatzleiter Helfer hat, die ihm über ihre Erkundungsabschnitte berichten und so zur »Bildfertigstellung« beitragen, brauchen wir bei einem Schicksalsschlag, durch den unsere persönliche Welt zusammenbricht, die Hilfe von Fachleuten und Freunden, die in einer Zeit, in der die eigenen Empfindungen betäubt sind oder sich überschlagen, unser Blick eher einem Tunnelblick gleicht und unser Hören selektiv ist, für uns Informationen sammeln, verschiedene Perspektiven einnehmen und, wenn nötig, die Regie übernehmen.

»In der Zeit der Bildgewinnung braucht man die Hilfe von Menschen, die ihre Emotionen wegdrücken können«, berichtet Wolfgang Schäuble weiter. »Deren psychische Belastung, deren Anspannung, deren Druck werden später verarbeitet. Diese erste Phase ist extrem wichtig. Denn auf diesem Bild baut man nach der anschließenden Informationsbewertung die Maßnahmen auf. Die ›Landkarte‹ muss stimmen! Wenn man einen Berg statt eines Meeres auf einer Karte eingetragen hat, bewegt man sich falsch und nimmt unpassende Hilfsmittel. Erst wenn ich die Informationen umfassend gewonnen habe, kann ich sie bewerten und die richtige Priorisierung der Gefahren vornehmen. Dann wäge ich ab, welche Handlungsmöglichkeiten bestehen, und entscheide. Ist das gewonnene Bild falsch, greife ich mit den Maßnahmen ins Leere.«

»Übrigens starten wir sofort nach den eingeleiteten Rettungsmaßnahmen eine neue Runde der Informationsgewinnung!«, fügt er hinzu.

---

7 Schäuble, Wolfgang, München, Interview am 11.März 2015

Wolfgang Schäuble beschreibt den Moment, in dem wir nach dem, was unser Leben erschütterte, mit Hilfe anderer zum ersten Mal sehen: »So ist es jetzt!«, zunächst ohne Bewertung, ohne Wunsch, auch ohne Befürchtung, ohne Täuschung. Nur das gibt uns den Boden, sinnvoll zu handeln.

Bereits am ersten Tag erkennt Noris mit seinen nur sieben Jahren: »Ich habe gleich verstanden, dass es lange dauert und das ganze Leben beeinflusst.« Es fällt auf, dass weder er noch seine Eltern Zeit vergeuden, mit dem Schicksal zu hadern. Nach dem anfänglichen Schock sagen sie: »Was ist, ist.« »Man muss es pragmatisch sehen.« »Man muss damit umgehen.« »Wenn's nicht stimmt im Leben, schaue ich: Wo stimmt es? Was muss ich tun, damit es wieder gut wird?« Am besten beschreibt es Noris selbst: »Es ist da, wie ein Monster. Es darf leben, aber nicht alles bestimmen. Und es ist viel kleiner als ich.«

»Warumlosigkeit«, dieses Wort hat Manfred Scheuer geprägt; diese Warumlosigkeit ist es, die man von Kindern lernen kann. »Sie leben im Jetzt, im Augenblick. Sie lachen, wenn es ihnen gut geht, und wenn es ihnen zwischendurch schlecht geht, versinken sie nicht in langwierigen Depressionen, denn bald lachen sie wieder. Sie fragen nicht »Warum?«. Was ihnen ihr schweres Leben erleichtert, ist diese »Warumlosigkeit.«[8].

Sowohl Noris als auch seine Eltern fragen nicht nach dem Warum, weisen dem Schicksalsschlag sehr schnell einen Platz zu, der ihm nicht erlaubt, das ganze Leben zu bestimmen.

Dem Unglück ins Auge schauen

Im achtsamen Wandel des Buddhismus werden vier Aspekte unterschieden:

1. Erkennen,
2. Akzeptieren,
3. Erforschen,
4. Nicht-Identifizieren (mit den eigenen Empfindungen).

Wir neigen dazu, das Erkennen zu überspringen, gezwungenermaßen oder pro forma zu akzeptieren (Wie kann ich anerkennen, was ich nicht erkenne?) und uns dann mit den Empfindungen, die dieses Chaos in uns auslöst, zu identifi-

---

8 Zitiert in Schödel, Helmut, 2015

zieren. Angst, Wut, Trauer, Verzweiflung, Verletzung »übermannen« uns. Im schlimmsten Fall verleugnen wir das Geschehen ganz.

Im Verlauf der Corona-Pandemie konnten wir sehen, wie schnell manche Menschen in ihrer Unsicherheit und Angst ins Verleugnen des Geschehenden oder in Verschwörungsmythen abdrifteten. Wir erlebten, wie sie Personen, Videos, Bildern und Posts in den sozialen Netzwerken glaubten, denen sie mit klarem Kopf keinen Moment getraut hätten. Sie hörten auf – oder hatten gar nicht damit begonnen – sich umfassend zu informieren.

Am Anfang des Glaubens an eine Verschwörungserzählung stehen immer

- eine eigene Unsicherheit,
- Uninformiertheit
- latente Angst
- in einer unüberschaubar komplexen Situation.
- Man misstraut Informationen.

Nun treten Menschen mit Halbwissen, Geltungshunger und großer Selbstüberschätzung auf und bieten leicht verständliche angebliche »Wahrheiten« an, die die Sicht auf die komplizierte Situation vereinfachen. Dabei gibt es immer etwas Böses, das uns angeblich bedroht, das Gute, die Retter und Retterinnen vor dem Bösen sind vorgeblich die Verbreiter der Mythen. Vertrauen wir ihren Aussagen, kann sich unsere Unsicherheit und unsere Angst zu einem Verschwörungsglauben entwickeln, zu der Überzeugung, geheime böse Kräfte würden die Welt (zum Beispiel mittels COVID 19) steuern und Macht über alles erringen wollen.

Verschwörungserzählungen gibt es schon lange, nur verbreiten sie sich jetzt mittels der sozialen Medien schneller und weiter. Sie treten gehäuft in Krisenzeiten auf.

Hinter den Menschen, die diese Verschwörungserzählungen verbreiten, stehen häufig finanzielle Interesssen, denn jedes Click auf ihren YouTube- und Instagram-Beitrag oder dergleichen bringt Werbeeinnahmen, je reißerischer die Behauptung in der Überschrift ist, umso mehr Clicks gibt es. Das alles ist ein großes, ertragreiches Geschäft mit Angst und Unsicherheit. Auch politisch oder religiös extreme Gruppen finden in verunsicherten, uninformierten Menschen willkommene »Follower« und kommen so ihrem Ziel näher, die Gesellschaft zu spalten.

Das Fatale an den Algorithmen der sozialen Medien ist, dass man die eigene Meinung, die eigenen Ängste immer wieder widergespiegelt bekommt und man sich so immer mehr bestärkt fühlt. Man ist in einer Blase gelandet und weit weg von dem, was wir ein Umrunden der Krisen-Situation, ein sich aus allen Richtungen umfassendes Informieren nennen.

Darum sind wir sowohl in persönlichen wie auch in gesellschaftlichen Krisen besonders herausgefordert, uns wirklich umfassend zu informieren und genau hinzusehen, woher die jeweilige Botschaft kommt. Bedeutet sie ein Mehr an neutralem Wissen? Oder ist es nur die subjektive Meinung eines anderen Menschen oder einer Gruppe, vielleicht sogar mit dem Ziel, uns für ihre finanziellen oder machtsuchenden Interessen zu missbrauchen? Ist die Fachkompetenz des angeblich »Informierenden« aktuell und auf neuestem Stand oder möchte sich jemand lange nach der eigenen Pensionierung noch einmal richtig wichtig machen?

Statt in einer Krise oder bei einem Schicksalsschlag alleine »tapfer« zu sein, unsere Unsicherheit und unser Gefühlschaos ohne fremde Hilfe leise zu ertragen, statt vereinfachendem Halbwissen anderer anzuhängen oder uns mit einer Wunschwelt abzulenken, ist es zu allererst wichtig, den Dingen mit Hilfe von mehreren Menschen, die eine gute und vor allem auch aktuelle Ausbildung haben, wirklich ins Auge zu sehen. Es ist nicht angenehm, aber der einzige Weg, anschließend sinnvolle Maßnahmen ergreifen zu können.

Der Aufruhr der Empfindungen wird dabei, wenn wir ihn nicht gewaltsam oder mit Drogen unterdrücken, immer wieder seinen Platz fordern und dann langsam, langsam milder werden.

»Du willst das Schlimme zunächst nicht sehen«, sagt eine Freundin, die schnell hintereinander zwei große persönliche Schicksalsschläge erlebte, »doch es holt dich ein, selbst im Schlaf. Manchmal ist es verzerrt, man versucht sich etwas einzureden zur Erleichterung, aber es ist notwendig, das Geschehene zu sehen und damit umzugehen, um es so gut wie möglich zu bewältigen. Ganz vom Tisch, vergessen, ist es nie.«

»Eine nahe Freundin oder ein naher Freund, die einen gut kennen und zu denen man immer offen gewesen ist, sind bei persönlichen Krisen die beste Hilfe«, fährt sie fort. »Auch wenn deren Sichtweise anders ist als die eigene, denkt man darüber nach. Selbst in einer Therapie kann es passieren, dass man sich selbst und dem Therapeuten etwas vormacht, wenn ein Bereich betroffen ist, der einem unangenehm ist. Ein enger Freund, eine enge Freundin ist vertrauter, man versteckt weniger. Bei Dingen, die tief ins Innerste gehen, ist man eher bereit, manches einer engen Freundin zu sagen als einem fremden Therapeuten.«

Der enge Freund, die gute Freundin kann verwandt sein, meistens werden jedoch die engen Verwandten eher geschont. Man möchte sie aus Liebe nicht belasten.

Das ist die Erfahrung dieser Freundin. Es kann aber auch sein, dass Sie sich in ihrer Not leichter einem fremden Menschen öffnen, wenn er der Schweigepflicht unterliegt und weder mit der Familie noch mit dem Freundeskreis verbunden ist. Glück hat, wem beides zur Verfügung steht.

Bei Krisen, die die ganze Gesellschaft oder Gruppen davon betreffen, reicht es nicht, nur mit einer Freundin oder einem Freund zu sprechen. Dann ist es wichtig, viele Informationen bei Fachleuten zu suchen, in der Wissenschaft, in Medien aus verschiedenen Ländern und mit verschiedenen Blickrichtungen. Es geht darum, wie Wolfgang Schäuble oben sagte, den Katastrophenherd zu »umrunden«, neue Blickwinkel einzunehmen, um die Situation möglichst klar zu erfassen und eine »Landkarte« zu erstellen. Erst dann können wir die Lage richtig werten und wirksame Maßnahmen ergreifen.

Hilfe von Fachleuten für die Seele

Es gibt Kriseninterventionsteams, die unverletzte Beteiligte und Angehörige bei akut psychisch traumatisierenden Unfällen, Notfällen und Katastrophen möglichst unmittelbar nach dem Ereignis betreuen, um Posttraumatischen Belastungsstörungen vorzubeugen. Sie leisten Erste Hilfe an der Seele und sind zu finden unter den Namen KIT (Kriseninterventionsteam), KED (Krisenintervention im Einsatzdienst), Notfallnachsorge oder Notfallbetreuung (NFB) und Notfallseelsorge von Theologen. Feuerwehren und Polizei kennen die Kontaktmöglichkeiten. Diese schnell einsetzbaren Teams leisten eine psychosoziale Notversorgung, vermitteln ersten Halt in der Orientierungslosigkeit und Schutz, um Emotionen zuzulassen. Sie helfen, eine neue Struktur für die kommenden Tage zu finden und bilden eine Brücke zu ankommenden, unterstützenden Verwandten oder Freunden, zu Selbsthilfegruppen und weiteren Beratungsstellen.

An dieser Stelle möchten wir eine fatale Begriffsverwirrung, die in der Allgemeinheit oft besteht, klären: den Unterschied zwischen Psychotherapeut bzw. Psychotherapeutin und Psychiater bzw. Psychiaterin sowie verwandten Berufen. Es ist uns ein dringendes Anliegen, weil viele Menschen sich aufgrund dieser Verwirrung und damit verbundener Vorurteile einer wirksamen Hilfe im Erfassen und Verarbeiten eigener Not versperren. »Ich geh doch nicht zum Psychiater, ich bin doch nicht verrückt!«, heißt es, wenn der Vorschlag gemacht wird, einen Psychotherapeuten oder eine Psychotherapeutin zu besuchen. Oder aber die Betroffenen gehen zu irgendeinem Berater, dessen Qualifikation nicht erwiesen ist.

Ein **Facharzt und eine Fachärztin für Psychiatrie und Psychotherapie (Psychiater)** sind Fachärzte für die Behandlung seelischer Krankheiten. Sie haben sowohl Medizin studiert als auch Psychiatrie, die sich mit der

Erforschung, der Prävention, Diagnostik und Therapie psychischer Störungen befasst. Psychiater und Psychiaterinnen betreiben Psychotherapie, der Schwerpunkt ist die Behandlung mit Medikamenten, denn manche seelischen Krankheiten beruhen auf körperlichen Störungen. (Die Krankenkassen übernehmen die Kosten.)

Eine **ärztliche Psychotherapeutin und ein ärztlicher Psychotherapeut** haben Medizin und Psychotherapie, d. h. die Behandlung geistig-seelisch bedingter dysfunktionaler Zustände oder Strukturen studiert. Schwerpunkte sind die Medizin und Psychotherapie. (Auch hier übernehmen die Krankenkassen die Kosten.)

Ein **Psychologischer Psychotherapeut (PP), eine Psychologische Psychotherapeutin (PP)** haben Psychologie studiert und nach dem Examen eine mindestens 3-jährige Ausbildung zum Psychologischen Psychotherapeuten, zur Psychologischen Psychotherapeutin abgeschlossen und die Berechtigung zur eigenständigen Durchführung von Psychotherapie erworben. Sie sind staatlich approbiert und können ihre Leistung über alle Krankenkassen abrechnen. Sie verschreiben keine Medikamente. Alle drei oben genannten Berufe haben eine Ausbildungsdauer von etwa 12 Jahren.

Eine **Psychologin** (Diplom-Psychologin), ein **Psychologe** (Diplom-Psychologe) hat Psychologie studiert und abgeschlossen und kann beratend in Kliniken, Schulen, Beratungsstellen, bei der Polizei, im Sport usw. tätig sein, ohne eine Zusatzqualifikation zu haben. Sie machen keine Psychotherapien mit Klienten.

Ein **Heilpraktiker oder eine Heilpraktikerin für Psychotherapie** muss mindestens einen Hauptschulabschluss haben und braucht kein »echter«, umfassender Heilpraktiker bzw. Heilpraktikerin zu sein. Sie haben eine Zulassung durch eine Prüfung vor einem Amtsarzt erhalten, ihnen ist es erlaubt, Psychotherapie anzubieten. Da es keine vorgeschriebene Ausbildung gibt, kann die Qualifikation sehr unterschiedlich sein. Sie reicht vom Fernstudium über Ausbildung an fünf Wochenenden bis zu einer Ausbildung von achtzehn Monaten. Gesetzliche Kassen übernehmen die Kosten nicht.

Die Bezeichnungen **Psychologische Beraterin oder Berater, Lebensberaterin oder Lebensberater, Coach** sind, anders als die oben genannten Berufsbezeichnungen, nicht geschützt. Jeder kann sich so nennen, es sagt nichts über die Qualifikation aus. Sie dürfen keine Therapie machen und keine Diagnose erstellen, Versicherungen übernehmen die Kosten nicht.

Die Bedeutung, warum es wichtig ist, einen gut ausgebildeten Therapeuten oder eine gut ausgebildete Therapeutin zu finden, zeigt sich darin, dass Sigmund Freud die Psychoanalyse *für Therapeuten und Therapeutinnen* entwickelt hat. Er wollte, und das stellt man bis heute in den fundierten Ausbildungen und anschließenden Supervisionsgruppen sicher, dass der

Therapeut oder die Therapeutin nicht die eigenen blinden Flecken, die eigenen Probleme dem Klienten »überstülpen«. Bei psychologischen Psychotherapeuten oder Psychotherapeutinnen (PP), ärztlichen Therapeuten und Therapeutinnen und einem Psychiater oder einer Psychiaterin ist man auf der sicheren Seite. Hat man eine oder einen von ihnen gefunden, geht es nur noch darum, ob man Vertrauen gewinnt, ob der »Draht stimmt«.

Wir wollen den einzelnen Mitgliedern der anderen Berufsgruppen nicht die Fähigkeit absprechen, Menschen zu helfen. Sicher gibt es dort auch sehr fähige und erfahrene Menschen. Doch gilt es, wie überall, wo eine Berufsbezeichnung nicht geschützt und zwingend mit einer guten Ausbildung verbunden ist, die Qualifikation genau zu überprüfen und Referenzen zu erfragen.

Wenn die Seele verletzt ist, ist es leider in unserer Gesellschaft noch nicht selbstverständlich, zum entsprechenden Arztbesuch zu stehen wie bei einem Beinbruch oder bei Zahnschmerzen, ohne vor Stigmatisierung Angst zu haben, der Angst, »komisch angeschaut« zu werden. Unsere Seele ist jedoch das Kostbarste, was wir haben. Wir werden in diesem Buch immer wieder darauf zurückkommen, welchen Einfluss unsere seelische Gesundheit auf unser körperliches Wohlbefinden und unsere Beziehungen zu Menschen hat. Wir geben oft ohne nachzudenken sehr viel Geld für die Renovierung der Wohnung, den Kauf eines Autos, Kleidung oder Urlaubsreisen aus. Wenn man jedoch – weil man der möglichen Stigmatisierung entgehen möchte – eine Therapie privat bezahlen müsste, zucken viele Menschen zurück.

»Ihr Deutschen haltet so viel von Sauberkeit«, sagte vor Jahren ein indonesischer Freund zu uns. »Reine Wäsche, blitzende Fußböden, saubere Autos. Aber von Seelenhygiene versteht ihr nicht viel.«

Eine gesellschaftliche Veränderung bei der Bewertung von »Seelenhygiene« findet statt und wir können nur hoffen, dass immer größere Offenheit und Ehrlichkeit Betroffener die Stigmatisierungen schwächer werden lassen. Bis das so weit ist, ist es besser, auf einen Urlaub, das größere Auto oder tolle Kleidung zu verzichten und die professionelle Hilfe beim Aufbrechen seelischer Wunden selbst zu bezahlen.

Resümee

Wir brauchen das Sehen der veränderten Realität nach einem Schicksalsschlag, um sinnvolle Entscheidungen treffen und die Wahrheit verarbeiten zu können.

Die Stufen des Sehens sind:

1. Informationen mit Hilfe von Freunden und verschiedenen guten Fachleuten gewinnen (Landkarte erstellen),
2. Bewerten der Informationen,
3. Priorisierung der Gefahren,
4. Handlungsmöglichkeiten feststellen und abwägen,
5. Entscheidung über Maßnahmen und Umsetzung der Maßnahmen,
6. Erneute »Bildgewinnung« – Informationsbewertung – Priorisierung der Gefahren – Abwägen der Handlungsmöglichkeiten usw.

Bei allen Stufen brauchen wir die Hilfe von Menschen, die uns lieben, von Freundinnen, Freunden und von Fachleuten.

2.2 Resilienz-Faktor 2: Die optimale Einstellung zum eigenen Schicksal

>»Es gibt Menschen, die wissen, dass sie ihre Einstellungen kontrollieren können und solche, die von ihren Einstellungen kontrolliert werden.«
>— Keith Harrell

Wie sehr Einstellungen und die Fähigkeit, sie zu verändern, den Weg des Lebens beeinflussen, zeigt sich deutlich am Schicksal von Michael:

Trost finden bei Starbucks

>»Let go your sadness, give up the fight, follow your madness and take a flight ... take a flight«.[9]
>— Aus einem Songtext des Musikers Seal, gedruckt auf einem Starbucks-Becher für einen »Venti Americano«[10]

---

9 Lass die Traurigkeit ziehen, lass den Kampf, folge deinen verrückten Gedanken und hebe ab ... hebe ab.
10 Gill, Michael, 2008, S. 107

2.2 Resilienz-Faktor 2: Die optimale Einstellung zum eigenen Schicksal

Michael ist am Ende. Ziellos wandert er durch die Straßen von New York. Kein Mensch achtet auf ihn – und er achtet auch auf niemand. Er ist mit seinen Gedanken allein auf dieser Welt: Seit Wochen meldeten sich seine alten Kunden nicht mehr bei ihm. Die »Freunde« haben sich sowieso schon von ihm zurückgezogen. Langsam sind alle seine finanziellen Reserven aufgebraucht. Er braucht dringend Geld, braucht wohl einen Job!

Dabei hatte ihn doch seine berufliche Karriere weit gebracht. Er war immerhin fünfundzwanzig Jahre Partner und Kreativdirektor der größten Werbeagentur der Welt gewesen, hatte eine Frau gehabt, die aus gutem Hause kam und mit ihr zusammen vier liebenswerte Kinder. Finanzielle Sorgen waren ihm fremd gewesen.

Aber dann war der Absturz gekommen: Von einem Tag zum anderen wurde er von seiner Firma auf die Straße gesetzt. Seine Agentur war verkauft worden und der neue Besitzer wollte nur noch junge Mitarbeiter, er war zu alt. Dass er seinen Job verlieren würde, hatte er sich nie vorstellen können – nun war er auf einmal arbeitslos, ein Makel, der zu dem Umfeld, in dem er lebte, so gar nicht passte. Er fühlte sich als Ausgestoßener. Zunächst hatte er versucht, sich mit einer eigenen Beratungsfirma über Wasser zu halten, schließlich hatte er einen großen Kreis alter Kunden und glaubte sehr beliebt zu sein. Aber alle seine Bemühungen hatten zu keinen nennenswerten Umsätzen geführt. Er hatte jetzt das Image eines »Losers«, wer wollte schon mit einem Verlierer Geschäfte machen.

Nun war auch noch seine Ehe zerbrochen und sein Arzt hatte bei ihm einen Gehirntumor diagnostiziert[11]. Für Michael scheint alles zu Ende zu sein.

Seine Wanderung durch New York führt ihn in die Gegend, in der er vor Jahrzehnten zuhause gewesen war. Er sehnt sich so sehr nach der Geborgenheit und dem Wohlstand seiner Kindertage zurück. Die Bäckerei, in der er oft etwas Süßes gekauft hatte, ist verschwunden – auch sie hat den Wechsel der Zeiten nicht überstanden – ihm erscheint das als Omen. Wird er der Nächste sein, der einfach verschwindet?

Stattdessen findet er dort eine Starbucks-Filiale. Sein Wunsch nach Wärme und einem Kaffee lässt ihn eintreten, um bei einem Café Latte Trost zu finden. Am Nebentisch sitzt eine dunkelhäutige Frau, Crystal, die diese Filiale am Broadway leitet, wie er auf ihrem Namensschild erkennen kann. Er kommt mit ihr ins Gespräch und schließlich bietet sie dem ehemaligen Topmanager einen Job an – den er aus lauter Verzweiflung annimmt.

Tage später findet er sich auf der anderen Seite der Theke wieder. Mit dem Putzlappen in der Hand muss er zeigen, dass er dieser Situation gewachsen ist. Er

---

11 Der Gehirntumor wurde erfolgreich operiert, Michael Gill verlor dabei jedoch das Hörvermögen auf einem Ohr.

braucht den Job und hat den Ehrgeiz, sich zu beweisen, dass er es auch hinter einer Espressobar schafft, sehr gute Arbeit zu leisten. Er schüttelt alle Vorurteile ab, die er bisher hatte und stürzt sich vorbehaltlos in die neue Arbeit. In einem Buch[12] erzählt er später stolz, dass einmal Crystal, seine Chefin, bei ihm vorbei kam und lachte.

»Mike, ich habe noch nie jemand mit einem solchen Enthusiasmus putzen sehen.« Er war dankbar, dieses Lob bekommen zu haben – von einem farbigen Mädchen, das seine Tochter sein könnte! Und er erzählt weiter: »Sogar meine Kollegen zollten mir insgeheim Respekt. Vermutlich hatten sie nicht erwartet, dass einem weißen Typen wie mir das Dreckabkratzen so viel Spaß machen würde.« Er versucht, keine Fehler zu machen und von seiner neuen Umgebung akzeptiert zu werden, trotz des großen Altersunterschiedes. Langsam gelingt ihm das auch, obwohl dieses neue Leben ihm völlig fremd ist.

Seine Kolleginnen und Kollegen, die einen so vollständig anderen sozialen Hintergrund haben, beginnen ihn zu akzeptieren. Er entdeckt, dass sie herzlich sein können und sie nehmen ihn langsam in ihren Kreis auf. Während er zu Beginn nur mit Herzklopfen und voller Beklemmungen frühmorgens den Weg zu seinem neuen Job antrat, kommt er bald gerne in »seine« Filiale von Starbucks. Er hat eine neue Gemeinschaft gefunden, von der er ein Teil ist. Michael, der Erfolgsmensch, der bisher alle Menschen nach der Preisklasse ihres Autos, nach dem Karrierelevel oder der vermuteten Höhe des Bankkontos beurteilt hatte, wandelt sich zu einem neuen Menschen. Ein »neuer Mensch« ist er dabei nicht in erster Linie auf Grund seiner Aufmachung, das Starbucks-Outfit ist nur ein äußeres Zeichen. Wichtiger ist seine innere Veränderung. Ihm war klar geworden, dass er die neue Herausforderung nur schaffen würde, wenn er all seine bisherigen Wertvorstellungen und seinen Snobismus, die er früher an den Tag gelegt hatte, abstreifen und den ungewohnten Erfahrungen und neuen Menschen offen und vorbehaltlos begegnen würde. Das galt auch für den Umgang mit den Kunden, die zum großen Teil aus einer ganz anderen sozialen Schicht kamen als aus der, der er sich noch vor kurzem zugerechnet hätte. »Man kann nicht bedienen, wenn man versucht, die Menschen, die man bedient, zu beherrschen«[13] und – so möchten wir ergänzen – sich als etwas Besseres betrachten als sie.

Plötzlich wird ihm klar, dass es mehr auf die Herzenswärme als auf die Designerkleidung ankommt, wenn man einen Menschen beurteilen will. Michaels jetziges Leben führt ihm vor Augen, worauf es wirklich im Leben ankommt, wenn man glücklich sein will. Wohlstand und Karriere sind nichts wert, wenn man sich selbst und den echten Kontakt zu Menschen dabei verliert. »Während ich zur

---

12 Gill, Michael, 2008
13 Gill, Michael, 2008, S. 211

> U-Bahn ging, war mir, als leuchteten die Lichter der Stadt heller als sonst. ... In der arktischen Kälte glitzerten sie ... magisch. Ich lief los, blieb plötzlich aber wie vom Blitz getroffen stehen. ›Ich bin glücklicher als je zuvor‹, entfuhr es mir laut.«[14]
> Michael Gates Gill, Sohn des bekannten New-Yorker-Journalisten Brendan Gill, hat einen neuen Lebensinhalt gefunden. Er lebt heute in New York, ganz in der Nähe der Starbucks-Filiale, in der er arbeitet – im, wie er sagt, »besten Job den ich je hatte«.

Anpassung an Lebenssituationen durch Einstellungsänderung

> »Du kannst dir die Situationen in deinem Leben (oft) nicht schnitzen, aber du kannst die Einstellung schnitzen, die zu den Situationen passt.«
> — Zig Ziglar

Wenn es darauf ankommt, schwierige Situationen zu meistern, müssen wir uns fast immer neuen Gegebenheiten anpassen. Bei dieser Anpassung ist es wichtig, dass wir nicht nur ein neues Verhalten zeigen, sondern dass es uns gelingt, »unser Herz mitzunehmen«. Unser Herz, unser Inneres nehmen wir dann mit, wenn wir neue, positive innere Einstellungen zu unserer Umwelt, vor allem zu den Menschen um uns herum, oft aber auch zu uns selbst und zu unserer Lebenssituation entwickeln. Gelingt uns das nicht, üben wir das neue Verhalten nur deshalb aus, weil wir uns dazu gezwungen fühlen oder weil wir das für »vernünftig« halten, dann müssen wir immer wieder einen inneren Widerstand überwinden. Das kostet Kraft und verhindert oft, dass uns unser Tun gelingt.

Noch hinderlicher ist aber, dass unsere Umgebung diesen inneren Widerstand spürt. Die Menschen um uns herum erkennen, dass wir nicht von »innen heraus« agieren, dass wir nicht »authentisch« sondern »kopfgesteuert« sind. Eine enge, vertrauensvolle Beziehung kann man mit einem solchen Menschen nicht aufbauen. Michael in dem obigen Beispiel wäre es nicht gelungen, von seinen neuen Kolleginnen und Kollegen akzeptiert zu werden, wenn diese nicht gespürt hätten, dass sein Beziehungsangebot von Herzen kam und seine Einstellung ihnen gegenüber offen und vorurteilsfrei war.

Michael Gill hat seinen Tiefpunkt überwunden und sich im wahren Sinne des Wortes ein neues Leben aufgebaut. Dabei entdeckte er sogar, dass sein altes Leben ihm weniger entsprochen hatte als das neue Leben. Er ist glücklicher und erfüllter als vorher, obwohl er von außen betrachtet für viele einen

---

14 Gill, Michael, 2008, S. 246

extremen sozialen Abstieg vollzogen hat. Gelungen ist ihm dies, weil er in seinem Inneren offen war für eine Veränderung seiner Werthaltungen, für eine Umgestaltung seiner Orientierung im Leben, für eine Neuerung des Skripts, nach dem er sein Leben ausrichtet, eben offen für Veränderung vieler seiner Einstellungen. Vor allem seine alten Einstellungen zu der farbigen Arbeiterklasse, zu Status und zu Freundschaften hat er auf den Prüfstand gestellt und letztlich radikal verändert.

»Einstellungen« in Abgrenzung zur »Einstellung von Mitarbeitern«, besser »innere Einstellungen« genannt, sind ein Konzept der Psychologie, mit der man gleichförmiges Verhalten erklärt. Man definiert Einstellungen als »Grundlagen von beobachteter Gleichförmigkeit des Verhaltens eines Individuums. Man sieht in den Einstellungen überdauernde Systeme positiver oder negativer Wertschätzung, sowie Handlungs- und Wahrnehmungstendenzen gegenüber Objekten, Personen oder Personengruppen, die immer wieder zu ähnlichen Gefühlen diesbezüglich führen«[15].

Diese etwas wissenschaftlich klingende Definition hat ihren Hintergrund in einer Entdeckung, die der erste Psychologe der Neuzeit, William James[16], vor mehr als 100 Jahren machte. Er schrieb damals: »Die größte Revolution unserer Generation besteht in der Entdeckung, dass menschliche Wesen die äußeren Aspekte ihres Lebens verändern können, indem sie die inneren Einstellungen ihres Geistes verändern.«

Wenn man diesem Gedankengang folgt, dann stellen unsere Einstellungen den Schlüssel dar, mit dem wir unser Leben in die Hand nehmen, mit dem wir unser Schicksal, soweit das für uns Menschen möglich ist, nach unseren persönlichen Vorstellungen bestimmen können. Die richtige Einstellung ist vor allem dann wichtig, wenn uns auf unserem Lebensweg etwas begegnet, an dem wir Widerstandskraft beweisen müssen.

Einstellungen haben großen Einfluss auf unser Verhalten – vor allem aber: Einstellungen sind *alle* gelernt und können verändert, neu gelernt werden – auch wenn es manchmal schwer ist. Zu wissen, dass wir unsere Einstellungen neu formen können, ist sehr wichtig. Es kann uns Mut machen, sie zu ändern, wenn alte Einstellungen für eine neue Lebenssituation nicht mehr passen, oder wenn sich zeigt, dass sie uns nicht unterstützen, einen Schicksalsschlag zu überwinden oder ganz allgemein, die neu gesetzten Ziele zu erreichen.

---

15 Martens & Kuhl, 2013
16 James, William, 1890

2.2 Resilienz-Faktor 2: Die optimale Einstellung zum eigenen Schicksal

Warum haben unsere Einstellungen so viel Macht über uns?

>*»Die Dinge haben nur den Wert, den wir ihnen geben.«*
>— Molière

Das erste Kind, das der Autor Jens-Uwe mit seiner Frau bekam, war ein Sohn, den sie Jan-Peter nannten. Sie hatten sich so sehr ein Kind gewünscht und waren überglücklich, dass ihnen ein Sohn geschenkt wurde. Sie fühlten sich nach seiner Geburt wie im siebenten Himmel. Aber ihr Sohn hatte keine Hoden. Zuerst beruhigten die Ärzte die Eltern. Sie sagten, es handle sich um einen Hodenhochstand. Die Hoden würden in den ersten Lebensjahren herunterwachsen. Aber wie sich nach vielen Untersuchungen herausstellte, waren diese nicht angelegt. Ein Geburtsfehler! Ihr Glück war auf einmal wie zerfallen.

»Warum musste das uns passieren?« »Womit haben wir das verdient?« »Können wir jemals wieder glücklich sein, wenn wir doch einen Sohn haben, der nie ein richtiger Mann werden wird?« »Wie ungerecht kann doch das Schicksal sein!« Solche und ähnliche Gedanken gingen meiner Frau und mir ununterbrochen durch den Kopf und wir fanden keine Antwort darauf.

Ein guter Freund half uns aus dieser Verzweiflung heraus. Er sagte zu uns: »Seht euer Schicksal doch einmal von einer anderen Seite: Es gibt ungefähr 500 Fälle dieser Art im Jahr in Deutschland. Ist es da nicht sehr gut eingerichtet, dass gerade ihr ein solches Kind bekommt? Durch eure Harmonie und Liebe und durch die Tatsache, dass du Psychologe bist, ist doch die Chance, dass ihr diesem Kind helfen könnt, ein erfülltes Leben zu führen, besonders groß.«

Er führte diesen Gedanken noch etwas weiter aus und auf einmal wurde uns klar, welche Veränderung das in unserem Erleben bedeutete. Wir waren plötzlich nicht mehr durch ein schlimmes Schicksal gezeichnet, sondern uns war eine Aufgabe gestellt worden, die uns herausforderte und die wir mit viel Elan annahmen. Obwohl es noch viel zu früh für medizinische Eingriffe an unserem Sohn war, erkundigte ich mich schon einmal vorsorglich, wann und wie man eine künstliche Pubertät einleiten sollte, sprach mit Betroffenen, die eine solche Behandlung durchgemacht hatten, weil sie auch keine Hoden hatten usw. Wir waren überzeugt, wir würden der Aufgabe gewachsen sein – und wir waren fast wieder so glücklich wie vorher.

Wir nehmen unsere Umgebung nicht rein sachlich wahr, reagieren nicht auf eine objektiv feststellbare Umwelt, sondern wir interpretieren und bewerten alles, was durch unsere fünf Sinne vermittelt unser Gehirn erreicht. Wir bewerten automatisch jede Wahrnehmung, häufig ohne uns dessen bewusst zu sein. Wichtig – unwichtig, bedeutungsvoll – zu vernachlässigen, gefährlich –

ungefährlich, ein gutes Gefühl, eine Belohnung versprechend – Schmerz, eine Gefahr verheißend: das sind nur einige der Kategorien, mit denen wir alles belegen, was wir uns aus unserer Umgebung bewusst machen[17]. Die Kategorien, nach denen wir diese Bewertung vornehmen, und das Ergebnis dieser Bewertung der Wahrnehmungen nennen wir Einstellungen.

Beim Interpretieren und Bewerten spielen unsere Ziele und Absichten eine wesentliche Rolle – aber auch die (vielleicht von uns nur hineininterpretierten) Absichten unseres Gegenübers. So konnte man in einem Experiment zeigen, dass Menschen sich von der Fröhlichkeit der sich im gleichen Raum Befindenden anstecken ließen. Wenn man ihnen allerdings sagte, dass die fröhlichen Menschen dieses Verhalten nur zeigten, weil sie Amphetamine genommen hätten, war deren Fröhlichkeit nicht mehr ansteckend und die Personen wurden nur noch mit Verwunderung und Interesse betrachtet[18]. Die Fröhlichkeit wurde neu interpretiert und anders bewertet als vorher und löste dadurch eine veränderte Reaktion aus.

Innere Einstellungen haben deshalb viel Macht über uns, weil sie unsere subjektive Bewertung von Ereignissen, Menschen und Dingen durch den ihnen innewohnenden Automatismus vereinfachen. Die innere Haltung ist schon vor der Wahrnehmung des Objektes, auf das sich die Einstellung bezieht, »entschieden«. Wir müssen nicht jedes Mal eine neue Entscheidung treffen, Vor- und Nachteile gegeneinander abwägen. Die innere Einstellung und damit unser Urteil sind zur – oft unbewussten – Gewohnheit geworden.

Macht gewinnen innere Einstellungen auch dadurch, dass sie ein Teil dessen sind, was uns mit unserer sozialen Umgebung verbindet, wodurch sie immer wieder neu bestätigt werden. Ändern wir wichtige innere Einstellungen, kann es durchaus sein, dass Menschen, die wir vorher als Freunde betrachteten, nicht mehr zu uns passen oder wir nicht mehr zu ihnen.

Ein dritter Grund für die Macht innerer Einstellungen liegt in der Tatsache, dass viele unserer Einstellungen uns nicht bewusst sind. Unbewusstes ist besonders wirksam, weil wir keine Kontrolle darüber haben. Wir widmen dem Thema des Erkennens unbewusster Anteile unserer Persönlichkeit großen Raum bei der Besprechung des Resilienz-Faktors 4: Sich selbst erkennen, Selbst-Bewusstsein und Persönlichkeit entwickeln.

---

17 Und es gibt Hinweise, dass wir sogar die Wahrnehmungen bewerten, die uns nicht bewusst werden.
18 Zitiert nach Cyrulnik, Boris, 2014, S. 108

2.2 Resilienz-Faktor 2: Die optimale Einstellung zum eigenen Schicksal

Wie können wir unsere Einstellungen ändern?

Jens-Uwe und seiner Frau hat ein Freund geholfen, wieder glücklich zu werden. Die neue Einstellung zu dem erlebten Schicksal hatte den Unterschied gebracht. Was kann man tun, wenn man keinen so hilfreichen Freund hat? Wie kann man selbst eine optimale Einstellung zu seinem Schicksal gewinnen?

Es gibt eine große Zahl von Maßnahmen, mit denen wir unsere Einstellungen beeinflussen können. Einige wichtige Verhaltensweisen, mit denen wir unsere Einstellungen ändern können, sind folgende:

- Wir suchen nach Argumenten, die für eine neue, hilfreiche Einstellung sprechen. Dabei helfen uns Gespräche mit vertrauten Menschen, die einen anderen Blickwinkel haben als wir und welche die gewünschte neue Einstellung besitzen.
- Wir suchen uns Vorbilder, die die neue Einstellung leben.
- Wir verhalten uns so, als hätten wir die neue Einstellung schon fest übernommen.
- Wir versuchen, Freunde davon zu überzeugen, dass die neue Einstellung die »richtige« ist. Das festigt unsere Überzeugung.
- Wir umgeben uns mit Freunden und Bekannten, die uns bei der neuen Einstellung unterstützen, die sie selbst teilen.

Eine dieser Techniken unterstützen wir durch dieses Buch besonders: sich Vorbilder zu suchen, denen man nacheifern kann. In diesem Buch werden eine Reihe von Personen vorgestellt, die als Vorbilder bei der Bewältigung besonders schwieriger Situationen dienen können. Indem wir uns mit solchen Vorbildern beschäftigen, über sie lesen, uns in sie einfühlen oder wenn wir gar ein solches Vorbild persönlich kennen, mit ihm ausführlich Kontakt haben, übernehmen wir fast automatisch deren innere Einstellungen.

Innere Einstellungen und damit die Fähigkeit, mit schwierigen Lebenssituationen leichter umzugehen, können auch durch psychotherapeutische Maßnahmen, vor allem durch die kognitive Verhaltenstherapie[19] verändert werden. Mit deren Hilfe kann man die hinderlichen Einstellungen gegenüber Situationen und Ereignissen in Frage stellen und eine hilfreiche Einschätzung und Einstellung in den Vordergrund rücken[20]. Das ermöglicht eine bessere Anpassung an schwere psychische Belastungen wie erfahrenes Unglück,

---

19 Cognitive Behavioral Therapy, CBT
20 Solberg Nes, Lise & Segerstrom, Suzanne C., 2011, S. 137 ff.

schwere Erkrankungen und besonders kritische Lebenssituationen, wie Arbeitslosigkeit oder eine dauerhafte körperliche Behinderung.

Hilfreiche Einstellungen begünstigen nicht nur die psychische Bewältigung belastender Lebensereignisse, sondern haben auch einen positiven Einfluss auf die Immunreaktionen im Körper, der nach einem Schicksalsschlag immer unter großer Belastung steht. Lise Solberg Nes[21] und wie auch bereits erwähnt Christian Schubert[22] zitieren eine große Zahl von Untersuchungen, die den Zusammenhang dieser »weichen« Faktoren mit positiven Veränderungen zur Krankheitsabwehr, den Immunreaktionen belegen.

Akzeptieren von Veränderungen

Das oben beschriebene Beispiel von Michael Gill zeigt uns nicht nur, wie man sich durch Entwicklung neuer Einstellungen an eine neue Lebenssituation anpassen und dabei glücklich werden kann. Es zeigt auch eine wichtige Voraussetzung für das Gelingen: Michael war – nach langem Festhalten an der alten Lebensweise – offen gegenüber der neuen Situation, er akzeptierte die Veränderungen in seinem Leben.

Auch diese Offenheit ist eine Frage der Einstellung. Die Bereitschaft, das Neue anzunehmen, ist eine der wichtigsten Einstellungen, die man nach einem Schicksalsschlag haben muss. Solange man sich gegen jede Form von Veränderung wehrt, solange man sein »altes Leben« zurückhaben will, kann die Bewältigung der neuen Lebenssituation nicht gelingen.

Häufig wehren wir uns fast automatisch dagegen, uns neuen Herausforderungen zu stellen. Wir wollen das Gewohnte nicht verlassen, selbst wenn wir nicht glücklich mit den vorhandenen Umständen sind. Wir haben uns mit ihnen arrangiert. Aus diesem Grund bleiben nicht selten Menschen bei einem Partner, obwohl sie schon lange keine Verbindung mehr miteinander haben, oder wechseln ihren Arbeitsplatz nicht, obwohl sie ihr Chef regelmäßig schikaniert. Oft entscheidet das Schicksal dann für sie und zwingt sie, die Situation zu verändern.

Wie viel schlimmer ist es, wenn wir aus Lebenssituationen geworfen werden, in denen wir uns wohlfühlen. In solchen Situationen ist es besonders wichtig, dass wir nicht nur die notwendigen Veränderungen akzeptieren, sondern dass wir sie als Aufgabe begreifen, dass wir offen sind, vielleicht sogar ein bisschen

---

21   Solberg Nes, Lise & Segerstrom, Suzanne C., 2011
22   Schubert, Christian, 2011

neugierig auf das neue Leben. Dabei hilft uns die Überzeugung, dass – was auch immer die Zukunft bringen mag – die Veränderung uns entweder guttun wird oder, dass sie zwar unsere Geschicklichkeit und Kräfte beanspruchen wird und Schmerzen beinhaltet, wir aber in jedem Fall daran wachsen werden.

Bei Anaïs Nin[23] findet man eine Beschreibung, die dieses Gefühl sehr gut ausdrückt: »Jean forderte mich ... auf, schmerzliche Ereignisse und Erfahrungen, die mich bedrängen, nicht als tödlich oder entkräftend, sondern als Stürme anzusehen, die totes Laub wegtragen, ohne die Bäume zu zerstören.«

Herausforderung in jungen Jahren

> »Nicht was wir erleben, sondern wie wir empfinden, was wir erleben, macht unser Schicksal aus.«
> — Marie Freifrau von Ebner-Eschenbach[24]

Michael Gill war in einer schwierigen Situation, als er durch das Entwickeln geeigneter Einstellungen seinem Leben eine neue, positive Richtung gab, aber er war schon gereift und hatte viel Lebenserfahrung aufzuweisen. Sehr viel schwieriger hatte es eine andere Person, die in dem jungen Alter von zehn Jahren und in den folgenden Jahren ihrem Schicksal beweisen musste, welche Kraft und welch positive Orientierung in ihr steckten, um nicht zu verzweifeln.

Natascha Kampusch

Natascha wurde mit zehn Jahren gewaltsam entführt und konnte erst nach über acht Jahren Gefangenschaft, die längste Zeit in einem fensterlosen Verließ, ihrem Peiniger entfliehen. Nach dieser langen Zeit hätte man eine völlig eingeschüchterte, gebrochene Persönlichkeit erwartet. Das Gegenteil war jedoch der Fall: Natascha Kampusch überraschte alle, die sie erlebten, durch ihre starke Persönlichkeit und Abgeklärtheit.

Nur zwei Wochen nach ihrer Selbstbefreiung gab sie ein Interview. Ihr Interviewer schrieb: »Trotz dieses unfassbaren Schicksals war ... eine starke und in sich ruhende junge Frau zu sehen, die über sich, ihr Verhältnis zu ihrem Peiniger und die Jahre ihres Martyriums auf ebenso kluge wie beeindruckende Weise nachdachte. Sie schmiedete bereits Pläne, was sie mit ihrer wiedererlangten Freiheit anfangen wolle.«

---

23 Nin, Anaïs, 1974, S. 20
24 Ebner-Eschenbach, Marie von, 1968

> *Die Psychologin Daniela Hosser äußerte sich: »Sie hat mich sehr beeindruckt. Da saß eine sehr starke, kluge, kämpferische und redegewandte Person, die durchaus im Stande ist, über sich und ihre Erlebnisse reflektiert zu berichten. Das war echt. Man hat ja auch gesehen, dass es ihr nicht leichtfiel, über manche Dinge zu reden.«*
>
> *Es gibt eine Vielzahl von Gründen, die man für diese überraschende Stärke verantwortlich machen kann. Natascha Kampusch schreibt eine Woche nach ihrer Flucht in einem offenen Brief:*
>
> *»Er war nicht mein Gebieter. Ich war gleich stark.«*
>
> *Sie legt in dem Buch, in dem sie ihr Martyrium beschreibt[25], dar, wie sie »sogar in extremer Erniedrigung und Drangsalierung ihre Selbstachtung bewahren« konnte.*
>
> *Sie habe sich selbst Hoffnung gemacht. »Ich habe mit meinem späteren Ich einen Pakt geschlossen, dass es kommen würde und das kleine Mädchen befreien würde.« »Ich war nie einsam in meinem Herzen, meine Familie und glückliche Erinnerungen waren immer bei mir. Ich habe mir geschworen, dass ich älter werde, stärker und kräftiger, um mich eines Tages befreien zu können«, erinnert sich die 18-Jährige.*
>
> *Während der Gefangenschaft hatte sie Mitgefühl mit anderen, vor allem mit den Opfern des Tsunami von 2004, von denen sie im Radio gehört hatte. Sie hatte sogar mit ihrem Peiniger Mitleid, der nach ihrer Befreiung Selbstmord beging. »In meinen Augen wäre sein Tod nicht nötig gewesen. Er war ein Teil meines Lebens, deswegen trauere ich in einer gewissen Art um ihn«, sagte sie.*

Auf die Frage, wie ein Teenager solche Stärke beweisen kann, gibt es sicher viele Antworten. Wenn man Nataschas Buch liest, entdeckt man einige Hinweise, was dafür verantwortlich sein könnte, dass sie mit zehn Jahren deutlich reifer und stärker war, als das normalerweise Mädchen in ihrem Alter sind.

> *Natascha war, wie sie selbst schreibt, »ein Unfall«, nicht gewollt.*
>
> *Ihre Geschwister waren deutlich älter und sie fühlte sich oft »als fünftes Rad am Wagen«. Ihre Mutter behandelte sie mit Härte und Disziplin, während ihr Vater, der sich eher treiben ließ, sie »mit offenen Armen empfing, wenn ich mich an ihn kuscheln wollte.«[26] Sie musste schon früh Demütigungen und Misshandlungen ertragen. Von ihrer Mutter bekam sie immer wieder für sie unvermutet Ohrfeigen, sie spricht von »aufflackernden Aggressionen« und »Stichflammen«. Wenn auch nicht von ihrer Mutter, so bekam sie doch auch, vor allem von ihrer Großmutter, Geborgenheit und Liebe zu spüren. Trotzdem litt sie sehr unter der Situation in ihrem Elternhaus.*

---

25 Kampusch, Natascha, 2014
26 Kampusch, Natascha, 2014, S. 16

2.2 Resilienz-Faktor 2: Die optimale Einstellung zum eigenen Schicksal

Ebenso lernte sie, mit Einsamkeit umzugehen. Sie wagte es nicht, in der heruntergekommenen Wohnsiedlung mit den Kindern der Nachbarn zu spielen, weil man ihr das verboten und ihr davor Angst gemacht hatte. Ging sie manchmal trotzdem in den Hof hinunter, blieb sie »immer nur wenige Minuten: Ich konnte das Gefühl nie überwinden, nicht dazuzugehören. Ich hatte die ablehnende Haltung meiner Eltern so sehr verinnerlicht, dass meine eigene Siedlung für mich eine fremde Welt blieb.«[27]

Auffällig ist, dass sie in ihrem Buch immer wieder davon schreibt, dass ihre Eltern und andere Bezugspersonen kein Mitleid mit ihr zeigten.

Das Credo ihrer Mutter lautete: »Ein Indianer kennt keinen Schmerz« und Natascha erlebte an ihr, wie jene sich selbst keine Schwäche zugestand und diese bei anderen auch nicht ertrug. »Ich habe es oft erlebt, wie sie Erkältungen mit reiner Willenskraft niederrang, und sah fasziniert zu, wie sie dampfend heißes Geschirr aus dem Geschirrspüler nahm, ohne zurückzuzucken«. Diese Erfahrungen führten, so kann man vermuten, bei Natascha schon in frühen Jahren zu einer starken Willenskraft und Selbstdisziplin und letztlich zu der Überzeugung, dass sie auch in schwierigen Situationen bestehen kann.

Natascha Kampusch setzte sich während ihrer Gefangenschaft mit Entführungen von Kindern gedanklich auseinander, wenn sie von anderen Entführungen in Fernsehberichten erfuhr. Auch das hilft, so ist durch viele Untersuchungen bekannt, eine Situation zu ertragen: Der betroffene Mensch bearbeitet am Beispiel der anderen sein eigenes Schicksal und fühlt sich nicht allein, erlebt sich vielleicht sogar als stark genug, auch für andere da zu sein, wenn er – anders als Natascha Kampusch – die Möglichkeit dazu hat.

Zehn Jahre, nachdem Natascha Kampusch ihr erstes Buch veröffentlichte, auf das sich die oben getroffene Beschreibung stützt, hat sie ihre ersten »Zehn Jahre in Freiheit« in einem neuen Buch[28] geschildert. In ihrer Reflexion der Gefangenschaft wird noch einmal sehr deutlich, welche Resilienzfaktoren ihr geholfen haben, ihr Martyrium relativ unbeschadet zu überstehen. So erwähnt sie zum Beispiel den positiven Einfluss des Schreibens, auf das wir ausführlich bei dem Resilienzfaktor 8 eingehen werden: »So hart es auch war, die Arbeit an dem Buch hat mir bei der Verarbeitung geholfen.«[29] Sie macht auch noch einmal sehr deutlich, welchen großen, positiven Einfluss ihre Einstellung zum Leben bei der Bearbeitung der unmenschlichen Eindrücke während der Gefangenschaft gehabt hat, »der starke Drang, mein Leben selbst in die Hand zu

---

27 Kampusch, Natascha, 2014, S. 15
28 Kampusch, Natascha, 2018
29 Kampusch, Natascha, 2018, S. 136

nehmen«[30] und die Fähigkeit »das Beste aus meiner Situation zu machen, und sei sie noch so unmöglich«[31].

> Es wird jedoch auch deutlich, dass sie nach ihrer Flucht sehr unter dem Druck der Öffentlichkeit gelitten hat. Natascha Kampusch hat sich entschieden, durch Fernsehauftritte, Interviews und auch durch ihre Bücher eine »öffentliche Person« zu werden. Es ist müßig, darüber zu diskutieren, ob sie eine andere Wahl hatte. Ihre Berater haben ihr diese Entscheidung abgenommen, um – wie sie selbst sagt – ihre eigenen Vorteile aus der Publikumswirksamkeit ihres Schicksals zu ziehen.
>
> Die Erwartungen der Umgebung spielen für den Menschen, der einen schweren Schicksalsschlag erlitten hat, immer eine große Rolle. Selbst die Personen, die einem nahestehen, können sich oft in die Situation dessen, der »Unvorstellbares« erleiden musste, nicht hineinfühlen. Dennoch haben sie eine konkrete Vorstellung davon, wie der oder die Betroffene sich zu verhalten habe. Das hatte auch Jens-Uwe nach dem tödlichen Unfall seiner Familie am eigenen Leib erfahren müssen. Die Menschen, die einen umgeben, sind der Meinung, genau zu wissen, wie man seine Trauer oder seine anderen Empfindungen auszudrücken hat, und wenn man diesen Erwartungen nicht entspricht, dann entstehen daraus »Interpretationen«, die einfach nicht stimmen und die dem Leidtragenden zusätzlich erhebliche Schmerzen zufügen.
>
> Natascha Kampusch beklagt sich in ihrem zweiten Buch: »Die Stimmung über das ›Wunder von Strasshof‹ schlug um in Neid, Missgunst und teils unverhohlenen Hass.«[32]
>
> Jens Uwe konnte sich dem weitgehend entziehen, indem er seiner weiteren Umgebung einfach zum Teil verheimlichte, was in ihm vorging und was er unternahm. Diese Möglichkeit hatte Natascha Kampusch nicht. Immer wieder wurde sie erkannt, wenn sie unterwegs war und immer wieder versuchten Journalisten »Geheimnisse« aus ihr »herauszufragen«, die bisher noch verborgen geblieben sein könnten und die eine neue Auflagen oder Einschaltquoten fördernde Wirkung haben würden. Natascha Kampusch spricht von der »Sucht nach weiteren Offenbarungen«.
>
> Einige Journalisten konnten sich zum Beispiel nicht vorstellen, dass Natascha Kampusch sich nicht viel früher hatte befreien können und vermuteten daher, dass ihr Verhältnis zu ihrer Familie so schlecht gewesen war, dass sie gar nicht zu ihr zurück wollte. Bei ihren Überlegungen blendeten die Journalisten einfach aus, dass Natascha als Kind entführt worden war und dass ihr Peiniger all die Jahre systematisch alles getan hatte, sie von ihm abhängig zu machen. Letzlich ist ihm das

---

30 Kampusch, Natascha, 2018, S. 212
31 Kampusch, Natascha, 2018, S. 213
32 Kampusch, Natascha, 2018, S. 13

nicht vollständig gelungen. Darin lag Nataschas Stärke, die ihr auch geholfen hat, alles so gut zu überstehen. Aber natürlich war sie als Kind weitgehend, auch emotional von dem Entführer abhängig. Sie spricht in ihrem Buch von einem doppelten Gefängnis. Neben dem faktischen, musste sie auch ihr »psychisches Gefängnis«, musste sie »beide Türen« überwinden[33].

In dem erwähnten Buch fasst sie noch einmal ihr Verhältnis zu ihrer Familie zusammen, woraus auch die oben erwähnten Resilienzfaktoren deutlich werden, die sie in den wenigen Jahren ihrer Kindheit in der Familie vermittelt bekommen hat: Sie hat von ihrer Familie vieles mitbekommen, was ihr »beim Überleben in der Gefangenschaft geholfen hat. Von meiner Mutter die Disziplin und eine gewisse Fähigkeit, Emotionen auszublenden (ein Indianer kennt keinen Schmerz). Von meinem Vater die Fähigkeit, der Realität andere Welten entgegenzusetzen und sich in sie zu flüchten. Und sei es nur gedanklich. Von meiner Großmutter einen emotionalen Vorrat an Geborgenheit und Wärme, an den ich mich immer zurückerinnern konnte, wenn ich die Kälte und Dunkelheit im Verlies nicht mehr aushielt.«[34]

Besonders schwer taten sich ein Teil der Öffentlichkeit und die Natascha Kampusch interpretierenden Journalisten, mit der Tatsache, dass sie ihren Peiniger nicht nur hasste. Man unterstellte ihr das »Stockholmsyndrom[35]«. Durch ihr Buch wird eine andere Interpretation deutlich, die freilich schwerer zu begreifen ist. Es ist Natascha hoch anzurechnen und ein weiterer Beweis ihrer mentalen Stärke, dass sie sich nicht den Erwartungen ihrer Interpreten angepasst hat. Sie hat gespürt und gewusst, dass sie ihrem Peiniger »ein Stück Menschsein zurückgeben musste. ... Indem ich ihn als Mensch gesehen habe, mit einer sehr dunklen, aber auch einer etwas helleren Seite, konnte ich selbst Mensch bleiben. Ich konnte und musste ihm verzeihen, was er mir angetan hatte, weil mich sonst Hass und Wut zerfressen hätten.«[36]

Das sind freilich keine Gedankengänge, die geeignet sind, eine Auflagensteigerung zu erreichen.

Wenn man ihr Buch über die ersten 10 Jahre in Freiheit liest, erlebt man mit, wie schwierig es für Natascha Kampusch war, einen Platz für sich in dieser Welt jenseits der Gefangenschaft zu finden - aber auch hier half ihr ihre außergewöhnlich starke Persönlichkeit.

---

33 Kampusch, Natascha, 2018, S. 147
34 Kampusch, Natascha, 2018, S. 82. Die Klammer ist eine Ergänzung der Autoren.
35 Unter dem Stockholm-Syndrom versteht man ein psychologisches Phänomen, bei dem Opfer von Geiselnahmen ein positives emotionales Verhältnis zu ihren Entführern aufbauen. Dies kann dazu führen, dass das Opfer mit den Tätern sympathisiert und mit ihnen kooperiert. Der Begriff ist wissenschaftlich nicht fundiert. (Wikipedia)
36 Kampusch, Natascha, 2018, S. 96

Gestalter-Grundhaltung oder Selbstwirksamkeits-Überzeugung[37]

> »Das Ziel der Weisheit ist, dass man den Dingen nur so viel Macht über sich einräumt, als man selbst es will, und dass man sein Schicksal nicht mehr von außen empfängt, sondern es nimmt, als Atemzug aus dem eigenen Interesse.«
> — Hermann Hesse

Eine der wichtigsten Einstellungen, die unser Leben nachhaltig bestimmen kann, ist die Überzeugung, dass wir Gestalterin beziehungsweise Gestalter unseres Lebens sind, dass wir unser Schicksal im Wesentlichen in der Hand haben, es im Rahmen des Möglichen selbst bestimmen können. Die gegenteilige Einstellung ist die, dass wir Opfer der Umstände sind, dass wir unserem Schicksal weitgehend ausgeliefert sind, es kaum beeinflussen können. Diese beiden gegensätzlichen Überzeugungen sind Grundlage einer ganzen Reihe von Einstellungen wie Optimismus/ Pessimismus oder Selbstvertrauen/ Minderwertigkeitsgefühl. Um diese beiden unvereinbaren Einstellungen zu kennzeichnen, sprechen wir von »Gestalter-oder-Opfer-Grundhaltung«.

Albert Bandura[38] entwickelte ein Modell, wonach das Bild, das wir von uns selbst machen, zwei Dimensionen aufweist: Die Selbsteinschätzung und die Selbstwirksamkeit. Mit Selbsteinschätzung ist gemeint, für wie fähig und wertvoll wir uns halten. Selbstwirksamkeit bezeichnet unsere Kompetenz, tatsächlich auf die Umwelt einzuwirken. Die oben kurz skizzierte Gestalter-Grundhaltung bezieht sich vor allem auf die Selbstwirksamkeit, wobei allerdings eine positive Selbsteinschätzung häufig damit verbunden ist.

Natascha Kampusch hat offensichtlich schon in jungen Jahren Einstellungen zu ihrem Leben entwickelt, die Verwandtschaft mit der Gestalter-Grundhaltung haben:

- Sie hat durch das Vorbild ihrer Mutter starke Willenskraft entwickelt und die Überzeugung gewonnen, dass auch sie Schmerzen und damit unangenehme Situationen meistern kann.
- Sie kann »sogar in extremer Erniedrigung und Drangsalierung ihre Selbstachtung bewahren.«
- Sie war überzeugt, dass ihre Situation letztlich gut ausgehen würde.
- Sie hatte offensichtlich schon als Kind ein starkes Selbstwertgefühl.

---

37 »Selbstwirksamkeit« geht auf Albert Bandura aus dem Jahre 1979 zurück (Bandura, Albert, 1997).
38 Bandura, Albert, 1977, 1971, 1997

- Schon als kleines Kind lernte sie, negative Erlebnisse nicht auf sich zu beziehen, sondern ihnen gegenüber Distanz zu bewahren, sie dadurch als weniger bedrohlich zu interpretieren. Das wird vor allem aus ihrer Beschreibung der emotionalen Ausbrüche ihrer Mutter deutlich, die sie »aufflackernde Aggressionen« und »Stichflamme« nennt, so als ob es sich um ein Gewitter handele, für das man selbst keine Verantwortung trägt und vor dem man sich nur so gut wie möglich schützen muss, um nicht vom Blitz getroffen zu werden.

Unsere eigene Gestalter- oder Opfer-Grundhaltung entscheidet, wie wir eine traumatische Situation für uns bewerten, und damit, ob und wie wir sie überstehen. Positive Auswirkungen haben vor allem Einstellungen, die mit der Gestalter-Grundhaltung in Verbindung gebracht werden können[39]:

- Die Überzeugung, dass man seine Ziele erreichen kann, dass man Einfluss auf den eigenen Lebensweg nehmen kann (Selbstwirksamkeit);
- der Glaube daran, dass die Dinge letztlich gut ausgehen werden (Optimismus);
- häufige positive Gefühle wie Begeisterung, Glück und Enthusiasmus (positive Affekte);
- die Überzeugung, dass das Eintreten von positiven Ereignissen der Normalzustand ist und negative Ereignisse die Ausnahme darstellen (Attributionsstil);
- das Würdigen unseres eigenen Wertes (Selbstwert);
- die Neigung, einem traumatischen Ereignis auch etwas Positives abzugewinnen und an ihm zu wachsen (traumatisches Wachstum, »benefit finding«), und schließlich
- das tatsächliche oder wahrgenommene Eingebettet-Sein in eine soziale Gruppe, häufiger Kontakt mit nahestehenden Menschen und Unterstützung durch diese (soziale Beziehungen).

Es handelt sich also bei der Gestalter-Grundhaltung um ein ganzes Feld von Einstellungen, die alle in die gleiche Richtung weisen, sich aber auf verschiedene Weise zeigen können. Menschen, die in ihrem Leben schon mehrfach schwierige Situationen erfolgreich bewältigt haben, haben oft mehrere der folgenden Überzeugungen (oder Einstellungen), die ihnen bei einem erneuten Unglück sehr helfen:

---

39 Vergl. Solberg Nes, Lise, 2011, S. 137 ff.

- Ich habe gelernt, dass ich als »Gestalter« oder »Gestalterin« meines Lebens Möglichkeiten habe, die viel weiter gehen, als ich mir das jemals vorstellen konnte. Ich werde mich auch jetzt als Gestalterin oder Gestalter bewähren!
- Ich bin nicht alleine und nehme die Unterstützung durch andere gerne an.
- Durch das Überwinden des Schicksalsschlages werde ich nicht nur mir, sondern auch anderen helfen, indem ich ihnen Vorbild bin.
- Der Stress, dem ich jetzt ausgesetzt bin, wird mich stärken, wenn ich nur genügend Erholungspausen einbaue. Die Situation ist vergleichbar mit einer anstrengenden Bergwanderung und ich freue mich auf den Gipfel.
- Ich habe in meinem Leben oft die Erfahrung gemacht, dass auch sehr schwierige und gefährliche Situationen sich zu guter Letzt als nicht so schlimm erwiesen haben. (Daran erinnere ich mich gerade lebhaft.) Ich bin guter Hoffnung, dass es auch dieses Mal letztlich gut ausgehen wird.
- Leiden ist ein Teil des Lebens. Das sieht man überall und immer wieder. Warum sollte ich davon verschont werden? Ein »reiches Leben« ist auch ein Leben, in dem der oder die Betreffende immer wieder gelitten hat.
- Das Schicksal hat mir eine Aufgabe gestellt, weil es überzeugt ist, dass ich sie erfolgreich lösen kann. (Je mehr mir das Schicksal oder ein höheres Wesen auferlegt, desto mehr traut es mir zu.)

Wichtig dabei ist, sich immer wieder zu verdeutlichen, dass diese Einstellungen der Gestalter-Grundhaltung keine ererbten Eigenschaften sind. Einstellungen und die damit verbundene Fähigkeit, widrigen Umständen erfolgreich zu begegnen, lassen sich trainieren. Sohng[40] hat das erfolgreich mit einem Selbstmanagement-Programm gezeigt, während Martens[41] das mit einem Multimedia-Programm gelungen ist.

Die Opfer-Grundhaltung und erlernte Hilflosigkeit

Das Gegenteil dieser Gestalter-Grundhaltung oder Selbstwirksamkeits-Überzeugung ist die Opfer-Grundhaltung, die enge Verwandtschaft mit der »erlernten Hilflosigkeit« besitzt und im Extremfall zu einer Depression führen kann. Martin E. P. Seligman und Steven F. Maier[42] haben diesen Begriff geprägt, nachdem sie entdeckten, dass Hunde »lernen« können, unangenehme

---

40 Sohng, K. Y., 2003
41 Martens, Jens-Uwe, 1997, 2003, 2011
42 Seligman, Martin, 1975

2.2 Resilienz-Faktor 2: Die optimale Einstellung zum eigenen Schicksal

Situationen über sich ergehen zu lassen, ohne den Versuch zu unternehmen, ihnen zu entkommen: Wenn man Hunde mehrmals hintereinander in eine Situation bringt, in der sie unangenehmen Erfahrungen, wie schwachen Elektroschocks nicht entkommen können (sie befinden sich in einem geschlossenen Käfig, dessen Metallboden unter Strom gesetzt wird), dann ergeben sie sich in ihr Unglück und verlassen ihren Platz später auch dann nicht, wenn der Käfig offen ist, sie also dem Schmerz ausweichen könnten. Die Tiere haben die Erfahrung in sich gespeichert, dass sie die Situationen nicht kontrollieren können.

Donald Hiroto[43] hat ähnliche Experimente an Menschen durchgeführt. Die Versuchspersonen mussten schwierige Aufgaben lösen, während sie störendem Lärm ausgesetzt waren. Wenn sie häufiger die Erfahrung gemacht hatten, dass der Lärm nicht abgestellt werden konnte, versuchten die meisten in späteren Experimenten gar nicht mehr, dem Lärm zu entgehen. Sie hatten Hilflosigkeit »erlernt«. Interessanterweise versuchte eine von zehn Personen selbst dann nicht, den Lärm abzustellen, wenn sie zuvor gar keine entsprechende negative Erfahrung gemacht hatte. Es scheint also Menschen zu geben, die sofort kapitulieren. In unserer Terminologie würden wir sie als »Menschen mit ausgeprägter Opfer-Grundhaltung« bezeichnen.

Hiroto hat jedoch noch ein weiteres überraschendes Ergebnis bei seinen Untersuchungen gefunden: Einer von drei Menschen reagiert auch dann nicht hilflos, wenn er zuvor die Erfahrung gemacht hat, dass er den Lärm nicht abstellen konnte. Offensichtlich lassen sich manche Menschen auch durch schlechte Erfahrungen nicht entmutigen. Sie suchen Lösungen für belastende Situationen, auch wenn sie zuvor die Erfahrung gemacht haben, dass das erfolglos war. Wir sprechen hier von Menschen mit starker Gestalter-Grundhaltung.

Diese Menschen haben eine positive, aber realistische Grundhaltung und behalten diese auch in Situationen bei, in denen sich diese Haltung zunächst nicht als hilfreich oder realistisch erwiesen hat. Eine wichtige Eigenschaft einer solchen Gestalter-Grundhaltung besteht in der Ausdauer, dem Durchhaltevermögen, der Zähigkeit. Sie verbindet sich mit dem Gefühl der Kontrolle über das eigene Leben und zeigt sich auch in Eigenschaften wie Willensstärke, Autonomie, Authentizität, der Übernahme von Verantwortung für das eigene Handeln, der Überzeugung, dass das eigene Handeln zu positiven Ergebnissen führt und vor allem der Gewohnheit, negative Erlebnisse oder Ereignisse nicht als unabwendbares Schicksal, sondern als Herausforderung zu sehen.

---

43 Hiroto, Donald & Seligman, Martin, 1975

Eine Untersuchung zur Gestalter-Grundhaltung

Zuletzt wollen wir zum Resilienz-Faktor »Einstellung« noch kurz eine Untersuchung zitieren, aus der deutlich wird, wie groß der Einfluss der Einstellungen sein kann, wenn es darum geht, schwierige Lebenssituationen zu überwinden.

Maddi und Khoshaba untersuchten das Schicksal von 25 000 Angestellten des Telefonanbieters Illinois Bell Telefone, als das Unternehmen die Hälfte seiner Mitarbeiterinnen und Mitarbeiter innerhalb eines Jahres entlassen musste.

»Zwei Drittel unserer Teilnehmer brachen auf verschiedene Weise zusammen. Manche erlitten einen Herzinfarkt oder bekamen Depressionen und Angststörungen, andere begannen Alkohol zu trinken und Drogen zu nehmen, ihre Beziehungen zerbrachen, manche wurden gewalttätig. Ein Drittel der Angestellten erwies sich hingegen als widerstandsfähig. Sie überstanden diese Erfahrung ohne negative Folgen, und es ging ihnen trotz der belastenden Veränderungen gut. Wenn sie zu denjenigen zählten, die im Unternehmen blieben, stiegen sie in der Folge bis an die Spitze auf. Wenn sie gehen mussten, gründeten sie entweder eigene Unternehmen oder suchten sich strategisch vielversprechende Stellen in anderen Firmen.«[44]

Die Forscher fanden heraus, dass diejenigen, denen es gelang, aus der Veränderung einen Erfolg zu machen, eine innere Einstellung hatten, die durch die »drei C« gekennzeichnet wurde:

- Commitment (Entschlossenheit), dabei zu sein und ein Teil der Lösung zu werden,
- Control (Kontrolle) des eigenen Engagements, um Resignation zu verhindern, und
- Challenge (Herausforderung), die Interpretation der Krise als Gelegenheit, die eigene Kraft und Widerstandsfähigkeit auszubauen und daran zu wachsen.

Einschränkend weist Berndt[45] darauf hin, dass »ein zu starkes Selbstwertgefühl in Narzissmus übergehen kann«. Eine solche Fehleinschätzung des eigenen Wertes oder der eigenen Fähigkeiten kann sich als sehr hinderlich er-

---

44 Maddi, Salvatore R. & Khoshaba, Deborah M., 2005, S. 17, zitiert nach Huffington, Arianna, 2014, S. 172
45 Berndt, Christina, 2014, S. 80

weisen. Eine Gestalter-Grundhaltung zeigt sich in einer positiven, aber realistischen Einschätzung der eigenen Möglichkeiten. (Menschen, die ihren Selbstwert zu sehr herausstellen, besitzen häufig gar kein stabiles und starkes Selbstwertgefühl. Durch die Demonstration desselben versuchen sie nur, es zu stabilisieren – es handelt sich also um ein schwaches, labiles Selbstwertgefühl.) Eine realistische Einschätzung seiner selbst und der Möglichkeiten ist wichtig und Teil der Gestalter-Grundhaltung.

Resümee

Die optimale Einstellung zum eigenen Schicksal ist einer der wichtigsten Resilienz-Faktoren. Folgende Erkenntnisse liegen dieser Tatsache zugrunde:

- Nicht die Erlebnisse sind es, die uns vor allem belasten und unsere Widerstandskraft herausfordern, sondern unsere Bewertung der Erlebnisse. Es kommt wesentlich darauf an, wie die durch ein Unglück erfahrenen Umstände von uns subjektiv erlebt werden, und das haben wir weitgehend in der Hand.
- Die Bewertung, mit der wir den Ereignissen, den dabei involvierten Personen, Situationen oder Gegenständen begegnen, ist von unseren inneren Einstellungen abhängig.
- Innere Einstellungen sind übergeordnete Systeme von positiver oder negativer Wertschätzung, von Handlungs- und Wahrnehmungstendenzen, die immer wieder zu ähnlichen Gefühlen führen.
- Innere Einstellungen sind alle gelernt und können von uns verändert werden.
- Eine wirkungsvolle Weise, Einstellungen zu verändern, besteht darin, die Situation umzudeuten, sich Vorbilder zu suchen, die die hilfreichen Einstellungen leben, und sich mit Menschen zu umgeben, die ebenfalls diese positiven Einstellungen selbst leben.

Für die Verarbeitung von negativen Erlebnissen haben sich vor allem die folgenden Einstellungen (Umdeutungen) bewährt:

- Ein unglückliches Ereignis wird von mir nicht als Bestrafung oder als Schicksal angesehen, dem ich schutzlos ausgeliefert bin, sondern als Herausforderung, an der ich mich bewähren kann.
- Wenn die veränderten Lebensumstände mich zu einem neuen Verhalten zwingen, »nehme ich mein Herz mit« und gebe innere Widerstände auf.

- Wenn ich vor schwierige Aufgaben gestellt bin, richte ich den Blick auf die Möglichkeiten, die mir gegeben sind und nicht auf die Schwierigkeiten, die mich daran hindern, aktiv zu werden.
- Negativen Erlebnissen gegenüber nehme ich eine Position der Distanz ein. Ich fasse sie nicht als persönlichen Angriff auf.
- Ich habe der Zukunft gegenüber eine positive, realistische Erwartung[46].

2.3 Resilienz-Faktor 3: Bewusstseins-Abspaltung als Resilienz-Faktor?

> »Vertraue auf deine persönliche Kraft, das ist alles, was man in dieser geheimnisvollen Welt besitzt.«
> — Carlos Castaneda

Erfahrungen des Autors Jens-Uwe zur Bewusstseins-Abspaltung

»Jens-Uwe fühlt sich in den (auf den Unfall seiner Familie) folgenden Monaten rückblickend als willenloser und vor allem gefühlloser Roboter, der irgendwie von seinem Verstand ferngesteuert wird.« Mit diesem Satz beschreibt Birgit den Zustand von Jens-Uwe in der Zusammenfassung im ersten Abschnitt. In dem Buch, auf das sich Birgit bezieht, schreibt Jens-Uwe von einem »merkwürdigen seelischen Zustand. Ich verhielt mich ganz normal und vernünftig, aber ich stand dauernd neben mir, ich beobachtete mich selbst und wunderte mich, dass ich so vernünftig reagieren konnte. Ich war beispielsweise immer wieder erneut überrascht, dass dieser Mensch neben mir so gut funktionieren konnte, dass ich nur Tage nach dem Unfall, wieder meinem Beruf nachgehen konnte, in Konferenzen und bei Besprechungen so verhandeln konnte, als ob nichts geschehen sei.« Und Jens-Uwe beschreibt auch, wie es zu dieser »Entpersönlichung« kommt: Er war nicht »bei sich«, weil er von seinen Gefühlen getrennt war. »Ich fühlte in der ersten Zeit keine Trauer, keine Verzweiflung – ich fühlte gar nichts. Nur ab und zu brach

---

46 In dem Buch von Martens, Jens-Uwe, 2009, »Einstellungen erkennen, beeinflussen und nachhaltig verändern« geht der Autor nicht nur ausführlich auf das Phänomen Einstellung ein, man findet auch eine praktische Anleitung, nach der es gelingen kann, seine Einstellungen zu verändern.

2.3 Resilienz-Faktor 3: Bewusstseins-Abspaltung als Resilienz-Faktor?

ich zusammen und heulte hemmungslos.« Das half ihm im Alltag »sich vernünftig zu verhalten«, aber er litt auch sehr unter diesem Zustand der Gefühllosigkeit. Das war der Grund, warum er in dieser Zeit das Grab seiner Familie besonders oft besuchte, denn dort gelang es ihm, wenigstens Trauer zu empfinden und so die Gefühllosigkeit zu überwinden.

In einem später erläuterten Beispiel wird Krista ihre Bewusstseins-Abspaltung so beschreiben: *»Ich konnte nichts empfinden ... Ich war wie tiefgefroren, wie eine Forelle, die man aus der Kühltruhe nimmt und auf den Tisch knallt.«*

Psychologen bezeichnen die Abspaltung eines Teils des Ichs, zum Beispiel der Gefühle, als Dissoziation. Wir haben lange gezögert, ob wir dieses Phänomen in die Reihe der Resilienz-Faktoren aufnehmen sollen, denn eigentlich ist Dissoziation ein Symptom für manche psychische Krankheiten. Allerdings wird Bewusstseins-Abspaltung manchmal als Schutzmechanismus bei zu großer seelischer Beanspruchung erlebt, und als solchen wollen wir dieses Phänomen hier mit aufnehmen. Wenn das erlittene Unglück sehr groß ist, wird es von der Psyche als ein lebensbedrohliches Ereignis eingestuft, das die eigenen Bewältigungsmöglichkeiten übersteigt und das den betroffenen Menschen mit Gefühlen der Hilflosigkeit, intensiver Angst oder Entsetzen überfluten würde. Eine solche Überflutung muss die Psyche in jedem Fall verhindern und reagiert daher mit der Abkoppelung der Gefühle. So fällt bei Berichten mancher Menschen mit schweren Traumata auf, dass die Betroffenen sehr emotional aus der Innenperspektive berichten und kurz darauf das Geschehene von außen rational, ohne emotionale Betroffenheit reflektieren können. Man hat den Eindruck, dass sich die Person zweigeteilt hat.

Es gibt einen wesentlichen Unterschied zwischen der Dissoziation und den anderen hier beschriebenen Resilienz-Faktoren: Alle anderen Faktoren können wir bewusst und willentlich fördern, die Dissoziation kann man nach allem, was man bisher darüber weiß, nicht willkürlich herstellen.

Den Vorgang der Dissoziation darf man nicht mit Verdrängung gleichsetzen, bei der die Betroffene nicht mehr weiß, was geschehen ist. Jens-Uwe konnte sich jederzeit bewusst machen, was passiert war, nachdem seine Familie abgestürzt war. Er hatte die Nachricht, mit der er von dem Unfall und dem Tod seiner Frau und seiner Kinder am Telefon erfahren hatte, »im Ohr«, sah die aufgebahrten, liebevoll verbundenen Körper der Personen, die einmal seine Familie waren, vor sich, doch er konnte das alles wie ein Außenstehender aufnehmen und verband damit – zumindest zu den meisten Zeiten des Tages während der ersten Wochen nach dem Unfall – keine Gefühle.

In dem anfangs erwähnten Buch[47] führte er das näher aus:

> »Die Teilung meiner Person in eine, die ihre Familie verloren hat, und in eine, die die betroffene Person behandelt, erschreckte mich. Ich fühlte mich in mir selbst fremd und ich sehnte mich nach der Zeit, in der ich »eins mit mir« war. Ein guter Freund, auch Psychologe, dem ich davon erzählte, beruhigte mich. Er meinte, dass das eine Heilungsphase sei, die vorübergehe. Er verglich die Seele mit dem Magen. Dieser schließt den Zugang zum Dünndarm, wenn sich zu viel Fett im Magen befindet, das dem Dünndarm schaden könnte. Erst wenn das Fett im Magen bis zu einem gewissen Grad aufgelöst wurde, öffnet sich dieser Zugang wieder leicht und lässt kleinere Portionen des Mageninhalts in den Darm passieren. Er war der Überzeugung, dass das klare Bewusstsein: ›Du hast soeben deine Familie verloren, die dein ganzes Leben ausmachte‹ für die Seele zu viel ist und daher spaltet sich dieses Bewusstsein ab und öffnet sich der Seele mit ihren Emotionen erst dann, wenn das Bewusstsein das Erlebnis wenigstens zum Teil verarbeitet, d. h. in ein neues Lebensbild eingepasst hat.«

Körperliche Vorgänge bei der Dissoziation

Untersuchungen aus jüngster Zeit können erklären, was bei der Dissoziation im Gehirn tatsächlich passiert. Wir sind nicht mehr nur auf Metaphern angewiesen, wie das Beispiel mit dem Magen, der zu fette Speisen nur portionsweise in den Darm passieren lässt. Wenn wir extrem starke, seelische oder körperliche Schmerzen zugefügt bekommen, schüttet der Körper körpereigene Schmerzdämpfer, sogenannte Endorphine, aus. Diese Stoffe, die eine ähnliche Wirkung wie Opiate haben, unterscheiden sich erheblich von der Wirkung eines normalen Schmerzmittels.

Der Neurobiologe und Arzt Joachim Bauer[48] beschreibt die Wirkung der Endorphine folgendermaßen: Das Gehirn registriert Schmerz in zweifacher Weise. Das Bewusstsein des Schmerzes hat seinen Ort in bestimmten Teilen der Hirnrinde, die »somatosensorische Hirnrinde« oder »sensibler Cortex« genannt werden. Die Empfindungen in diesen Teilen des Gehirns nennt Bauer die »objektive Seite« des Schmerzes. Dem gegenüber steht die »subjektive Seite« des Schmerzes. Sie stellt unsere emotionale Beteiligung dar; der Schmerz beeinträchtigt unser Gesamtbefinden, raubt uns vielleicht »den Nerv«. Für

---

47 Martens, Jens-Uwe, 2014b
48 Bauer, Joachim, 2014

diese Seite des Schmerzes ist das emotionale Schmerzzentrum im Gehirn zuständig. Es befindet sich in dem limbischen System, und zwar in der sogenannten Amygdala (Mandelkern) und dem Gyrus cinguli.

Die Amygdala ist der Gedächtnisspeicher für seelisch und körperlich unangenehme Erfahrungen. Hier wird registriert und gespeichert, von welchen Menschen und äußeren Situationen auf Grund der Erfahrungen der Vergangenheit Leid und Schaden zu erwarten sind. Die Nervenzell-Netzwerke des Gyrus cinguli nennt Bauer »eine Art oberste seelische Instanz: Wie wir aus verschiedenen neuesten Untersuchungen wissen, integrieren sie die Gesamtheit aller Erfahrungen der Person und repräsentieren das zentrale Selbstgefühl, das Gefühl des Selbstwertes und die emotionale Grundstimmung«[49].

Jon-Kar Zubieta und seine Mitarbeiter[50] fanden heraus, dass die körpereigenen Endorphine ihre betäubende Wirkung vor allem auf das emotionale Schmerzzentrum (Amygdala und Gyrus cinguli) ausüben. Betäubt wird also weniger das Wissen von dem Schmerz, als die emotionale Beteiligung des eigenen Körpers. Wir können »vernünftig« über unseren Schmerz sprechen, ohne emotional darunter zusammenzubrechen. Die emotionale Seite des Schmerzes ist ausgeblendet.

Die Dissoziation stellt in der Situation eines starken Traumas mit »nicht aushaltbaren« seelischen oder körperlichen Schmerzen eine Art »letzte Rettung« dar, die es dem Betroffenen ermöglicht, weiterzuleben. Allerdings führt das dazu, dass der Betreffende auch zu anderen Gefühlen nicht mehr fähig ist, die das Trauma nicht betreffen. Man könnte von einer körpereigenen, autonomen, emotionalen Narkose sprechen.

Die biologische Reaktion der Dissoziation hat die Tendenz, leichter wieder ausgelöst werden zu können, wenn sie einmal im Gehirn gebahnt wurde. Es ist dann kein so großes Trauma mehr nötig, weniger intensive Schmerzen reichen aus, um das Getrenntsein vom Körper oder die Unfähigkeit, zu fühlen, auszulösen.

Resümee

Wir haben das Phänomen der Bewusstsein-Abspaltung, der Dissoziation in die Reihe der Resilienz-Faktoren aufgenommen, obwohl es sich hier wahr-

---

49 Bauer, Joachim, 2014, S. 184
50 Zubieta, Jan-Kar und Mitarbeiter, 2001

scheinlich um automatisch ablaufende Schutzmechanismen der Seele handelt, die man nicht oder kaum beeinflussen kann. Dafür haben wir zwei Gründe:

Zum einen ist es hilfreich zu wissen, wenn man selbst betroffen ist, dass Dissoziation eine durchaus häufiger vorkommende und nützliche Reaktion ist, die einen nicht beunruhigen muss und die zeitlich begrenzt ist.

Darüber hinaus ist es sinnvoll, sich nicht mit dieser Abspaltung abzufinden, sondern sich immer wieder in kleinen Portionen der Trauer und dem Schmerz auszuliefern. So kann verhindert werden, dass aus der zeitlich begrenzten Abspaltung von Bewusstseinsinhalten eine dauerhafte Aufspaltung in verschiedene Selbstzustände entsteht, die eine unrealistische innere Welt schafft und die in ärztliche Betreuung gehört. Wir werden bei dem Resilienz-Faktor 8 bei dem Thema »Trauern« auf diese Zusammenhänge zurückkommen.

Wenn man einmal auf Grund eines großen körperlichen oder seelischen Schmerzes so etwas wie die oben beschriebene Dissoziation erlebt hat, sollte man darauf achten, dass man übermäßigen Stress vermeidet, da sonst die einmal gebahnten Vorgänge der Dissoziation wieder aktiviert werden könnten.

2.4 Resilienzfaktor 4: Sich selbst erkennen – Selbstbewusstsein und Persönlichkeit entwickeln

> »Gnothi sauton – Erkenne dich selbst.«
> — Inschrift des Apollotempels von Delphi

Wir können Jahre, sogar Jahrzehnte lang leben, ohne uns viele Gedanken darüber zu machen, wer wir sind, was uns antreibt, das zu tun, was wir tun oder was uns die Welt so wahrnehmen lässt, wie wir sie wahrnehmen. Wir spielen vielleicht unsere Rollen im Leben, ohne darüber nachzudenken, wer das Drehbuch geschrieben hat. Wir definieren unsere Identität häufig wie selbstverständlich durch Äußerlichkeiten, durch Herkunft, Besitz, Familie, Bildung, Beruf, Liebes- und anderen sozialen Beziehungen. Oft ist es erst ein dramatisches Ereignis (oder manchmal die Pubertät oder Midlife Crisis mit ihren seelischen Turbulenzen), das uns zwingt, über uns nachzudenken und manchmal führen wir dieses Ereignis sogar unbewusst selbst herbei, wie Pierre.

Pierre

Pierre erzählt wenige Einzelheiten über seine Kindheit. Seine Mutter sei schwierig und psychisch krank gewesen und mit der Aufgabe des Alleinerziehens nach seinen Heimaufenthalten heillos überfordert. »Ich erinnere mich noch immer an die Schritte meiner Mutter auf der Straße. Der Klang ihrer Schlüssel hat mich bis heute zu einer perfekten Alarmanlage gemacht. ... Geschult durch die nackte Angst des kleinen Jungen habe ich heute ein so gutes Gehör und Unterbewusstsein, dass ich in der Umgebung untypische Geräusche sofort erfasse und nachts sogar davon aufwache. So hat die Angst vor meiner alkoholisierten Mutter meine Sinne fürs Leben so geschärft, dass ich ein regelrechtes Frühwarnsystem bin.«[51]

Interesse an ihrem Sohn, Wärme für ihn, alles, was ihn stärken würde, kann die Mutter nicht aufbringen. Körperliche Gewalt ist ihr Mittel der Kommunikation. Ein Vater ist nicht da, Pierre lernt ihn nie kennen.

Als Pierre zwölf Jahre alt und die ihn manchmal schützende Großmutter verreist ist, bricht seine Mutter nach einem Selbstmordversuch vor ihm zusammen. »Ich muss markerschütternd geschrien haben. Um zur Wohnungseingangstür zu gelangen, musste ich mit viel Mut und Kraft über sie hinwegspringen. Die Nachbarn im Haus reagierten sofort. ... Noch am gleichen Tag hat mich eine andere Familie mit an den Tegernsee in den Osterurlaub genommen. ... Was diese Familie dem kleinen Pierre ... damit Gutes getan hat, vergesse ich nie. Wahrscheinlich hat sie auf ihre Weise ein definitiv schweres Trauma verhindert. Aufgrund der therapeutischen Aufarbeitung später weiß ich heute, dass bei einem traumatisierenden Geschehen durch sofortiges Gegenhalten der seelische Schaden begrenzt werden kann. Wieder einmal Glück gehabt.«[52] *Glück ist auch, dass zwei Jahre später die Großmutter das Sorgerecht für Pierre bekommt.*

Pierre versucht sein Gefühl von geringem Selbstwert mühevoll mit guten Leistungen im Fußball »aufzupeppen« und macht Musik, schreibt Songs, singt. Trotzdem bleibt er Außenseiter. Seiner aufgestauten Wut macht er durch Verweigerungsaktionen in der Schule Luft. Er fliegt von der Schule mit einem Notendurchschnitt von 5,6, nur um, angespornt durch die Begegnung mit der ersten Freundin, ein halbes Jahr später mit einem Durchschnitt von 1,2 zurückzukehren.

1983 ist der ersehnte musikalische Erfolg plötzlich da: 85 000 Tonträger seines Hits »Major Tom« werden täglich allein in Deutschland verkauft. Aus Pierre Michael Schilling wird der Star Peter Schilling, ein Höhenflug beginnt. Wenige Wochen zuvor

---

51 Schilling, Peter, 2013, S. 44
52 Schilling, Peter, 2013, S. 39 f.

> hatte er noch von wenig Geld gelebt und vom großen Erfolg geträumt, nun war er ein Star.
>
> Mit seinen Songs erobert er nicht nur die Charts europäischer Länder, sondern erfährt bald, dass seine Lieder auch unter den 100 meist verkauften Hits der USA sind. »Den Rest des Tages, vielleicht auch der Woche, würde ich heute als Trancezustand bezeichnen. Nach etwa einer Woche beschlich mich, was mich in Extremsituationen – egal ob positiv oder negativ – immer beschlichen hatte: ein Gefühl der inneren Leere und Einsamkeit. Da war sie wieder, die Einsamkeit des kleinen Jungen, der nichts und niemanden um sich hatte, der ihn in dieser Situation hätte auffangen können.«[53]

Seit Sigmund Freud und Wilhelm Reich wissen wir, welch enormen Einfluss die Mutter-Kind-Beziehung der ersten drei Jahre unseres Lebens auf unsere seelische Gesundheit hat. Die Mutter, oder eine Person, die ihre Stelle verlässlich einnimmt, symbolisiert die erste »Welt« für das Kind. Sie bestimmt durch ihr vorhandenes oder nicht vorhandenes Eingehen auf das Kind, wie dieses die Welt erlebt. Kann es Vertrauen entwickeln, dass es angenommen, geborgen, und geliebt ist? Fängt sie die Ängste des Kindes auf? Antwortet sie auf sein Weinen? Viele, zum Teil schwer änderbare Lernprozesse finden in den ersten drei Lebensjahren statt, die das Leben des betreffenden Menschen auch später maßgeblich beeinflussen.

Welche Bedeutung eine herzliche Zuwendung für ein Kleinkind hat, weiß man seit den Untersuchungen von René Spitz[54] über Säuglingssterblichkeit. Kinder, die keinen Körperkontakt und keine emotionale Zuwendung, kein Streicheln erleben, weinen zunächst, auch wenn sie bestens gefüttert, gewickelt und gekleidet werden. Nach einer Weile beginnen sie sich selbst zu schaukeln. Dann fügen sie sich Schmerz zu (»lieber Schmerz empfinden, als gar nichts spüren«), indem sie ihren Kopf gegen die Gitterstäbe ihres Bettchens hauen oder sich Haare ausreißen, um dann zu resignieren, apathisch zu werden und letztendlich vielleicht zu sterben.

Ohne Liebe zu überleben ist in sich schon eine Leistung.

Hinzu kommt, dass sich ein Kind in der Mutter spiegelt, dass es erst über ihr Verhalten ein Gefühl für sich selbst und seinen Wert bekommt: Sie lacht, nimmt mich in die Arme, also bin ich liebenswert; sie antwortet auf mein Schreien, also bin ich wichtig. Je unsicherer ein Kind in seiner Beziehung zur Mutter ist, umso schwieriger wird es sowohl für das Kind als auch für den

---

53 A. a. O., S. 120
54 Spitz, René A. & Cobliner, Godfrey W., 2005

späteren Erwachsenen, Selbstwert zu empfinden, Vertrauen in sich und die Welt zu haben und Beziehungen zu anderen Menschen aufzubauen und zu erhalten.

Pierre hat als Kind und Jugendlicher wenig von dem erleben können, was sein Urvertrauen und sein Selbstwertgefühl gestärkt hätten. Doch zunächst helfen ihm seine musikalischen Erfolge, seine innere Unsicherheit durch Bestätigung von außen zu überdecken. Die Fans liegen ihm zu Füßen.

Doch dann, eines Nachts 1988: »… wachte ich schweißgebadet aus meinem Halbschlaf auf und hatte einen Erstickungsanfall … Zum ersten Mal spürte ich, dass ich jetzt den Preis für meinen Erfolg zu zahlen hatte … Ich war über Nacht zum schweren Asthmatiker geworden.… Als Autor und Sänger hatte ich … kräftig Federn gelassen, hatte keine kreative, schöpferische Kraft mehr, und meine Stimme war schwach und devital. Mittlerweile wog ich nur noch 57 Kilo… hatte festgestellt, dass mir jede Lebensfreude abhandengekommen war und ich soziophobische Züge angenommen hatte. … Ich war psychisch und physisch schlicht am Ende.«[55] Sogar das Musikmachen war für ihn zur lästigen Pflichterfüllung geworden. »Ich war resigniert, unfähig, lange Beziehungen einzugehen, und eingekesselt von Existenzangst und Hoffnungslosigkeit. (Wie soll ich jemals wieder Songs schreiben?)«[56]

Alles brach zusammen für Peter Schilling, seine Karriere – er löste die Verträge mit den Musikgesellschaften – und das Pseudo-Selbstwertgefühl, das nur auf einer Säule geruht hatte: dem Erfolg. Später, im Laufe seiner Selbsterfahrung und Therapie erkennt er, was in ihm gearbeitet hatte: »Es darf nicht sein, was nicht sein kann, hämmert es im Kopf eines selbstwertschwachen Menschen, wenn sich Erfolg, Ansehen und Anerkennung einstellen und dann fragt er sich, warum er nicht endlich glücklich wird. Die Antwort ist meist profaner, als man denkt: Er hat nicht mehr zu kämpfen. Und so beginnt er unbewusst, langsam aber kontinuierlich alles wieder zu zerstören. Heute weiß ich, dass ich mit meinem destruktiven Verhalten nicht alleine war. Es gibt Manager, Geschäftsleute, die sich eigene Firmen aufbauen, bis der kleine Mann im Ohr – das kann die einstige Moralpredigt des Vaters sein, der einem als Kind immer wieder das Versagen prognostiziert hat – alles wie ein Kartenhaus zusammenfallen lässt«.[57]

---

55 Schilling, Peter, 2013, S. 127 f.
56 A. a. O., 2013, S. 57.
57 A. a. O., 2013, S. 32 f.

Ein Erklärungsmodell: Transaktionsanalyse

Peter Schilling spricht hier etwas an, was unter dem Namen »Transaktionsanalyse« von Thomas A. Harris und Eric Berne weltberühmt wurde. Angestoßen von Hirnforschungen des kanadischen Neurochirurgen Wilder Penfield teilten Harris und Berne Erinnerungen in verschiedene Kategorien ein. Man kann sich ihr Modell wie einen Schneemann aus drei gleich großen Kugeln vorstellen. In der obersten Kugel, dem »Eltern-Ich« speichern wir *ungeprüft und dauerhaft* in den ersten sechs Jahren unseres Lebens, was Eltern, Lehrerinnen, Lehrer oder Autoritätspersonen sagen und tun. Kritisches, Fürsorgliches, Bestätigendes und Ablehnendes. Auch Widersprüche werden registriert und verursachen in uns Desorientierung und Angst. Es überwiegen die Botschaften an uns, die ausdrücken: »Du bist noch zu klein, zu unerfahren, aber ich bin groß.« Harris drückt prägnant aus, was wir speichern: »Ich bin nicht o. k. – Du bist o. k.« Es ist ein *angelerntes Lebenskonzept,* das uns begleiten wird, solange wir uns nicht bewusst mit ihm befassen.

In den gleichen Jahren speichern wir in unserem Kindheits-Ich, der untersten »Kugel« des Schneemanns, *innere* Ereignisse, die durch das hervorgerufen werden, was wir durch unsere Umgebung erleben: Freude, Trauer, Angst, Wut, Zuversicht, Gefühle des Verlassen-Seins, Irritation, Neugierde, Schreck, Anpassung und Rebellion, das Gefühl geliebt zu werden oder, im schlimmen Fall, für die anderen gar nicht vorhanden zu sein. Die Gefühle: »Ich bin nicht o. k.« überwiegen meist die guten. Es ist ein *eingefühltes Lebenskonzept,* das sich hier manifestiert.

»Du musst kämpfen, aber du bist Ansehen und Anerkennung nicht wert«, speicherte Peter Schilling und bestätigte das als Erwachsener durch sein Handeln. Man nennt diese Bestätigung einer elterlichen Botschaft im Erwachsenenleben »späten Gehorsam«.

Es gibt nur einen Weg heraus aus diesen beiden destruktiven Lebensanschauungen: ein Erwachsenen-Ich zu bilden, den inneren Dachboden, der gefüllt ist mit ungeprüft hingenommenen Botschaften der Kindheit, durchzusehen und zu entrümpeln. Und den Keller der Empfindungen aufzuräumen, zu prüfen, ob sie wirklich mit der Gegenwart oder etwas längst Vergangenem zu tun haben. Dadurch bildet sich das Erwachsenen-Ich, die verbindende, mittlere »Kugel«, die gefüllt ist mit bestätigten Eltern-Ich-Daten – in manchem haben die Eltern vielleicht doch recht – mit situationsgemäßen Gefühlen und aktualisierten Daten über die Welt, die man sich selbst holt. Das ist ein erlebtes Lebenskonzept, das auf den Gefühlen beruht: »Ich bin o. k. und Du bist o. k.«[58]

> *Der Weg dorthin dauert und man ist auch nicht vor Rückschlägen gefeit. Peter Schilling vergleicht ihn mit dem Weg eines Sportlers: »Die Strategie sollte sich einen Leistungssportler, der zur Olympiade will, zum Vorbild nehmen. Das ›innere Trainingslager‹ beginnt mit der Analyse. Welche Themen tun am meisten weh, wo sitzen die Kränkungen, welche Problematik klammere ich am meisten aus, welche ›Leitfäden‹ trage ich von Kindesbeinen an ohne Überprüfung mit mir rum? So eine Selbstanalyse kann Monate dauern. Mein Rat: mitschreiben, mitschreiben, mitschreiben.«*[59]

Es ist eine Zeit, in der man beginnt, das zu praktizieren, was die Buddhisten »innere Achtsamkeit« nennen, liebevolle Aufmerksamkeit sich selbst gegenüber, liebevoll auch dann, wenn es einen in alte Gewohnheiten zurückzieht oder das Entdeckte nicht den eigenen Moralvorstellungen entspricht.

> *»Ich begriff übrigens ziemlich schnell, dass einem bei der Auseinandersetzung mit dem Selbstwert schnell das Prinzip ›Wer hat Schuld?‹ in den Sinn kommt, weil diese Frage zu beantworten so herrlich leicht und bequem erscheint. ... Das Zauberwort heißt dagegen Eigenverantwortung, was auch mir auf meiner Suche nach dem verlorenen Selbstwert enorm weiterhalf.«*[60]

Inzwischen ist Peter Schilling wieder mit Erfolg als Sänger, Songwriter und Produzent in die Musikwelt zurückgekehrt und schreibt Bücher. Er hat nicht nur seine innere Balance gefunden, sondern auch eine Frau an seiner Seite und unterstützt als Botschafter die Gewaltpräventions-Kampagne »Kleine Seele – großer Schmerz« des Deutschen Kinderschutzbundes.

> *»Ich habe eine Zuversicht wiedergewonnen, die ich so in der Form nie hatte. Eine Krise durchstanden zu haben ist ein so geiles Gefühl.«*[61] *»Heute, dreißig Jahre nach meinem großen Durchbruch mit weltweiten Erfolgen, möchte ich mir erlauben, eine so provokante wie persönliche Bilanz zu ziehen: Mein temporäres Scheitern zugeben*

---

58 Hierzu: Harris, Thomas A., 1987 und Berne, Eric, 1990
59 Schilling, Peter, 2013, S. 49
60 A. a. O., 2013, S. 10
61 A. a. O., 2013, S. 61

> *zu können und letztendlich doch nicht gescheitert zu sein, sind wahrscheinlich meine größten Erfolge.«*[62]

Was ist Selbstbewusstsein?

Peter Schilling hat sein Scheitern als Impuls erkannt, Selbst-Bewusstsein aufzubauen, ein Bewusstsein über sein Selbst. Was ist jedoch das Selbst? Unser Ich? Oder wer?

Unser Selbst ist das, was wir über uns als denkende und fühlende Wesen wissen, also unser Ich, zusammen mit dem Unbewussten, aus dem durch Hinwendung der Reflexion immer neue Persönlichkeitsanteile in das bewusste Ich aufsteigen können.

Ich + Unbewusstes = Selbst

Selbstbewusstsein bedeutet nicht, wie es umgangssprachlich manchmal verwendet wird, Stolz, Siegesgewissheit oder Arroganz. Es ist etwas Größeres.

Zunächst ist da unser persönliches Unbewusstes, aus dem heraus das von uns Verdrängte unsichtbar wirkt. Es kann Schmerzhaftes beinhalten, aber auch schöpferische Fähigkeiten und weise Einsichten.

Unser persönliches Unbewusstes ist wiederum Teil des kollektiven Unbewussten. Das bedeutet, dass im Selbst alle Gedanken, Gefühle und Handlungen zu finden sind, die das Mensch-Sein ausmachen. Das kollektive Selbst verbindet uns alle.

Alles ist in uns, die Gedanken und Gefühle eines Mörders oder einer Mörderin ebenso wie die der Heiligen, der ehrsamen Menschen und der Schufte, die Gedanken und Empfindungen der Ehrlichen ebenso wie die der Lügnerin oder des Lügners. Wir alle kennen Mutlosigkeit und haben gleichermaßen einen Helden oder eine Heldin in uns. Nicht nur von anderen Menschen werden wir kritisiert, angetrieben oder gebremst, sondern oft in viel höherem Maß von uns selbst. Alles ist in uns. Wir finden im Unbewussten Größe, Mut und Angst, Schuld und Scham, Neid, Eifersucht, Hass, Liebe und Weisheit, um nur einiges zu nennen. Das zu erfahren, ist Selbsterfahrung und sich dessen bewusst zu sein, ist Selbstbewusstsein. Wie wir mit diesen Kräften in uns umgehen, macht den Unterschied. Besser oder schlechter als andere Menschen sind wir dadurch nicht. Das so gewonnene Selbstbewusstsein mag kleiner erscheinen als das, was

---

62 A. a. O., 2013, S. 119

von sogenannten »selbstbewussten«, von sich überzeugten Menschen zur Schau getragen wird. Aber es steht auf soliden Füßen und verbindet uns durch unser wachsendes Verständnis für die anderen Mitmenschen, während das umgangssprachliche »Selbstbewusstsein« eher trennt.

So überwindet Selbsterforschung – der innere Dialog zwischen unserem Bewussten und dem Unbewussten – die Trennung von Ich und Du, die Spaltung von Subjekt und Objekt.[63]

Für Peter Schilling war der wichtigste Gewinn, den er aus seiner Arbeit an sich und dem Erkennen verschiedener Bereiche des Unbewussten erhielt, ein gutes Selbstwertgefühl. Es können jedoch auch andere Aspekte des Selbst sein, die bei der Selbsterforschung zu Tage treten:

Zum Bespiel Demut. Die Aufforderung über dem Eingang des Apollo-Tempels von Delphi, die wir an den Anfang gestellt haben, bedeutet: Erkenne als Mensch deine Begrenztheit und Hinfälligkeit im Gegensatz zu den Göttern. Mach dir bewusst, dass du sterblich, unvollkommen und begrenzt bist. Es ist eine Warnung vor Selbstüberschätzung und gleichzeitig eine Aufforderung zur Bescheidenheit. Plato fügte hinzu, dass der Mensch Wissen um das eigene Nichtwissen erlangen solle, um dann seinen Charakter zu veredeln. Die Selbsterkenntnis sei der Ausgangspunkt für Entwicklungsmöglichkeiten.[64]

Die Akzeptanz, dass wir nicht Gott gleich sind, dass wir Fehler machen, persönliche Katastrophen oft nicht verhindern können, entlastet gerade heute, in einer Zeit, in der scheinbar alles machbar sein muss, in der die Medien uns oft Perfektes vorgaukeln und in der wir glauben, uns ständig beweisen zu müssen. »Viele verbinden mit dem Begriff *Demut* etwas Negatives, es klingt ihnen nach Untertanengeist, nach buckeln oder gar nach Feigheit. Vereinfacht würde man sagen, dass demütige Menschen wissen, dass sie keine Götter sind. Wir sind abhängig von anderen, für den Erfolg brauchen wir immer auch Glück und das liegt nicht nur in unseren Händen ... Die Überschätzung der eigenen Einflussmöglichkeiten führt schnell in die Frustration und am Ende leiden wir unter ›erlernter Hilflosigkeit‹ – wir hören auf, unser Leben zu gestalten oder bewusst zu entscheiden. Nicht, weil wir nicht gestalten könnten, sondern weil wir falsche Erwartungen bezüglich der Erfolge haben... Die Idee der Demut... will uns nicht kleiner machen, als wir sind, aber eben auch nicht größer. Wir sehen uns heute gerne als Helden und ›Macher‹.

---

63 Wie wichtig Selbsterfahrung ist, zeigen die Botschaften vieler Mythen, in denen die Heldin oder der Held in die Unterwelt herabsteigt und etwas heraufholt, wie Psyche, Odysseus, Parzival, Gilgamesch.
64 Tränkle, Hermann, 1985

Ob wir aber die Krone der Schöpfung sind oder das Maß aller Dinge, daran lässt sich zweifeln! Es darf auch etwas weniger sein; im Hinblick auf die Gestaltung unseres Lebens ist weniger nämlich mehr.«[65]

Selbsterkenntnis und damit Selbsterforschung ist eine wichtige Voraussetzung, damit es gelingt mit schweren Schicksalsschlägen konstruktiv, gestaltend umzugehen, Widerstandskraft zu zeigen. Dabei können uns einige Kernsätze helfen, die sich bewährt haben:

Wichtige Regeln zur Selbsterkenntnis

Der erste Kernsatz der Selbsterforschung:

Die Umwelt ist ein Spiegel für meine eigene Problematik.

Diese Erkenntnis schmeckt uns nicht, denn wir »projizieren« lieber Unangenehmes nach außen und bekämpfen es dort. Dabei ist sie die wichtigste Einsicht, die, die uns auch am schnellsten vorwärts bringt in der Selbsterkenntnis. Alles, was wir ins Unbewusste verdrängen, C. G. Jung nennt es unseren Schatten, kommt uns im Außen durch die anderen Menschen entgegen. Unser Schatten überholt uns. Es findet eine Resonanz statt, mit der wir unseren Schatten bei anderen entdecken können.

Peter Schilling beschreibt das eindrucksvoll:

»Wenn ich im Studio bin, wo alle meine Gitarren stehen, und ich singe die Tonleiter von unten bis oben, wird irgendwann eine Saite auf einer Gitarre hör- und fühlbar mitschwingen. Und zwar genau dann, wenn die von mir gesungene Frequenz mit der Spannung der Saite, also mit dem Ton übereinstimmt. Das ist Physik und keine Esoterik. So verhält es sich auch mit Ihrer Schwingung ... auf Ihre Mitmenschen.«[66]

Wenn wir Gefühle und Persönlichkeitsanteile, die wir an uns nicht schätzen, anerkennen und in unser Bewusstsein integrieren, können wir sie plötzlich im Außen verstehen und aushalten. Darüber hinaus können wir die guten Seiten des Verdrängten leben, denn »Schwächen« sind in einem anderen Kontext Stärken. Vielleicht brauchen wir gerade diese Stärke dringend beim Meistern eines Schicksalsschlages. Solange sie jedoch im Unbewussten verborgen ist, kann sie unsere Resilienz nicht stärken. Wir gewinnen Persönlichkeit durch die Integration unbewusster Anteile, Sicher-

---

65 Berzbach, Franz, 2013, S. 49 ff.
66 Schilling, Peter, 2013, S. 155

heit, die uns in schwierigen Situationen zu Gute kommt, Klarheit und eine Form von Vorurteilslosigkeit und tiefem Verständnis für die anderen Menschen, die weit über Toleranz hinausgehen.

»Lass die Menschen sprechen und schaue, ob du den Platz in dir findest, wo du genauso bist. Das ist alles. Willst du selbst sprechen, sprich und dreh es um zu dir«, fasst es der spirituelle Lehrer Isaac Shapiro in einfache Worte.[67]

Der zweite wichtige Satz zur Selbsterforschung:

Die Deutung meiner Träume ist ein wichtiger Zugang zu meinem Unbewussten.

Das sagen viele wichtige Psychologen: Freud, Jung, Fromm allein in unserer Kultur, doch stammt das älteste bisher gefundene Traumdeutungsbuch, ein ägyptischer Papyrus, aus einer Zeit 2000 Jahre vor unserer Zeitrechnung. Träume sind keine Schäume, wie das Sprichwort unterstellt. Sie sind zwar so flüchtig wie Schaum, aber ohne sie, das weiß man heute, können wir nicht gesund leben. Sie verschlüsseln das, was uns bewegt, in Bildern, damit wir schlafen können, und überbringen Botschaften aus dem Unbewussten. Sie schaffen Zugang zu Erfahrungen und Erinnerungen, die unserem Tagesbewusstsein entglitten sind.

In Zeiten innerer Bedrängnis nach einem Schicksalsschlag kann beispielsweise im Traum eine weise oder eine schützende Person erscheinen, die uns Ruhe bringt und uns zeigt, dass wir auch diese Seite in uns haben. Oder wir erkennen, dass Teile des schmerzhaften Geschehens, die wir aus dem Tagesbewusstsein verbannt haben, uns doch (noch) bewegen und unsere Aufmerksamkeit brauchen.

Der dritte Kernsatz der Selbsterforschung:

Ich bin für meine Gefühle verantwortlich.

Wie gerne beschuldigen wir andere, dass sie uns wütend oder traurig machen. Die Wahrheit ist jedoch: Niemand ärgert mich, niemand verletzt mich, außer ich selbst. Es sind meine Erwartungen, meine Interpretation des Geschehens, meine inneren Einstellungen, meine eigene Bewertung, die meine Gefühle hervorrufen. Mein Urteil ist die Ursache meiner Gefühle. Ändere ich meine Gedanken, ändern sich auch meine Gefühle. Wenn wir in der Notaufnahme einer Klinik darauf warten, dass sich endlich jemand um uns

---

67 Shapiro, Isaac, 2000

kümmert und ein weiß gekleideter Mann mehrmals an uns vorbeigeht, ohne uns nur eines Blickes zu würdigen, ärgert uns das sehr wahrscheinlich. Sobald uns klar wird (weil er plötzlich einen Eimer in der Hand trägt), dass das ein Maler ist und kein Arzt oder Pfleger, der uns missachtet, ändert sich unsere Bewertung seines Verhaltens und damit ändern sich auch unsere Empfindungen.

»Wie lerne ich, mit meinen Gefühlen umzugehen?«, ist die am häufigsten gestellte Frage von Managern bei Seminaren zur Persönlichkeitsentwicklung. Der erste Schritt ist, sie ehrlich sich selbst gegenüber wahrzunehmen. Das ist manchmal gar nicht leicht, da sich beispielsweise Wut über Traurigkeit legen kann (vor allem bei Männern) und Traurigkeit über Wut (vor allem bei Frauen). Körperempfindungen helfen mitunter, Gefühle zu orten, auch wenn man ihnen noch keinen Namen geben kann. Wichtig: Aktuelle, dem Geschehen angemessene Gefühle sind kurz und regen zum Handeln an. Über den Zusammenhang zwischen dem eigenen Denken, Urteilen und dem Erzeugen der Gefühle haben wir schon gesprochen. Vielleicht gilt es nur, das Denken oder die Einstellung zu ändern.

Sind Gefühle jedoch sehr lang anhaltend, hängen sie mit etwas Altem zusammen. Dann gilt es, sich einen stillen Ort zu suchen, vielleicht auch einen Freund, eine Freundin oder einen Therapeuten und zu ergründen, wo das Gefühl ursprünglich herkommt. Das ist die große Chance, eine alte Wunde noch einmal anzusehen und sie heilen zu lassen.

In manchen Familien gibt es Gefühls-Tabus für alle oder bestimmte Personen. Durfte zum Beispiel nur der jähzornige Vater wüten und der Rest der Familie verhielt sich still, um die Wut nicht zu steigern, können die Kinder den Umgang mit dieser Empfindung nicht lernen. Die Wut bleibt bei ihnen in ihrem Ausdruck »in den Kinderschuhen stecken«. (Wir lernen als Kleinkinder nicht nur zu laufen und zu sprechen, sondern auch den Umgang mit unseren Gefühlen. Zunächst erfüllen uns unsere Empfindungen vom Scheitel bis zur Sohle, was wir gut an Kindern beobachten können). Als erwachsener Mensch wird das Kind, das nicht üben durfte, mit der eigenen Wut umzugehen, die Wut zwar vielleicht spüren, aber er weiß genau, dass es einem Erwachsenen nicht angemessen ist, sich auf den Boden zu werfen und mit den Füßen und Händen zu trommeln. Aber andere Ausdrucksformen konnte er nicht einüben. Deshalb wird er Wut bei jedem Auftauchen ins Unbewusste verdrängen, wo sie sich ansammelt und aufstaut, bis sie sich in körperlichen oder seelischen Beschwerden zeigt, die er dann vielleicht als Schicksalsschlag erlebt. Oder sie äußert sich im gleichen Jähzorn wie früher beim Vater mit den nun gleichen Folgen, diesmal für seine Kinder.

Es lohnt sich also, einmal darüber nachzudenken, welche Gefühls-Tabus in der eigenen Familie bestanden und wie man selbst betroffen ist. In dem sicheren Rahmen einer Selbsterfahrungsgruppe oder der Begleitung durch einen Coach können die Gefühle »nachreifen« und alte Empfindungen hängen sich nicht mehr an das gegenwärtige Erleben oder sind Grund für vermeidbare Schicksalsschläge.

Der vierte Satz der Selbsterkenntnis:

Wenn ich Wünsche oder Bedürfnisse habe, muss ich selbst für ihre Erfüllung sorgen.

Sobald wir keine Kinder mehr (und nicht entmündigt) sind, sind wir selbst dafür zuständig, dass unsere Bedürfnisse und Wünsche erfüllt werden. Wir sind verantwortlich, die Erfüllung unserer Bedürfnisse möglich zu machen, niemand sonst. Wir können jemanden bitten, uns dabei zu helfen, und werden es sicher tun, aber verantwortlich sind nur wir.

Nur zu gerne richten wir die Erwartung an unsere Nächsten, sie sollten wissen, ahnen und erfüllen, was wir brauchen. Am besten, ohne dass wir etwas sagen. Beim Coachen zeigt sich immer wieder, wie schwer es vielen Menschen fällt, sich klar zu werden, welches Bedürfnis sie gerade haben. Da wird eine Karriere so intensiv verfolgt, dass das Risiko eines Herzinfarktes entsteht, (den man dann als Schicksalsschlag empfinden würde) weil man die verweigerte Anerkennung des Vaters unbewusst stellvertretend bei einem Vorgesetzten sucht. Man bekommt Kopfschmerzen und zieht sich zuhause zurück, statt sich und anderen einzugestehen, dass man traurig ist und in den Arm genommen werden möchte. Es wird gekocht und gebacken und erst, wenn der Sohn die Einladung absagt, weil er keinen Hunger hat, merkt man, dass man sich eigentlich ein Gespräch mit ihm erhoffte.

Solange wir uns unsere Bedürfnisse nicht bewusst machen, werden wir die Menschen um uns herum manipulieren, sie damit vielleicht verärgern und doch selbst nicht »satt« werden. Erst das Erkennen unserer Bedürfnisse macht es möglich, dass wir an der richtigen Stelle nach ihrer Befriedigung suchen, und erst das Aussprechen schafft ehrlichen Kontakt, der unserem Gegenüber die Wahl lässt, darauf einzugehen oder nicht. Wir können gar nicht zu früh damit anfangen, unsere Resilienz dadurch zu stärken, dass wir lernen, unsere Bedürfnisse zu spüren und sie ehrlich zu äußern – und die der anderen Menschen zu achten. Im Ernstfall eines Schicksalsschlages brauchen wir diese Fähigkeit dringend.

Der fünfte Kernsatz der Selbsterforschung:

Verleugnen wir unseren Anteil an einem Konflikt, unter dem wir leiden, verleugnen wir damit unsere Kraft, Veränderungen zu bewirken.

»Ein Scheit Holz allein brennt nicht!«, sagt Sally, eine alte weise Frau. Wenn wir unseren Anteil an Konflikten leugnen, uns als vermeintliche Opfer sehen, beschuldigen wir andere, Täter zu sein, die die Verantwortung tragen. Natürlich sind die Scham oder die Gefühle der Schuld, die wir beim Gegenüber zu erzeugen versuchen, eine starke Manipulationskraft. Aber diese Haltung lähmt unsere eigene Gestaltungskraft, die so wichtig ist für unsere Resilienz, und vergrößert nur das Unbewusste durch die Verdrängung dessen, was unser Anteil am Konflikt ist.

Der sechste Satz der Selbsterforschung:

Krankheitssymptome können eine Sprache des Unbewussten sein.

Traumatische Geschehen erzeugen tiefe Gefühle, die im Moment des Ereignisses häufig die Kraft des betroffenen Menschen übersteigen. Die Empfindungen werden aus dem Alltagsbewusstsein ins Unbewusste geschoben. Wenn man sich später nicht bewusst damit befasst, sinken die Erinnerungen immer tiefer. Vielfältige gesundheitliche Störungen können sich in Folge selbst nach Jahren einstellen. Sie können möglicherweise behoben oder gelindert werden, wenn man die zugrunde liegenden alten traumatischen Erfahrungen mit Hilfe von gut ausgebildeten Fachleuten für die Seele, wie wir sie beim Resilienz-Faktor 1 beschrieben haben, verarbeitet. Die Psychoneuroimmunologie zeigt, in wie vielfältiger Weise unsere Psyche und unser Körper verbunden sind.

Auch können dysfunktionale Gedankenmuster sich in Krankheitsbildern zeigen, zu deren Heilungsprozess wir durch Selbsterforschung aktiv beitragen können.[68]

Der siebente, letzte und vielleicht wichtigste Kernsatz der Selbsterkenntnis lautet:

Der einzige Mensch auf der Welt, den ich verändern kann, bin ich selbst.

Ein Schicksalsschlag ist eine Chance und wohl der größte Impuls, uns selbst besser kennenzulernen und zu verändern.

---

68 Siehe zum Beispiel Hay, Louise, 2003

2.4 Resilienzfaktor 4: Sich selbst erkennen

Was passiert, wenn wir keine Selbsterkenntnis suchen?

Leben wir unbewusst, wiederholen wir immer wieder unsere alten Verhaltensmuster im Denken, Fühlen und Handeln, so wie wir es als Kinder gelernt haben. Diese Muster waren sinnvoll und notwendig, vielleicht sogar überlebensnotwendig in unserer Kindheit, selbst wenn sie schmerzhaft waren. Inzwischen haben sich jedoch unsere Lebensumstände und vor allem unsere Lebensfähigkeit geändert. Wir können lernen, die inneren Haltungen und Muster zu erkennen und solche, die uns jetzt nicht mehr guttun, langsam durch neues Verhalten und neue Werthaltungen ersetzen. Wir sind darauf im Kapitel zum Resilienz-Faktor 2 (Veränderung von Einstellungen) im Detail eingegangen.

Jeder von uns kennt Menschen, die wenig über sich nachdenken. Sie scheinen zunächst leichter zu leben. Sie projizieren das Unwillkommene auf andere Menschen und kritisieren es dort. Der Preis sind zwischenmenschliche Schwierigkeiten. Doch gerade bei und nach einem Schicksalsschlag brauchen wir ein ungestörtes Verhältnis zu anderen Menschen, wie wir beim sechsten Resilienz-Faktor ausführen werden.

Durch das Projizieren entsteht auch eine seelische Dynamik bei den Menschen, die es tun, die immer wieder alte, oft schmerzhafte Situationen herstellt – eigentlich mit der Absicht des Unbewussten, gesehen und geheilt zu werden.

Es gibt viele Wege, an der eigenen Persönlichkeit zu arbeiten: Therapie, Teilnahme an Selbsterfahrungsgruppen, Selbstreflexion im Tagebuch oder in Gesprächen mit engen Freunden, Meditation, Arbeit nach Phyllis Chrystal oder Byron Katie, Psychodrama nach Jakob Moreno, Familienskulptur nach Virginia Satir oder Familienaufstellung nach Bert Hellinger und viele mehr. Wichtig ist, dass man sich nur in die Hand von Menschen begibt, die weise und/oder qualifizierte Therapeutinnen oder Therapeuten sind und entsprechende Berufserfahrung haben.

Wenn wir einmal begonnen haben, das Selbst zu erforschen, werden wir nicht mehr aufhören, denn es spendet inneren Reichtum. Es werden sich innere Achtsamkeit, Umsicht und Wachheit entwickeln, die das Leben verlangsamen und gleichzeitig intensiver machen und die uns mit allen Sinnen immer wieder in die unmittelbare Erfahrung des Hier und Jetzt kommen lassen. Es geht gar nicht so sehr darum, wie sich Andere verhalten und was das Schicksal mit uns macht, sondern wie wir damit umgehen. Selbstwert, entlastende Demut, Nächstenliebe und Mitgefühl sind Ergebnisse von Selbsterforschung und immer größere Freiheit von Gedanken und Mustern, die Leiden erzeugen.

Mythen, an die man sich ja nur erinnert, weil sie für uns alle Gültiges erzählen, geben uns einen Rat mit auf den Weg: Die Heldinnen oder Helden steigen immer in die Unterwelt hinab und holen *eine* Sache herauf; Odysseus den Rat eines Weisen, Psyche *eine* Dose der Schönheitscreme der Persephone. Dann lassen sie sich wieder voll ein auf das tägliche Leben, den Alltag, bis sie das, was sie heraufgeholt haben, in ihr Leben integriert haben. Wenn wir das tun bei unserer Reise in unser Unbewusstes, stärkt es unsere Resilienz und gibt unserer Persönlichkeit Standfestigkeit.

Resümee

Selbsterforschung stärkt unsere Resilienz, unser Selbst-Bewusstsein und unseren Selbstwert. Sie hilft, alte Denk- Gefühls- oder Handlungsmuster, die Leid erzeugen, zu lindern. Sie schenkt Achtung vor den Mitmenschen, Mitgefühl und Toleranz.

Kernsätze der Selbsterforschung:

1. Die Umwelt ist ein Spiegel für meine eigene Problematik.
2. Die Deutung meiner Träume ist ein wichtiger Zugang zu meinem Unbewussten.
3. Ich bin für meine Gefühle verantwortlich.
4. Wenn ich Wünsche oder Bedürfnisse habe, muss ich selbst für ihre Erfüllung sorgen.
5. Verleugne ich meinen Anteil an einem Konflikt, unter dem ich leide, verleugne ich damit meine Kraft, Veränderungen zu bewirken.
6. Krankheitssymptome können eine Sprache des Unbewussten sein.
7. Der einzige Mensch auf der Welt, den ich verändern kann, bin ich selbst.
8. Es geht darum, jeweils *eine* Erkenntnis aus dem Unbewussten ins Bewusstsein zu heben und mich damit wieder voll auf das alltägliche Leben einzulassen.

2.5 Resilienz-Faktor 5: Für sich selbst sorgen; sich erlauben, glücklich zu sein

> »Keine Pflicht wird so vernachlässigt, wie die Pflicht glücklich zu sein.«
> — Robert Louis Stevenson

Ein fataler Fehler

Dennis bekam mit drei Jahren einen Hirntumor. Die Operation überstand er sehr gut. Der Chirurg bestätigte: »Es ließ sich alles überraschend gut entfernen.«[69] Dennis konnte bald nach der Operation schon wieder selbst seinen Schnuller in den Mund stecken, Kinderpuzzles lösen und Kassetten in seinem Rekorder zum Laufen bringen. Sogar böse werden konnte er: wenn er »blöde Mama« schimpfte. Die Eltern waren überglücklich.

Doch dann schlug das Schicksal erneut zu. Weil die Krankenschwester Dennis in der Nacht nicht wecken wollte, schaltete sie in seinem Zimmer das große Licht nicht an und machte im Dämmerlicht einen verhängnisvollen Fehler: Sie verwechselte die Medikamente. Statt der vorgesehenen Antibiotikalösung gab sie eine Kaliumlösung in Dennis' Infusionsgerät, dessen Durchlaufgeschwindigkeit jedoch auf die wesentlich schnellere Durchlaufzeit für Antibiotika eingestellt war. So rann das Mineral viel zu schnell in den kleinen Arm des Jungen, mit 80 statt mit drei Millilitern pro Stunde. Die Henker in den USA verwenden für die Todesspritze der zum Tode verurteilten Häftlinge nicht einmal halb so viel Kalium.

Dennis' Herz hörte zu schlagen auf und versorgte ganze 48 Minuten lang das Gehirn nicht mehr mit Sauerstoff. Er fiel ins Wachkoma, aber sein ganzer Körper schüttelte sich vor Krämpfen. Er konnte nicht schreien, schien aber unsägliche Schmerzen zu haben. Der kleine Körper bog sich über die Seite, überstreckte sich so nach hinten, dass die Mutter sagte: »Wir hatten Angst, er würde jeden Moment durchbrechen«. Im Kernspintomographen wurde das Ausmaß der Schädigung des Gehirns sichtbar.

Ute Hönscheid und ihre Familie mussten sich über ihr Leid hinaus mit herzlos agierenden Professoren herumschlagen, die das Geschehene vertuschen wollten. Die Ärzte versuchten vergeblich alles Mögliche, um die durch den Herzstillstand entstandenen Hirnschäden rückgängig zu machen. Ute Hönscheid hatte den

---

69 Hönscheid, Ute, 2005, S. 42

Eindruck, dass ihr Kind zum »Versuchskaninchen«[70] wurde, bevor die Mediziner aufgaben und die Familie mit dem todkranken Kind nach Hause schickten.

Dennis starb in seinem Bett zuhause einige Tage später. Erst im Tod entspannte sich das schmerzverzerrte Gesicht.

Kann man einen solchen Schicksalsschlag überwinden? Ute Hönscheid, ihr Mann und ihre drei kleinen Töchter konnten es. »Auch wenn man es sich am Punkt tiefster Trauer und Verzweiflung nicht vorstellen kann: Eines Tages kann man wieder glücklich sein - gleichgültig, wie schwer der Schicksalsschlag war«, ist sie heute überzeugt.

Am Höhepunkt ihres Leidens fand sich die ganze Familie »auf dem Boden des Badezimmers wieder.«[71] Sie wissen nicht, wie es weitergehen soll. Da übernimmt es Utes Mann Jürgen, sie »aus dem Seelentief herauszuholen. ›Wir wollen wieder glücklich sein!‹ schreit er plötzlich beschwörend.«[72]

Zuerst reagiert seine Frau irritiert. »Wie können wir glücklich sein, wenn wir unseren einzigen Sohn verloren haben?« Aber dann wird auch ihr klar: die Zeit der Trauer muss irgendwann vorbei sein. Die Mutter lächelt und steckt damit auch ihre anwesenden drei Töchter an. »Ein Gefühl der Wärme und Dankbarkeit durchströmte uns alle. Als hätte Jürgen mit seinem Entschluss ein warmes, helles Licht in unseren Seelen eingeschaltet.«[73]

»Am besten verhält man sich so, wie es einem selbst gut tut und nicht, wie es von einem erwartet wird.« Sie erkannten, dass sie sich jetzt selbst helfen mussten, auch wenn das egoistisch anmutete.

Sie verzichteten sogar darauf, Belastendes im Fernsehen anzusehen und suchten ganz bewusst Komisches aus. Auch den Sport und die Arbeit nutzten sie als Therapie.

Und es gab noch einen anderen Punkt, der ihnen geholfen hat, wieder Tritt zu fassen. »Wir sind eine Einheit. In unserer Familie herrscht Harmonie.« Der Familienzusammenhalt vermittelte Stärke und Geborgenheit.[74]

Vielleicht war aber auch entscheidend, dass Ute Höhnscheid bis heute keinen Hass gefühlt hat, sie hat der Krankenschwester längst verziehen.

»Krankenschwestern, Ärzte und Professoren haben uns schon oft sehr geholfen und dafür sind wir unendlich dankbar«, schreibt sie im Vorwort ihres Buches »Drei

---

70 A. a. O., S. 110
71 A. a. O., S. 159
72 A. a. O., S. 159
73 A. a. O., S. 160
74 A. a. O., S. 179

2.5 Resilienz-Faktor 5: Für sich selbst sorgen; sich erlauben, glücklich zu sein

> *Kinder und ein Engel«. Es war ihr wichtig, sich zu versöhnen – mit den Menschen und mit dem Schicksal.*
>
> *Mehr als 16 Jahre nach diesem Unglück, klingt Ute Hönscheid »leicht, voller Lebensfreude und Energie«– auch als sie von den schrecklichen Ereignissen berichtet.*
>
> *»Wie kann jemand, den solcher Schicksalsschlag getroffen hat, jemals die Trauer hinter sich lassen?«, fragt Berndt.*[75]

Diese Frage klingt fast schon vorwurfsvoll! Erwartet die Umwelt nicht von jemandem, dem Schreckliches passiert, dass er trauert?

Es wirken immer mehrere Faktoren zusammen, wenn es gelingt, einen schweren Schicksalsschlag zu überwinden. In diesem Kapitel wollen wir uns darauf konzentrieren, welche Rolle es für die Familie Hönscheid und für andere Betroffene spielt, dass sie es sich erlauben, wieder glücklich zu sein. »Als es am schlimmsten war ..., da sagte Jürgen diesen Satz: Wir wollen wieder glücklich sein!« Das klingt wie ein Befehl, zumindest wie eine dringende Aufforderung. Man muss sich manchmal von den Erwartungen der Umgebung frei machen und das Schlimme vergangen sein lassen. Utes Mann hat das getan und ließ sich auch nicht von diesem Plan abbringen, als seine Frau irritiert reagierte. Man muss es sich vornehmen, (wieder) glücklich zu sein. Abraham Lincoln sagte einmal: «Die meisten Menschen sind so glücklich, wie sie es sich selbst vorgenommen haben.«

Offensichtlich wusste die Familie Hönscheid, wie sie ihr Glück wiederfinden konnte. Zunächst einmal mussten sie es sich erlauben, glücklich zu sein. »Ich weiß, ich darf das auch!«, sagt Ute Hönscheid zu sich selbst. Und dann mussten sie darauf achten, dass möglichst viele positive und wenig negative Nachrichten und Eindrücke sie erreichen. Gleichzeitig ist es wichtig, die eigenen Bedürfnisse und Empfindungen wahrzunehmen und diese zum Ausdruck zu bringen. Es darf einem gut gehen. Auch und gerade in Krisenzeiten. Wenn man zu Pflichtbewusstsein erzogen wurde, muss man sich hierzu die Erlaubnis geben. Wir stehen immer, auch in guten Zeiten, in dem Spannungsfeld zwischen den eigenen, manchmal egoistischen Bedürfnissen und den Erwartungen unserer Umgebung, die oft im Gewand der Pflicht, der moralisch oder gesellschaftlich begründeten Forderung daherkommen. In manchen Lebenssituationen muss sich das Pendel der Verhaltensnormen, an denen man sich orientiert, mehr nach der einen oder anderen Seite ausrichten: in Zeiten der

---

75 Berndt, Christina, 2014, S. 39

Rekonvaleszenz nach einem schweren Schicksalsschlag sicher und eindeutig für eine begrenzte Zeit in Richtung Egoismus.

Wichtig dabei ist jedoch zu beachten, dass das nicht die Erlaubnis einschließt, andere zu schädigen, seelisch oder körperlich zu verletzen. Rücksicht ist eine Grundbedingung und das nicht nur aus moralischen, sondern auch aus pragmatischen Gründen: Wenn man anderen Schaden zufügt, fällt das in der Regel auf einen selbst zurück und sei es auch »nur«, weil man damit in sich etwas Wertvolles kaputt gemacht hat.

»Rollenspiel«

Goethe schreibt im »Faust«: »Zwei Seelen wohnen – ach – in meiner Brust«. Ein befreundeter Psychologe spricht in einem Buch vom »Inneren Team«[76] und weist darauf hin, dass »zwei Seelen« wohl sehr untertrieben sei und wir alle zu jeder Zeit mehrere, verschiedene »Seelen« in uns haben.[77] Das wird uns nach einem schweren Schicksalsschlag oft besonders bewusst. Da gibt es die »Seele«, die alles überwunden zu haben glaubt, aber es gibt auch die »Seele«, die verzweifelt und der Überzeugung ist, dass man nie wieder glücklich werden kann. Es gibt die »Seele«, die sich erbärmlich fühlt und den ganzen Tag jammern will, und es gibt – fast gleichzeitig oder zumindest in kurzen Zeitabständen – die »Seele«, die trotzig dem Schicksal die Stirn bieten will. Es gibt die »Seele«, die dringend eine starke Schulter sucht, an die sie sich anlehnen kann, aber wenn sich diese Schulter nähert, hält man nichts für wichtiger, als seine Unabhängigkeit zu beweisen und sich unnahbar zu zeigen. Die Aufzählung solcher »Seelen« oder »Zustände« ließe sich noch erheblich verlängern, wobei in der einen Persönlichkeit mehr oder konfliktträchtigere »Seelen« zu erkennen sind, wenn sie in sich hineinhorcht, während die andere kaum Konflikte dieser Art kennt.

Wir können oft frei entscheiden, welcher dieser »Seelen« wir uns zuwenden, welche wir in den Vordergrund unseres Bewusstseins rücken und an welcher wir unser Verhalten ausrichten. Wir können wie ein Regisseur oder eine Regisseurin einem Mitglied unseres »inneren Teams« die Hauptrolle zuweisen oder es auch nur um seinen kurzzeitigen »Auftritt« bitten. Das bedeutet zum

---

76 Schultz von Thun, Frieder, 2013
77 Dieses Modell ist auch Grundlage eines bezaubernden US-amerikanischen Computeranimationsfilms von Pixar, der am 18. Mai 2015 Premiere hatte, mit dem deutschen Titel: »Alles steht Kopf« (Originaltitel: »Inside Out«).

Beispiel, dass wir im Umgang mit Kindern oder hilfsbedürftigen Menschen unserer starken, hilfsbereiten Persönlichkeit Ausdruck geben und andere unterstützen, obwohl die »traurige Seele« gerade in uns einen starken Anteil hat. Wie wichtig das ist, wissen alle, die kleine Kinder haben und diese in Krisenzeiten nicht über Gebühr mit ihren Empfindungen belasten wollen.

Diese Betrachtungsweise unserer Gefühlsvielfalt kann uns auch davor schützen, in einer Rolle stecken zu bleiben, die unsere Entwicklung behindert. Jede »Rolle« hat einen Gegenpol in uns, den wir nützen können. Es sind die starken Seiten in uns, die uns davor schützen, in Selbstmitleid zu versinken, an der Trauer als Verbindung zu dem Verlorenen festzuhalten oder in dem vielleicht weichen Nest der Anteilnahme anderer dauerhaft passiv zu bleiben.

Allerdings gilt auch hier: Man darf nichts übertreiben. Ab und zu eine starke Rolle zu spielen, kann hilfreich sein. Niemals seine schwachen Seiten zum Vorschein kommen zu lassen, ist für die Verarbeitung sehr hinderlich. Problematisch ist dieses Vorgehen vor allem dann, wenn man bei diesem Rollenspiel etwas vortäuscht, was in dem gefühlten Erleben keinen Rückhalt hat. Wenn man sich bei seinem Verhalten nicht an dem orientiert, was man in sich spürt, sondern an dem, welche Wirkung man in der Umwelt erzielen will, dann wirkt dieses Verhalten unecht und hat auch keine positive Wirkung auf die Verarbeitung des erlebten Unglücks.

Der Wunsch und die Entscheidung, wieder glücklich sein zu wollen, brauchen Zeit zu reifen nach einem Schicksalsschlag. Stevenson erinnert uns in dem oben genannten Zitat daran, das Glücklichsein nicht zu vergessen, es sogar als »Pflicht« zu sehen, für uns zu sorgen und wieder glücklich zu werden.

Humorvoller Umgang mit dem Schicksalsschlag

Manchmal hilft Humor, sich in einer schweren Zeit einen Moment lang wieder frei und leicht zu fühlen.

Das humorvolle Reagieren in einer eigentlich verzweifelten Situation kann man durch das eben beschriebene Rollenspiel erklären. »Humor ist, wenn man trotzdem lacht« lautet eine gängige Definition dieses Begriffes und dabei bezieht sich das »Trotzdem« auf die eigentlich im Vordergrund befindliche innere Stimme, der alles andere als zum Lachen zumute ist. Man verhilft seiner »humorvollen Seele« zu einer Stimme und entspannt die Situation für alle. Wenn man über sich selbst oder seine Situation auch lachen kann – wenn es die Art des Schicksalsschlages erlaubt – dann hat man für diesen Moment einen wirksamen Weg gefunden, mit seinem Schicksal auf positive, entlastende Weise umzugehen.

Carrie Fisher, berühmt geworden als Leia in der Star-Wars-Trilogie, verarbeitete ihr zirkuläres Irresein und ihre schwierige Kindheit, in der Drogen und Alkohol eine große Rolle spielten, auf eine ganz eigene, besondere Weise: Sie machte aus ihrer Lebensgeschichte die witzige One-Woman-Show Wishful Drinking, die zu einem sensationellen Erfolg am Broadway wurde.

Sie schreibt: »Ich ziehe eine gewisse Befriedigung daraus, all das in eine Sprache zu übersetzen (humorvoll, übertrieben und sehr flapsig darzustellen) und Sie daran teilhaben zu lassen. Zum einen bin ich dann nicht vollkommen allein damit. Zum anderen habe ich das Gefühl, ich könnte meine Verrücktheit zumindest ein wenig kontrollieren. Das ist natürlich eine Illusion, aber es ist meine Illusion, und ich hänge daran. Man könnte es auch so sagen: Ich habe Probleme, aber die Probleme haben nicht mich.«[78]

Humor schafft Distanz zu der oft komplizierten Realität unseres Lebens und – Carrie Fisher benennt es treffend – schenkt uns das Gefühl, dem Schicksal nicht gänzlich ausgeliefert zu sein. Humor entspannt nicht nur die eigene Sichtweise darauf, sondern auch die damit verbundene soziale Situation. Lachen ist die beste Medizin und Klinikclowns und Stiftungen wie HUMOR HILFT HEILEN von Eckart von Hirschhausen belegen, welche Bedeutung man diesem im Gesundheitswesen zuerkennt. Es ist nachgewiesen: Wer lacht, stärkt nicht nur die Atmung, sondern auch die Immunabwehr und gleichzeitig seine sozialen Beziehungen. Humor ist es, den wir Ihnen hier ans Herz legen, nicht Ironie, nicht Sarkasmus, nicht Zynismus, die zwar auch eine Distanz zum Geschehen herstellen, aber, statt versöhnlich, eher beißend und oft verletzend sind. Humor enthält ein »Trotzdem« aus der Distanz, eine Suche nach dem Positiven, dem vielleicht kleinen Stückchen Lebensglück, das noch verblieben ist, dem Schmunzeln. Es ist der Verzicht auf die Identifikation mit dem Geschehen.

Resümee

- Pflichtbewusstsein und die Orientierung unseres Verhaltens an den Erwartungen unserer Umgebung ist im sozialen Zusammenleben eine wichtige und sehr nützliche Eigenschaft, aber sie erfordert Kraft, die wir nach einem schweren Schicksalsschlag manchmal nicht mehr haben. Es ist daher in einer solchen Situation richtig, diese Eigenschaft zeitweise zurückzustellen.

---

78 Fisher, Carrie, 2013, S. 118

- Glücklichsein kräftigt Körper und Seele. Es gibt Phasen im Leben, in denen wir uns bewusst darum bemühen müssen, wieder glücklich zu sein.
- Egoismus ist für einen vom Unglück Getroffenen erlaubt – soweit dadurch niemand geschädigt wird.
- Wir haben immer mehr als eine »Seele« in unserer Brust. Indem wir einer unserer inneren Stimmen die Führung übergeben und unser Verhalten nach dieser Stimme ausrichten, kommt es uns manchmal vor, als ob wir »Rollen spielten«. Doch können wir damit unser Wohlbefinden beeinflussen und letztlich so in einem gewissen Grad unseren Lebensweg bestimmen.
- Manchmal können wir schlimmen Erlebnissen und schwierigen Situationen mit Humor begegnen. Das entspannt alle Beteiligten und heilt ein bisschen die Seele.

2.6 Resilienz-Faktor 6: Hilfe durch soziale Kontakte

> *»Wenn ich gefragt werde, was den Menschen geholfen hat, Schwierigkeiten zu überwinden, antworten Kinder, Jugendliche und Erwachsene mit Widerstandskraft in überwiegender Zahl, dass vor allem und ausschließlich die Mitglieder ihrer erweiterten Familie, die Nachbarn und Lehrer, die Mentoren und freiwilligen Helfer und Kirchengruppen dafür verantwortlich waren.«*
> — Emmy Werner

Was kann ein Blinder mit dunkler Hautfarbe vom Leben erwarten?

Als er fünf Jahre alt war, musste er hilflos zusehen, wie sein jüngerer Bruder ertrank. Im selben Jahr begann er unter grünem Star zu leiden, seine Welt verfinsterte sich langsam, und da seine alleinerziehende Mutter arm war, konnten sie sich die teure medizinische Behandlung nicht leisten. Er erblindete. Seine Mutter starb, als er Teenager war. Er wurde auf Wunsch seiner Mutter in ein staatliches Heim für Blinde gesteckt. Wie konnte aus so einem Menschen noch »etwas werden«? Es wurde etwas aus ihm, Millionen von Menschen kennen und bewundern ihn, lieben seine Musik: Es ist Ray Charles.

Wie konnte Ray Charles all diese Hindernisse verarbeiten und überwinden? Auf eine rührende Weise erzählte er in einem Interview: »Für mich war meine

Mutter die fantastischste Frau auf der Welt. ... Sie hatte keine College-Ausbildung.« Aber offensichtlich hatte sie ein großes Herz und es gelang ihr, ihrem Sohn trotz der vielen Schwierigkeiten, die er zu verarbeiten hatte, mit ihrer Liebe Stärke und Selbstvertrauen zu vermitteln. Tatsächlich hatte er sogar zwei »Mütter«, »Mama und Mary Jane, die mich mit Liebe überhäuften und sich um mich kümmerten, solange sie lebten. Ich nannte Retha (seine leibliche Mutter) ›Mama‹ und Mary Jane ›Mother‹.«[79] Die Nachbarn hatten manchmal die Tendenz, ihm zu viel Mitleid entgegenzubringen und ihm so viel wie möglich abzunehmen oder seine Mutter zu schelten, wenn sie ihm wie selbstverständlich viele Aufgaben übertrug. In seinen Memoiren erinnert er sich, wie seine Mutter auf diese Nachbarn reagierte: »Er ist blind«, sagte Mama zu ihnen, »aber er ist kein Trottel. Er hat sein Augenlicht verloren, aber nicht seinen Verstand.«[80]

Die Worte von Ray Charles machen deutlich, welche Kraft in der Liebe von Eltern, in diesem Fall der Mutter, liegt, wenn es darum geht, einem Kind Widerstandskraft gegenüber einem schweren Schicksal zu vermitteln.

Es wird auch deutlich, dass seine Mutter nie Liebe und Mitleid verwechselt hat. »Ich war kein einfaches Kind. ... (Aber): Die Frau ließ mir niemals etwas durchgehen, nur weil ich blind war.«[81] Diese Haltung hat Ray sich selbst gegenüber übernommen, er hat durch diese Haltung seiner Mutter gelernt, dass zu viel Mitleid eher schwächt. »Ich hasste es auf den Tod, wenn andere Leute Mitleid mit mir hatten.«[82]

Mit fünfzehn, nach dem Tod seiner Mutter beschloss er, seine vertraute Heimat zu verlassen: »Ich dachte, ich war bereit für die Welt, und ich entschied, dass ich besser früher als später lernte, worum es bei diesem Kampf ging.«

Für Ray Charles stand es außer Frage, dass seine Mutter einen entscheidenden Anteil daran hatte, dass aus ihm, trotz aller Widrigkeiten, »etwas geworden ist«, dass er ein erfülltes Leben führen konnte. Erfahrungen wie die von Ray Charles gibt es in großer Zahl. Wie dem obigen Zitat der Entwicklungs-Psychologin Emmy Werner zu entnehmen ist, sind enge Bezugspersonen die am häufigsten genannte Quelle der Resilienz.

Welche wichtige Rolle Freunde bei der Bewältigung eines schweren Schicksalsschlages spielen, zeigt das fast unfassbare Schicksal von Jean-Dominique Bauby.

---

79 Charles, Ray & Ritz, David, 2005, S. 13
80 A. a. O., S. 28
81 A. a. O., S. 41
82 A. a. O., S. 76

Schmetterling und Taucherglocke

Jean-Dominique Bauby kannte das Glück. Er war 43 Jahre alt, war Vater von zwei Kindern und erfolgreicher Redakteur einer französischen Zeitung, als er im Dezember 1995 plötzlich zusammenbrach. Er erlitt einen so massiven Hirnschlag, dass sein Hirnstamm geschädigt wurde.

Als er endlich nach zwei Monaten aus dem Koma aufwacht, findet er sich – völlig klar im Kopf – in einem erstarrten, von Kopf bis Fuß gelähmten Körper gefangen. Nur den ansonsten haltlosen Kopf kann er ein wenig zur Seite drehen. Die einzige Möglichkeit, sich verständlich zu machen, besteht darin, mit dem linken Auge zu blinzeln.

Die Medizin nennt diesen Zustand Locked-in-Syndrom und Jean-Dominique empfindet das wie einen Taucheranzug, aus dem nur sein Geist wie ein Schmetterling entkommen kann.

Die anfängliche Hoffnung auf schnelles Wiederfinden der Beweglichkeit und der Sprache muss der Erkenntnis weichen, dass er vom bloß Kranken zum Behinderten geworden ist: »Ich bin ganz ruhig geblieben, ganz damit beschäftigt, die brutale Abwertung meiner Zukunftsperspektiven zu ermessen«, schreibt er über die erste kurze Probefahrt, bei der sein aus den Fugen geratener Körper durch den Krankenhausflur geschoben wird.[83]

Wie schafft es jemand, in dieser Situation nicht völlig zu verzweifeln?

Als Jean-Dominique Bauby zufällig mitbekommt, dass man ihn mit »Gemüse« vergleicht, »dass ich nun eher zur Welt der Gemüse gehöre als zur menschlichen Gemeinschaft«, wird ihm klar: »Wenn ich beweisen wollte, dass mein intellektuelles Potential weiterhin dem einer Schwarzwurzel überlegen war, konnte ich nur auf mich selbst bauen.«[84] Er beginnt, aus seiner »Taucherglocke« monatlich einen kollektiven Brief an alle seine Freunde und Bekannten zu diktieren, Buchstabe für Buchstabe, mit dem Blinzeln eines Augenlides. Dazu liest ihm eine junge Frau das Alphabet vor, geordnet nach der Häufigkeit, in der die Buchstaben in der französischen Sprache vorkommen. Wird der richtige Buchstabe genannt, blinzelt Jean-Dominique. Er erzählt von seinen Tagen, seinen Fortschritten, seinen Hoffnungen. »So ist eine kollektive Korrespondenz entstanden, die ich Monat für Monat fortsetze und dank derer ich immer mit allen, die ich liebe, in Verbindung bin. Mein Stolz hat Früchte getragen. Von einigen Unerbittlichen abgesehen, die hartnäckig schweigen, haben alle begriffen, dass man mich in meiner Taucherglocke erreichen kann ... Ich bekomme bemerkenswerte Briefe... hebe alle diese Briefe wie

---

83 Bauby, Jean-Dominique, 2007, S. 10
84 A. a. O., S. 82

> *Schätze auf. Eines Tages möchte ich sie gerne aneinanderkleben, um ein kilometerlanges Band daraus zu machen, das wie eine Fahne zum Ruhme der Freundschaft flattert.«*[85]
>
> *Auf die gleiche Art, Buchstabe für Buchstabe blinzelnd, »spricht« er mit seinen Besuchern, die die Buchstaben auf einem Block notieren, bis sie verstehen können, was Jean-Dominique sagen möchte »Und dann, eines Nachmittags ... ein unbekanntes Gesicht ... In der Spiegelung der Vitrine ist ein Männergesicht aufgetaucht, das in einem Dioxinfass verweilt zu haben schien. Der Mund war schief, die Nase uneben, das Haar zerzaust, der Blick vom Entsetzen erfüllt. Ein Auge war zugenäht und das andere aufgerissen wie das Auge Kains. Eine Minute lang habe ich diese erweiterte Pupille angestarrt, ohne zu begreifen, dass es ganz einfach ich war.«*
>
> *Jeder hätte es verstanden, dass er sich nach dieser Entdeckung, wie entstellt er ist, welch schrecklichen Anblick er den Besuchern bietet, zurückgezogen hätte, keinen Besucher mehr hätte sehen wollen. Aber Jean-Dominique Bauby taucht nicht ab, versteckt sich nicht schamvoll.*
>
> *»Da hat mich eine seltsame Euphorie erfasst. Ich war nicht nur exiliert, paralysiert, stumm, halb taub, aller Freuden beraubt und auf ein Quallendasein herabgemindert, sondern obendrein auch noch grässlich anzusehen. Ich habe den nervösen Lachanfall bekommen, den eine Serie von Katastrophen auslöst, wenn man nach einem letzten Schicksalsschlag beschließt, diesen als Scherz aufzufassen. Mein vergnügtes Röcheln hat Eugénie (eine Besucherin) erst einmal aus der Fassung gebracht, ehe sie sich von meiner Erheiterung anstecken ließ. Wir haben gelacht, bis uns die Tränen kamen.«*[86]
>
> *Die Menschen, die ihm zugetan sind, nennt Bauby »Glieder der Kette aus Liebe, die mich umgibt und schützt.«*[87] *»Wie die Luft zum Atmen brauche ich es, Gefühle zu haben, zu lieben und zu bewundern. Der Brief eines Freundes, ein Gemälde von Balthus auf einer Postkarte, eine Seite Saint-Simon geben Stunden, die vergehen, einen Sinn. Aber um auf dem Quivive zu bleiben und nicht in lauer Resignation zu versinken, bewahre ich mir ein Quantum Wut und Abscheu, nicht zu viel und nicht zu wenig, so wie der Schnellkochtopf sein Ventil hat, um nicht zu explodieren.«*[88]

Es gibt kaum ein anderes Beispiel, in dem so sehr deutlich wird, welche Kraft aus dem Gefühl erwachsen kann, von liebenden Menschen umgeben zu sein, auch wenn dieses »Umgeben-Sein« häufig nur in Gedanken stattfindet. Deut-

---

85 A. a. O., S. 83
86 A. a. O., S. 26 f.
87 A. a. O., S. 43
88 A. a. O., S. 56 f.

lich wird außerdem in dem obigen Zitat, dass Jean-Dominique Bauby seinen Zustand nicht verdrängt, dass er sich immer wieder damit auseinandersetzt.

Jean-Dominique Bauby beginnt, nachts in Gedanken ein Buch zu schreiben, die Worte zu wenden, bis sie richtig scheinen und dann die Abschnitte auswendig zu lernen, um sie am Morgen Buchstabe für Buchstabe einer jungen Frau zu diktieren. Ein einzigartiges, ergreifendes Dokument, aus dem auch wir hier zitieren, entsteht, in dem ein vom Locked-in-Syndrom Betroffener zum ersten Mal aus seiner Starre berichtet.

In diesem Buch setzt er sich auch mit der Wirkung auseinander, die sein Aussehen in seiner Umgebung auslöst. Wie der Soziologe Erving Goffman[89] beschreibt, lösen Menschen, die einen sichtbaren Körper-, Geistes- oder Charakter-»Defekt«, ein sichtbares Stigma erlitten haben, in ihrer Umwelt Unbehagen und Unsicherheit aus, manchmal sogar offene Ablehnung. Sie sind von vollständiger sozialer Akzeptanz ausgeschlossen.

> *Bauby schreibt hierzu: »Ich kenne das leichte Unbehagen zu gut, das wir hervorrufen.... Unter mir wird gelacht, gescherzt, gerufen. Ich würde gerne an all dieser Fröhlichkeit teilhaben, aber sobald ich mein einziges Auge auf sie richte, wenden alle ... den Kopf ab.«[90] »Ich bin zwar ein zombiehafter Vater geworden, aber Théophile und Céleste (Anm: seine Kinder, zehn und sieben Jahre alt) sind ganz wirklich ..., ich werde nicht müde, sie einfach neben mir gehen zu sehen, wobei sie das Unbehagen, das auf ihren kleinen Schultern lastet, mit selbstsicherem Getue kaschieren. Im Gehen wischt Théophile die Speichelfäden, die aus meinem geschlossenen Mund rinnen, mit Papierservietten ab. Seine Geste ist verstohlen, zugleich zärtlich und furchtsam, so, als habe er ein Tier mit unvorhersehbaren Reaktionen vor sich.«[91] Bauby spricht von den »kleinen Funken des Entsetzens« in den Augen der Besucher bei seinem Anblick.[92]*

Er schaut weg, der ohnehin vom Schicksal schwer Geschlagene, wenn andere irritiert sind, und er tut alles, was ihm möglich ist, um in der Gemeinschaft von Menschen zu bleiben.

An Jean-Dominique Baubys Beispiel kann man deutlich sehen, dass gerade die Menschen, die ohnehin schwer an ihrem Handicap tragen, für sogenannte »Normale« eine Last übernehmen. Sie wollen auf keinen Fall verlieren, was wir alle als soziale Wesen brauchen: Akzeptanz, Anerkennung, Sympathie, am

---

89 Goffman, Erving, 1975
90 Bauby, Jean-Dominique, 2007, S. 34 f.
91 Bauby, Jean-Dominique, 2007, S. 71
92 A. a. O., S. 93

besten Liebe. Deshalb übernehmen sie es, so gut sie können, Entspannung und Leichtigkeit in den zunächst unbehaglichen Kontakt zu bringen[93], so wie Bauby es tut durch seine Briefe, sein Wegsehen, um die Übrigen nicht zu verunsichern. Die Betroffenen verheimlichen viele der Schwierigkeiten, die sie mit ihrem Los haben.

»Ich kann diskret weinen«, schreibt Bauby an einer Stelle. »Man sagt, mein Auge träne.«

Wenn der Schicksalsschlag die Folge hat, dass der Betroffene entstellt ist, ist die Verbindung mit der sozialen Umgebung besonders belastet. Vieles in jeder Gesellschaft ist ritualisiert, ohne dass wir es merken. Wir sind häufig aufeinander eingespielt, als würden wir ein unsichtbares Menuett tanzen, egal ob wir uns begrüßen, entschuldigen, im engen Lift beieinanderstehen oder ein Festessen genießen. Die Regeln und Normen zu diesen unzähligen alltäglichen Ritualen internalisieren wir zum großen Teil bereits als Kinder. Sie werden im Laufe der Zeit unbewusst.

Ein Schicksalsschlag, der zu einer starken Behinderung führt, kann uns oder andere behindern, an diesen eingespielten Verhaltensweisen teilzunehmen. Auch werden möglicherweise Bereiche, die vorher eindeutig zu unserem Privatleben zählten, wie Informationen über uns, notwenige Berührungen zur Pflege, unser Schlafzimmer plötzlich öffentlich oder zum öffentlichen Raum, mit ganz anderen Spielregeln. Das verunsichert sowohl uns als auch unser Gegenüber. Gefühle der Scham, der Peinlichkeit und der Schuld entstehen, wenn wir erkennen, dass wir soziale Regeln und Normen übertreten oder persönliche Wertvorstellungen verletzt haben. Dabei ist das bei manchem Schicksalsschlag nicht vermeidbar.

Bedauern, Unsicherheit und Angst, abgelehnt zu werden, sind die Folge. Man sieht das persönliche Ansehen, die soziale Identität im Urteil der anderen bedroht. Dies geschieht auf beiden Seiten, auf der des vom Schicksal Betroffenen und auf der jener Menschen, die mit ihm in Kontakt treten oder in Beziehung sind.

Höflichkeit und Takt sind schon im alltäglichen Leben wichtige Komponenten, die immer verletzliche soziale Situation aufrechtzuerhalten[94]. Nach einem Schicksalsschlag brauchen wir nicht nur dringend gegenseitige Rücksichtnahme, Takt und Höflichkeit, sondern mehr: Wir brauchen die liebevolle Hinwendung beider Seiten, sowohl die des vom Schicksal Herausgeforderten, soweit er oder sie kann, wie die der Umgebung.

---

93 Goffman, Erving, 1975, S. 145 ff.
94 Joseph, Isaac, 2009, S. 54

2.6 Resilienz-Faktor 6: Hilfe durch soziale Kontakte

An Jean-Dominique Baubys Schicksal und durch seine einzigartigen Mitteilungen wird deutlich sichtbar, wie Stigmatisierte sich sowohl mit ihrer »normalen« Identität identifizieren und sie so gut wie möglich leben wollen, als auch ihre reale, verletzte Identität leben müssen, die sich von ihrem Ich-Ideal so sehr unterscheidet.

Unsere soziale Identität ist immer ein Aushandeln von dem Bild, das wir von uns selbst haben, mit dem Bild, das andere von uns haben und das sie uns entgegenbringen. Das heißt, von einem Schicksalsschlag betroffen, befinden wir uns einer Umwelt gegenüber, von der wir hoffen, nicht allein auf die verletzte, stigmatisierte Identität reduziert zu werden. Wir müssen neu »verhandeln«, unsere soziale Identität neu gestalten.

Jean-Dominique Bauby, dem das Bild eines Gemüses entgegengehalten wurde, hat mit ganzer Kraft um die Anerkennung seines mentalen und emotionalen Selbstbildes gekämpft.

Neben dem Schreiben entdeckte er noch eine weitere Möglichkeit, sich seiner ursprünglichen Identität näher zu fühlen und positive Gefühle zu empfinden: innere Reisen. Er bereist Orte, an denen er gewesen war, besucht in Gedanken Menschen, die er liebt, geht ins Theater, fliegt in Vergangenheit und Zukunft, ist Filmregisseur eigener Filme – und Rennfahrer.

> *»Sie haben mich sicher auf einer Rennstrecke in Monza oder in Silverstone gesehen. Der geheimnisvolle Rennwagen ohne Marke und ohne Nummer, das bin ich. In meinem Bett, ich meine, in meinem Cockpit liegend, nehme ich die Kurven in vollem Tempo ...«. Oder als Radrennfahrer: »Unter den Händen der Heilgymnastin bin ich ein Außenseiter der Tour de France am Abend einer Etappe, die zur Legende werden wird. Sie beruhigt meine von der Anstrengung explodierenden Muskeln. Ich flog nur so über den Pass von Tourmalet. Ich höre noch das Schreien der Menge an der Straße zum Gipfel und bei der Abfahrt das Zischen der Luft in den Speichen. Ich habe eine Viertelstunde Vorsprung vor der Spitzengruppe. ›Ich schwör's Dir!‹«[95]*
>
> *Dennoch erkennt er seine Situation an. »Am 8. Juni werden es sechs Monate, dass mein neues Leben angefangen hat«, beginnt er seinen ersten Rundbrief an die Freunde.[96] »Ich habe wirklich und wahrhaftig ein neues Leben begonnen und es findet hier statt, zwischen diesem Bett, diesem Rollstuhl und diesen Fluren, und nirgendwo anders.«[97]*

---

95 Bauby, Jean-Dominique, 2007, S. 115
96 A. a. O., S. 81
97 A. a. O., S. 127

Bauby musste sein Buch »Schmetterling und Taucherglocke« komplett im Kopf kreieren und redigieren, um es dann Buchstabe für Buchstabe diktieren zu können. Das Buch erschien am 6. März 1997 in Frankreich; Bauby starb nur drei Tage später an Herzversagen.

Wenn das »neue Leben« von Jean-Dominique Bauby auch nur gut ein Jahr dauerte, so hat er uns doch ein beeindruckendes Zeugnis davon gegeben, was der menschliche Geist leisten kann. Die Kraft für diese Resilienz-Leistung hat er offensichtlich zum großen Teil aus den sozialen Kontakten geschöpft, die er durch seine Briefe aufrechterhalten hat.

Unsichtbare Stigmata

Jean-Dominique Bauby war vom Schicksal unübersehbar gezeichnet. Natürlich gibt es neben den sichtbaren auch unsichtbare Stigmata, die von den mit ihnen belasteten Menschen häufig versteckt werden, um weiterhin in der Gesellschaft aufgenommen zu sein und als »normal« zu gelten. Dazu gehören gesundheitliche Handicaps, körperliche Beeinträchtigungen, die wir gegenüber der Öffentlichkeit verheimlichen können, zum Beispiel eine künstliche, externe Blase ebenso wie ein drohender Konkurs, eine Vergewaltigung, Arbeitslosigkeit, eine schlechte Ehe, ein moralisches Vergehen oder ein Selbstmord in der Familie. Das sind nur wenige Beispiele von vielen Dingen, die vor der Umwelt möglichst verborgen werden. Der Preis dafür ist hoch: Zusätzlich zu der Belastung durch das Stigma leben diese Menschen in der Angst vor Entdeckung und Isolierung und sehen sich der Aufgabe der ständigen Informationskontrolle über das Diskreditierbare gegenüber. Eine Wand des Schweigens oder der Vertuschung schiebt sich zwischen sie und den Kontakt mit den anderen Menschen und bewirkt genau das, was sie vermeiden wollen: sie werden tief im Inneren einsam – manchmal auch verbittert.

Wenn wir ehrlich sind, das zeigt uns die Arbeit mit Menschen immer wieder, tragen wir alle ein Stigma, wenn nicht sogar mehrere, ob sichtbar oder unsichtbar, öffentlich bekannt oder verheimlicht. Unsere Erkenntnis: »Ein langjähriger Bekannter, von dem wir kein Problem kennen, ist kein guter Freund, denn er ist nicht offen und ehrlich.« Es würde uns allen gut tun und unser aller Resilienz stärken, wenn es uns gelänge, ehrlich zu Familie und guten Freunden zu sein, weniger zu verbergen. Damit würden wir auch denen helfen, die ein sichtbares Stigma tragen. Sie würden erkennen, dass jeder »sein Päckchen zu tragen hat«, dass man sich nicht von der »Normalität« ausgeschlossen fühlen muss, die in Wirklichkeit gar nicht existiert.

Innere Hemmnisse

Nur selten sind die Schicksalsschläge so gravierend wie bei Jean-Dominique Bauby und hindern so sehr, mit den Mitmenschen Kontakt aufzunehmen. Viel häufiger sind es innere Hemmnisse, welche die von einem Schicksalsschlag Betroffenen in die Einsamkeit treiben. Sie haben nicht mehr die Kraft, sich auf andere einzustellen, und es gelingt ihnen nicht, ihre Bitterkeit zu bekämpfen, die durch das im Vergleich mit den anderen so schwere Schicksal ausgelöst wird. »Warum musste gerade mir das passieren? Warum dürfen andere glücklich sein und ich nicht?« Das sind Fragen, die Betroffene sich oft stellen und die sie mitunter nur schwer loswerden. Die daraus entstehende Bitterkeit und das entsprechende Verhalten, wie Zynismus, Feindseligkeit, Mangel an Offenheit machen es anderen schwer, sich auf die Betroffenen einzustellen und mit ihnen Zeiten zu verleben, die man wiederholen will.

Selbstmitleid, Verbitterung, die Angst vor seelischer Verletzung und das daraus entstehende Verhalten sind die Hauptgründe für die Einsamkeit der Opfer des Schicksals. Es ist also besonders wichtig, dass es gelingt, die Frage: »**Warum** musste mir das passieren?« umzuwandeln in die Frage: »**Wozu** passierte mir das?«. Der Schicksalsschlag wird so zur Aufforderung, sich damit in aktiver, konstruktiver Weise auseinanderzusetzen, indem man sich zum Beispiel neue, passende Ziele sucht.

Dann gelingt es auch, sich (wieder) anderen Menschen zuzuwenden.

Betroffenen kann man nur den Rat geben:

Nehmen Sie sich Zeit für persönliche Gespräche. Bieten Sie Hilfe an und fragen Sie nach Hilfe. Engagieren Sie sich für etwas, das Ihnen am Herzen liegt. Pflegen Sie Beziehungen zu Menschen, die Ihnen gut tun und mit denen Sie gemeinsame Interessen, Hobbys oder eine Leidenschaft teilen.[98] Manchmal führen die Impulse von außen auch dazu, dass es einem, mehr als erwartet, gelingt, neue Fähigkeiten in sich zu entdecken und dass man so ein besseres Selbstwertgefühl und eine neue, unvermutete Selbstwirksamkeits-Überzeugung entwickelt.

Es kann auch hilfreich sein, Menschen zu begegnen, die Ähnliches erlebten wie man selbst und die alles gut »überlebt« haben. Heute bietet das Internet eine

---

[98] Der Moderator Jürgen Domian, seit 20 Jahren Nacht für Nacht »Beichtvater und Kummerkasten« in der bimedialen Telefon-Talkshow »Domian« des WDR-Fernsehens/Hörfunks, der mindestens 20 000 Menschen interviewt hat, sagt bei einem Interview in Phoenix am 25.4.2015: »Es ist erschreckend, wie viele Menschen aller Bildungsschichten keine Freunde haben.«

ideale Plattform, Menschen mit ähnlichen Erfahrungen zu finden. Hier zeigt sich wieder die Verknüpfung der Resilienz-Faktoren untereinander: Es hilft bei der Verarbeitung eines Unglücks, seine Geschichten einem anderen Menschen zu erzählen, vor allem, wenn dieser Ähnliches erlebt hat oder sich mit uns identifiziert. Das schafft ein Gefühl der Vertrautheit, schafft soziale Bindung. Darin liegt auch die Begründung für das oft beobachtete Phänomen, dass bei uns nach einer kollektiven Tragödie wie einem Hochwasser oder einem Krieg die Solidarität und die emotionale Bindung unter den Betroffenen erheblich zunehmen. Man hilft sich gegenseitig, hat Verständnis für die Nöte und Gefühle des Anderen, man fühlt sich in seinem Unglück nicht alleingelassen.

Es müssen nicht immer Menschen sein... Eine kurze Anmerkung möchten wir noch machen, besonders für die traumatisierten Kinder und die alleinstehenden Älteren: Nicht nur Menschen sind mitfühlende Zuhörer und treue Freunde. Auch und gerade Tiere können diese Rolle einnehmen. Manchmal öffnet sich das Innere in seiner Not leichter und es löst sich die Zunge, wenn man seinen Kummer einem Tier erzählen kann. Das kann die geliebte Katze sein, ein Hund, ein Hamster, eine Maus. Die Größe spielt keine Rolle. Manchmal ist das der erste Schritt, der es anschließend leichter macht, sich Menschen gegenüber zu öffnen.

Resümee

- Die am häufigsten genannte Quelle der Resilienz sind enge Bezugspersonen: Eltern und Verwandte, Lebenspartnerin und -partner sowie Freundinnen und Freunde. Es gilt, die Beziehungen in guten Zeiten zu pflegen und diesen Menschen selbst in der Not beizustehen, wenn sie uns brauchen.
- Um die Brücke zwischen uns als Betroffenen und unserer Umgebung zu erhalten, müssen wir mithelfen, die Situation zu entspannen und Kontakt zu halten.
- Takt und Rücksichtnahme von beiden Seiten sind immer im Leben und vor allem bei Schicksalsschlägen unverzichtbar.
- Sichtbare und unsichtbare Stigmata verunsichern sowohl die Betroffenen als auch die Menschen, die ihnen begegnen.
- Großes Selbstmitleid, Bitterkeit und Zynismus machen einsam.
- Vom Schicksal getroffene Menschen wollen nicht nur in ihrer »beschädigten« Identität gesehen werden.
- Beide Seiten, Betroffene und die Umgebung, müssen zusammenwirken, um Selbst- und Fremdbild, die ursprüngliche soziale Identität und die verletzte Identität in Einklang zu bringen.

- Wir alle tragen Stigmata. Ehrlichkeit darüber entlastet alle.
- Auch wenn wir einen Schicksalsschlag erleiden, können wir anderen Menschen sehr Wertvolles geben.
- Alle Menschen brauchen Akzeptanz, Anerkennung, Sympathie, am besten Liebe.

2.7 Resilienz-Faktor 7: Verzeihen

> »Die Schwachen können niemals vergeben.
> Vergeben können ist eine Eigenschaft der Starken.«
> — Mahatma Gandhi

Erfahrungen auf Robben Island

Ein Erfahrungsbericht des Autors Jens-Uwe:
Eigentlich hat mich der Besuch von Robben Island vor Kapstadt in Südafrika nie besonders interessiert. Die Insel war in Zeiten der Apartheid ein Gefängnis für politische Gefangene, Nelson Mandela verbrachte mehr als 18 Jahre auf dieser Insel, die heute ein Touristenmagnet ist. Aber nach meinen häufigen, geschäftlich motivierten Besuchen in Kapstadt ließ ich mich doch eines Tages überreden, auf diese Insel zu fahren.

Ich hätte nie gedacht, dass mich dieser Ausflug so beeindrucken würde. Man wird dort von ehemaligen Gefangenen herumgeführt, die ganz authentisch von ihren eigenen schrecklichen Erlebnissen auf der Insel berichten. Unser Führer war ein sehr großer, muskulöser, sehr dunkelhäutiger Mann. Er machte immer ein finsteres Gesicht und ich hatte den Eindruck, dass man mit ihm besser nicht in Streit gerät. Uns gegenüber war er allerdings sehr freundlich und offen. Er sagte uns gleich zu Beginn, dass wir ihn alles fragen könnten, was uns interessiere, dass wir ihn auch fotografieren dürften, wenn wir das wollten, dass wir ihn aber nicht bitten sollten, zu lächeln. Nach den Erlebnissen auf dieser Insel habe er das Lächeln verlernt. Er würde nie wieder lächeln. Als er uns von seinen Erlebnissen in der Gefangenschaft erzählte, von den Quälereien und Erniedrigungen, von der Freude der Bewacher, ihre Überlegenheit und die absolute Machtlosigkeit der Gefangenen zu demonstrieren, hatten wir wohl alle Verständnis für diese Haltung. Wir fragten uns auch, wie wir auf solche Erfahrungen reagiert hätten, ob wir nicht vielleicht das Schicksal eines

2 Wie man Schicksalsschläge und Krisen bewältigen kann

anderen Gefangenen geteilt hätten, von dem uns unser Führer erzählte. Er war renitent geworden, wollte sich der Gewalt nicht beugen und kam monatelang in absolute Einzelhaft, in der auch die Wärter mit ihm kein Wort reden durften. Er wurde verrückt und starb schließlich.

Unser Touristenführer zeigte uns auch die Zelle von Nelson Mandela. Sie ist noch nicht einmal zweimal zwei Meter groß, ausgestattet nur mit einer dünnen Unterlage auf dem kalten Betonboden und einem Eimer. Mandela schreibt in seinen Memoiren, dass er, wenn er sich auf seiner Matte ausstreckte, mit dem Kopf und den Füßen die gegenüberliegenden Wände berührte. Unser Führer erzählte uns, wie man mit allen Mitteln versuchte, Nelson Mandelas Stolz zu brechen und ihm seine Selbstachtung zu nehmen, was ihnen aber nicht gelang.

Nelson Mandela hat – im Gegensatz zu unserem Führer auf der Insel – nach seiner Freilassung gelächelt. Er ist sogar einen Schritt weiter gegangen, er hat all seinen Hass und seine zunächst sicher vorhanden gewesenen Rachegefühle zurückgedrängt und durch sein Handeln sowie in seinen Reden zur Versöhnung aufgerufen.

Er beschreibt, dass er durch die lange Gefangenschaft das Privileg gehabt hätte, viel Zeit zum Nachdenken zu haben und dass ihm dabei sehr viel klar geworden sei. »Man kann keine Nation auf Rache aufbauen«, sagte er in einer seiner Reden.

Nelson Mandela wird von denen, die ihm begegnet sind, als eher zurückhaltender, bescheidener Mann geschildert. Er sah selbst in seinen grausamsten Feinden auch die weiche, gute Seite. Aber jeder, der ihm einmal begegnet ist und mir davon erzählt hat, sagt auch, dass er eine ungeheure Ausstrahlung hatte, die jeder spürte, der sich in seiner Nähe aufhielt. Eine seiner Erkenntnisse lautete[99]: »Wenn du in Harmonie mit dir selbst bist, kannst du auch einem Löwen ohne Angst gegenübertreten, denn er respektiert jeden mit Selbstvertrauen.« Es ist zu vermuten, dass er mit den »Löwen« seine Peiniger gemeint hat. Unser Führer erzählte uns davon, dass auch viele seiner Wächter und Widersacher seine innere Überlegenheit gespürt und letztlich Respekt vor ihm hatten.

Er war ihnen gegenüber nicht feindselig eingestellt. Er war der Überzeugung, dass »alle Menschen, auch die kaltblütigsten, einigen Anstand haben und wenn man ihre Herzen berührt, ändern sie ihr Verhalten.«

Doch war er auch überzeugt, dass wir selbst die Verantwortung dafür haben, wie wir auf unsere Umwelt reagieren und was aus uns wird: »Es ist das, was wir aus dem machen, was uns gegeben ist, nicht das, was wir bekommen, das eine Person von der anderen unterscheidet.«

---

99 Die Zitate stammen aus seiner Autobiographie »Long Walk to Freedom«, Mandela, 2004, und aus einer Zitatensammlung: »In the Words of Nelson Mandela«, herausgegeben von Crwys-Williams, 2010.

2.7 Resilienz-Faktor 7: Verzeihen

Nelson Mandela gehört zu den ganz großen Menschen unserer Zeit. Er war ursprünglich wesentlich an der Gründung des militanten Flügels des ANC (»African National Congress«, Afrikanischer Nationalkongress) beteiligt, der in den Zeiten der Apartheid für Unruhe und Druck auf die weiße Regierung gesorgt hat. Er gehörte also sicher nicht zu den Menschen, die »von Geburt an«, von ihrer Natur her friedvoll sind. Und obwohl – oder vielleicht gerade weil – man seinen Charakter und seinen Willen nicht brechen konnte, war er nicht starr, hat er sich nicht von Hass und Rache leiten lassen, sondern hat sich von einem militanten Gegner der Weißen zu einem verzeihenden, starken Führer aller Menschen in Südafrika entwickelt und so dem Land Frieden gebracht. Ohne ihn, da sind sich fast alle einig, wäre nach der Apartheid in dem von Gegensätzen geprägten Südafrika sicher ein verheerender Bürgerkrieg ausgebrochen. Nelson Mandela hat uns gezeigt, dass und wie ein einzelner Gestalter sich selbst und damit schließlich seine Umwelt beeinflussen, »gestalten« kann.

Nelson Mandela wurde zu einem Helden, nicht weil er nach der Freilassung von seiner insgesamt 27 Jahre dauernden Gefangenschaft als politischer Gefangener zum ersten Präsidenten der Republik Südafrika wurde, sondern weil er es schaffte, all seinen Groll in sich aufzulösen. Er entwickelte eine faszinierende Weisheit, die es ihm ermöglichte, zu verzeihen; und er war darüber hinaus in der Lage, diese anderen zu vermitteln.

»Als ich aus der Tür trat und auf das große Tor zuging, das mich in die Freiheit führen sollte, wusste ich, dass ich für immer gefangen bliebe, wenn ich Bitterkeit und Hass nicht hier zurückließe.«[100]

Statt nach dem Aufheben der Apartheid die Schuldigen, die während der Rassentrennung den Schwarzen so viel Leid gebracht haben, zu suchen und zu bestrafen, hat er die »Truth and Reconciliation Commission« (TRC, Wahrheits- und Versöhnungs-Kommission) ins Leben gerufen, die ab 1995 unter Leitung des Priesters Desmond Tutu[101] stand und bis 1998 arbeitete – vielleicht das größte politische Experiment unserer Zeit. Er versuchte die seelischen Wunden der Apartheid dadurch zu heilen, dass die Gräueltaten dieser Zeit weder vergessen noch gerächt wurden. Die Wahrheits- und Versöhnungs-Kommission ermutigte die Täter der Zeiten der Apartheid, ihre Verbrechen gegen die

---

100 Zitiert nach Huffington, Arianna, 2014, S. 171
101 Sowohl Nelson Mandela als auch Desmond Tutu wurde 1993 der Friedensnobelpreis verliehen.

Menschlichkeit zu gestehen, worauf sie Amnestie erhielten – sie verließen das »Gericht« als freie Personen.

»Vor Gericht werden Schuldige bestraft«, sagte ein Mitglied der Kommission, »in der Wahrheitskommission werden Reuige belohnt.«

Welche Weisheit in diesem Vorgehen liegt, erkennen wir an Fällen, in denen der Täter keine Gesten der Reue oder der Betroffenheit zeigt. Das erzeugt Wut und es fällt dem Opfer oder den Opfern dann viel schwerer, zu verzeihen.

Ein weiteres eindrucksvolles Beispiel, welche Kraft das Verzeihenkönnen hat, ist »Wild Bill Cody«.

»Wild Bill Cody«

> George Ritchie[102] war einer der US-Soldaten, die 1945 als Befreier in die Konzentrationslager des Nazideutschland kamen und dort die Ergebnisse der unbegreiflichen Gräuel erlebten. »Dies war die erschütterndste Erfahrung, die ich je gemacht hatte; bis dahin war ich viele Male dem plötzlichen Tod und der Verwundung ausgesetzt gewesen (er war als medizinisch-technischer Assistent in den Lazaretten während des Krieges tätig), aber die Wirkung eines langsamen Hungertodes zu sehen, durch jene Baracken zu gehen, wo Tausende von Menschen Stückchen für Stückchen über mehrere Jahre gestorben waren, all das war eine neue Art von Horror.«
>
> In einem solchen Lager lernte er »Wild Bill Cody« kennen, der eigentlich einen unaussprechlichen polnischen Namen hatte, in dem aber alle einen Westernhelden sahen. Er war einer der Insassen, die offensichtlich noch nicht lange in diesem Lager waren, denn »seine Gestalt war aufrecht, seine Augen hell, seine Energie unermüdlich.« Da er mehrere Sprachen sprach, war er eine Art inoffizieller Lagerübersetzer. Obwohl er 15 oder gar 16 Stunden arbeitete, zeigten sich bei ihm keine Anzeichen von Ermüdung. »Sein Mitleid für seine gefangenen Kameraden strahlte aus seinem Gesicht.«
>
> »Ich war sehr erstaunt, als ich die Papiere von Wild Bill eines Tages vor mir liegen hatte und sah, dass er seit 1939 im KZ gewesen war! Sechs Jahre hatte er von derselben Hungertoddiät gelebt und wie jeder in derselben schlecht gelüfteten und von Krankheiten heimgesuchten Baracke geschlafen, dennoch ohne die geringste körperliche oder geistige Verschlechterung.« – Und jeder im Camp betrachtete ihn als Freund.

---

102   Ritchie, George & Sherill, Elizabeth, 2012, S. 115 ff.

2.7 Resilienz-Faktor 7: Verzeihen

Verständlicherweise hatten viele der befreiten Insassen der Lager einen unbezähmbaren Hass auf die Deutschen. Es kam vor, dass sie sich Gewehre schnappten, in das nächste Dorf rannten und einfach den ersten Deutschen, den sie sahen, erschossen. Bei Wild Bill war nichts von diesem Hass zu spüren. Hatte er keinen Grund auf seine Peiniger böse zu sein?

Eines Tages erzählte er dem Autor Ritchie: »Wir lebten im jüdischen Sektor von Warschau, meine Frau, unsere zwei Töchter und unsere drei kleinen Jungen. Als die Deutschen unsere Straße erreichten, stellten sie jeden an die Wand und eröffneten mit Maschinengewehren das Feuer. Ich bettelte, dass sie mir erlauben würden, mit meiner Familie zu sterben, aber da ich Deutsch sprach, steckten sich mich in eine Arbeitsgruppe.« Er unterbrach für ein paar Sekunden seine Schilderung, wohl wegen der schrecklichen Erinnerungen, mit denen er zu kämpfen hatte. Dann fuhr er fort: »Ich musste mich dann entscheiden, ob ich mich dem Hass den Soldaten gegenüber hingeben wollte, die das getan hatten. Es war eine leichte Entscheidung, wirklich! Ich war Rechtsanwalt. In meiner Praxis hatte ich zu oft gesehen, was der Hass im Sinn und an den Körpern der Menschen auszurichten vermochte. Der Hass hatte gerade sechs Personen getötet, die mir das Meiste auf der Welt bedeuteten. Ich entschied mich dafür, dass ich den Rest meines Lebens – mögen es nur wenige Tage oder viele Jahre sein – damit zubringen wollte, jede Person, mit der ich zusammenkam, zu lieben.«

»Jede Person zu lieben ... das war die Kraft, die den Mann in allen Entsagungen so wohl erhalten hatte«, davon ist der Autor Ritchie überzeugt. Skeptiker können nun einwenden, dass Wild Bill im Lager sicher besser behandelt wurde als seine Mitgefangenen, da er ja auch seine Peiniger liebte und wenigsten einige ihm das sicher dankten und ihn daher bevorzugten. Aber wenn solche Gedanken auftauchen, könnte man sich auch fragen, warum das der Fall ist. Kommt es wirklich darauf an? Will man damit sagen, dass es einem nicht besser gehen kann, wenn man die Menschen seiner Umgebung liebt? Kann man oder will man die Botschaft, die hinter dieser Geschichte steht, nicht sehen, nicht glauben?

Es gehört wahrscheinlich eine große Offenheit dazu, die Quintessenz dieser und ähnlicher Geschichten in sich hineinzulassen. Man muss bereit sein, eigene Schwächen zu sehen und eine Veränderung der eigenen Überzeugungen zumindest für möglich zu halten.

Erkenntnisse der Psychologie und Soziologie zum Verzeihen

»Wer hasst, bleibt ein Gefangener seiner Vergangenheit«, sagt der Psychiater Boris Cyrulnik.[103] Er ist der Überzeugung, dass Vergeben nur dann wirklich möglich ist, wenn man versucht, den Peiniger zu verstehen:
»Wer (dem Hass) entkommen will, hält sich besser an das Verstehen als an das Vergeben.« Ob Nelson Mandela auch über das Verstehen zum Verzeihen gekommen ist, können wir nicht sagen, aber seine Bemerkung, dass er das Privileg gehabt habe, viel Zeit zum Nachdenken zu haben, lässt zumindest vermuten, dass er sich mit der Situation und Motivation seiner Peiniger auseinandergesetzt hat.

Romero[104] konnte nachweisen, dass das expressive Schreiben über einen Angreifer und das Nacherleben des Angriffs bei Versuchspersonen dazu führte, dass sie im Vergleich zu einer Kontrollgruppe offener mit dem Erlebnis umgingen, verzeihen konnten und freier waren, Zukunftspläne zu schmieden.

Frederic Luskin[105] hat 259 Menschen, die zuvor in ihrem Umfeld gekränkt und beleidigt worden waren, darin unterrichtet, dem Beleidiger bzw. Kränker zu vergeben. Nach diesem Vergebungstraining ging es ihnen gesundheitlich (geistig, körperlich und seelisch) erkennbar besser als vorher: Sie klagten über weniger Stress und weniger Rückenschmerzen, sie litten weniger an Schlaflosigkeit und auch Magenbeschwerden ließen nach. Depressionen wurden gelindert, der Blutdruck sank und das Körpergewicht nahm ab.

Robert Enright, Mitbegründer des »International Forgiveness Institute« sagt: »Wir finden jetzt mit wissenschaftlichen Methoden heraus, was wir seit Tausenden von Jahren wissen könnten: Vergebung tut psychisch und körperlich gut.«

Ein verletzter Mensch sollte zu seinem Gekränktsein stehen und der Person, von der er sich verletzt fühlt, wenn es möglich ist, sagen, was ihn so gekränkt hat und was er dadurch empfindet. Es ist wichtig, die andere Person dabei nicht für ihre Handlung ins Unrecht zu setzen oder sie zu beschuldigen, sondern nur von sich selbst zu erzählen. Wenn man sie so in ihrer Verantwortung lässt, wird sie sehr wahrscheinlich antworten. Im guten Fall ist der oder die Gekränkte offen für etwaiges Bedauern und hört zu, was in der anderen Person in der vergangenen Situation vor sich gegangen ist, um sie besser zu verstehen.

---

103 Cyrulnik, Boris, 2014, S. 257
104 Romero, Catherine, 2008.
105 http://psychologie-news.stangl.eu/538/verzeihen-fördert-die-gesundheit

Verzeihen heißt nicht, dass man dem jeweiligen Menschen wieder nah sein muss. Es bedeutet, zu versuchen, den anderen zu verstehen, jedweden Anspruch auf Rache für immer aufzugeben, den Groll nicht mehr zu pflegen und das Geschehene vergangen sein zu lassen.

Wer nicht verzeihen kann, leidet selbst am allermeisten, denn an nichts ist man so gebunden wie an seinen Feind oder seine Feindin. Man deckt die eigenen Gefühle der Machtlosigkeit und Trauer mit nagendem Groll oder Hass zu.

Das Verzeihen jedoch führt aus der Verhaftung mit der schmerzhaften Vergangenheit in die Gegenwart. Es ist ein Abschied von der Opferrolle, man wird zum Gestalter, zur Gestalterin der Situation. Allerdings funktioniert Vergebung nicht von heute auf morgen, man braucht dafür Zeit und auch Distanz. Selbstsichere Menschen, das bedeutet, Menschen, denen viele Bereiche und Seiten ihres Unbewussten bewusst wurden, verzeihen leichter, da sie den Platz in sich finden, wo sie dem Täter ähnlich sind, vielleicht sogar in kleinerem Rahmen Ähnliches getan haben. Auch extrovertierte Menschen vergeben leichter, während sich unbewusst lebende und emotional instabile Personen damit eher schwertun.[106]

Sich selbst verzeihen

Die noch größere Herausforderung, als Anderen zu verzeihen, ist, sich selbst zu vergeben. Daher beginnt das Lernen der Kunst des Verzeihens bei uns selbst.

Betrachten wir den Vorgang des Verzeihens genauer, erkennen wir, dass ihm ein Urteil vorauseilt. Ohne Urteil wäre Verzeihen nicht notwendig, es wäre gar nicht möglich, weil es nichts zu verzeihen gäbe. Unser Urteil wiederum beruht auf einer Deutung unsererseits und der Verbindung mit Vergangenem.

Unser Verstand deutet und urteilt ständig, wir alle tun das und es macht keinen Sinn, unserem Verstand das zu verbieten. Wir brauchen uns nur einmal einen Tag lang selbst beobachten, wie oft wir uns selbst beurteilen: ... bin zu spät aufgestanden... mache zu wenig Sport... habe einen Termin vergessen... habe mir zu wenig Zeit genommen für die Kinder. Die Liste hängt sehr von der eigenen Situation ab und ließe sich lange fortsetzen. Dabei geht es gar nicht um

---

106 Zum Thema Vergeben siehe auch: Tipping, Colin C., 2006, Ich vergebe. Bielefeld: Kampfhausen Verlag, und Ferrini, Paul, 2010, Die zwölf Schritte der Vergebung. Darmstadt: Schirner Verlag

große Verfehlungen, trotzdem fühlen wir uns mehrmals täglich »schuldig«. Da diese Empfindung nicht angenehm ist, scheuen wir, sie uns einzugestehen, suchen nach Ausreden oder greifen andere Menschen an und bilden uns ein, dass sie die Verantwortung für unser Verhalten hätten. Innere und äußere Spannungen sind vorprogrammiert.

Das Verzeihen beginnt also bei uns selbst. Auch das Uns-selbst-Verzeihen wird nur durch ein Urteil notwendig, das wir – diesmal über uns selbst – gefällt haben. Je mehr wir andere Menschen be-oder verurteilen, umso mehr verurteilen wir unbewusst uns selbst.

Um aus diesem Kreis auszusteigen, ist der erste Schritt, zu begreifen, dass wir – dass alle Menschen – Fehler machen und immer Fehler machen werden, ob wir wollen oder nicht. (Wir machen sogar Fehler bei dem Urteil über uns selbst oder andere.) Es ist wichtig, zu versuchen, uns selbst zu verstehen, uns anzunehmen, so, wie wir sind, mit allen Unzulänglichkeiten, trotz unserer Versuche, besser zu sein. Hierbei ist die innere Arbeit nach Byron Katie sehr hilfreich.[107]

Uns selbst zu verzeihen ist besonders schwierig, wenn andere Menschen Schaden genommen haben. Auch da müssen wir, so schwer es uns fallen mag, akzeptieren, dass wir fehlbar sind, und können versuchen, gut zu machen, was gut zu machen ist. Wie wichtig Gesten der Reue und des Bedauerns für die Betroffenen sind, haben wir bereits gesehen.

Die Unfähigkeit, sich selbst zu verzeihen, kann aus dem Streben nach Perfektion entstehen. Manche Menschen haben ein Bild von sich, das keine Schwächen und Fehler zulässt. Sie glauben, sie seien perfekt, machten immer alles richtig. Diese Überzeugung kann ihren Ursprung darin haben, dass sie als Kind nur gelobt wurden und dann Liebe erfahren konnten, wenn sie »alles richtig gemacht haben«. Ein solches idealisiertes Selbstbild gerät ins Schwanken, wenn ein Fehler für andere und vor allem für sie selbst offensichtlich wird. Das ist in ihren Augen »unverzeihlich«. Die Ursache für diese »Unverzeihlichkeit« liegt jedoch in einem unrealistischen Selbstbild und überhöhtem Ideal. Hier gilt es, das Selbstbild zu hinterfragen.

Wir können anderen Menschen nur dann aus tiefem Herzen verzeihen, wenn wir gelernt haben, uns selbst zu verzeihen, und da wir immer wieder kleinere und manchmal größere Fehler machen, können wir das Verzeihen daran gut üben. Wenn wir uns selbst bewusst immer wieder verzeihen, erlangen wir auch ein wachsendes Verständnis für andere und deren Fehler.

---

107 Byron, Katie, 1999

Ebenso, wie wenn man jemand anderem verzeiht, gilt beim Sich-selbst-Verzeihen: Verzeihen heißt nicht »vergessen« oder gar »gut beurteilen«. Wenn man Fehler gemacht hat, sollte man das als »Lernerfahrung«, als Aufforderung zum Lernen annehmen.

Vielleicht ist es aber darüber hinaus möglich – es erfordert Mut – zu seiner Verantwortung zu stehen und dem Menschen, dem man Schaden zugefügt hat, (wenn er noch lebt), das Bedauern der Tat und ihrer Folgen für ihn und Reue auszudrücken. Möglicherweise kann man auch noch etwas gut machen. Zur eigenen Verantwortung, zur Schuld zu stehen, gibt Würde – aber nur, wenn das als Ausdruck tiefer Betroffenheit über die Folgen kommt, nicht als arrogante Floskel.

Wenn es aufgrund äußerer Umstände nicht möglich ist, den Menschen, den man verletzt hat, um Verzeihung zu bitten, können Rituale helfen, sich zu verzeihen. Um entsprechende rituelle Handlungen zu entwickeln, muss man selbst Kreativität zeigen. Man kann nach einem inneren Dialog mit dem abwesenden Menschen zum Beispiel eine Blume für ihn pflanzen, einen Stein oder ein Andenken errichten oder einen Brief[108] schreiben, in dem man den Menschen um Verzeihung bittet, und anschließend den Brief verbrennen.

Sich selbst vergeben ist – wie alles, was hier zur Steigerung der Widerstandskraft empfohlen wird – ein Weg, den man Schritt für Schritt geht. Es ist keine einmal getroffene Entscheidung. Vielleicht entdeckt man später auch Einflüsse, die man zur Zeit des Geschehens nicht erkennen konnte oder für die man keine Verantwortung tragen muss.

Die positiven gesundheitlichen Folgen, die das Verzeihen haben kann, stellen sich auch beim Selbst-Verzeihen ein – ebenso natürlich die krankmachenden Faktoren, wenn einem das Verzeihen nicht gelingt. Wenn die Schuld, die man auf sich geladen hat, sehr groß ist, man beispielsweise einen anderen Menschen getötet hat, dann passiert es nicht selten, dass man damit nicht ohne Hilfe fertig wird. Es stellt sich das ein, was man eine Posttraumatische Belastungsstörung (PBS) nennt, mit Schlaflosigkeit, verschiedenen körperlichen Symptomen wie Kopfschmerz, Verspannungen, An-nichts-anderes-denken-Können und vieles mehr. In einem solchen Fall ist es dringend geraten, professionelle Hilfe in Anspruch zu nehmen.

---

108 Zum Thema Schreiben siehe Resilienz-Faktor 8: Trauerarbeit leisten

Resümee

- Hass und Groll zerstören den eigenen Geist und den eigenen Körper.
- Verzeihen führt aus schmerzhafter Vergangenheit in die Gegenwart und öffnet für neue Zukunftspläne.
- Verzeihen hat positive gesundheitliche Folgen auf geistiger, körperlicher und psychischer Ebene.
- Verzeihen ist ein Abschied von der Opferrolle.
- Verzeihen gelingt leichter, wenn man versucht, den Menschen zu verstehen, der einem Leid zugefügt hat.
- Ohne vorangegangenes inneres Urteil durch uns ist Verzeihen nicht notwendig. Es lohnt sich deshalb zu hinterfragen, ob die eigene Deutung des Geschehens und die eigenen Urteile oder Verurteilungen richtig sind.
- Das Verzeihen-Lernen beginnt bei uns selbst.
- Ehrlich zur eigenen Schuld zu stehen, gibt Würde. Das Ausdrücken unseres Bedauerns und unserer Reue erleichtert den Menschen, die wir verletzt haben, das Verzeihen.
- Wenn der oder die Geschädigte für unsere Reue nicht erreichbar ist, können Rituale helfen.
- Wir alle sind fehlbar.

2.8 Resilienz-Faktor 8: Trauerarbeit leisten

> »Gebt eurem Schmerz Worte: ein stummer Schmerz presst seine Klagen in das Herz zurück, und macht es brechen.«
> — Shakespeare[109]

Boris darf nicht sprechen

Die Deutschen hatten im Zweiten Weltkrieg Paris und schließlich auch Bordeaux erreicht und die von ihnen betriebene Judenverfolgung auf große Teile Frankreichs ausgeweitet.

---

109 Shakespeare, William, Macbeth, 6. Szene, 4. Aufzug

2.8 Resilienz-Faktor 8: Trauerarbeit leisten

Der kleine Boris lebte 1944 in Bordeaux und erinnert sich, dass er nachts von bewaffneten Männern geweckt wurde. Ein Satz der Dame, bei der ihn seine Eltern versteckt hatten und den er beim Hinausgeführtwerden leise hörte, ist ihm in Erinnerung geblieben: »Wenn sie ihn leben lassen, werden wir nicht sagen, dass er Jude ist.« Er schreibt in seinen Erinnerungen: »Ich wusste nicht, was es hieß, Jude zu sein, aber ich hatte gerade gehört, dass es genügte, es nicht zu sagen, um leben zu dürfen. Einfach!«[110]

Aber die Soldaten ließen sich nicht davon abbringen, ihn mitzunehmen. Boris erinnert sich: »Ein Mann, der offenbar der Chef war, antwortete: ›Diese Kinder müssen verschwinden, sonst werden sie zu Feinden Hitlers‹. Ich wurde also zum Tode verurteilt für ein Verbrechen, das ich eines Tages begehen werde.«

Der sechsjährige Boris wird zusammen mit hundert anderen Menschen in eine Synagoge gepfercht und die Türen werden verriegelt. Er fragt sich erneut, was es bedeutet, Jude zu sein, und fragt sich das auch noch Jahre später.

Zusammen mit ein paar anderen Jugendlichen versucht er, aus der Synagoge zu entkommen, aber sie können keinen Fluchtweg ausfindig machen. Schließlich sieht Boris in der Toilette weit oben ein kleines Fenster und entdeckt, dass er nach oben robben kann, wenn er sich an den eng aneinander stehenden gegenüberliegenden Wänden mit gespreizten Armen und Beinen abstützt. Als er oben ist, merkt er jedoch, dass er nicht aus dem Fenster kriechen kann. Es ist zu klein für ihn. In diesem Augenblick kommen auch schon Männer der Gestapo und kontrollieren, ob sich jemand in den Toiletten versteckt hat. Boris hält sich voller Angst, ohne einen Ton von sich zu geben, an der Decke der Toilette. Die Männer schauen nicht nach oben und entdecken ihn nicht. Erst als in der Synagoge alles still ist, wagt er sich herunter und findet die Gottesstätte leer.

Jahrzehnte später, als er versucht, sich an diese Zeit zu erinnern, und ein Buch über seine Kindheit und Jugend schreibt[111], kann er sich nicht mehr im Einzelnen erinnern, wie er es schaffte, der Deportation zu entkommen. Seinen Eltern gelang es nicht, beide sterben im Konzentrationslager. Er glaubt sich zu erinnern, dass ihm eine Krankenschwester half und er sich in einem Sanitätswagen unter der Matratze einer sterbenden Frau versteckte.

Es folgt eine jahrelange Odyssee durch verschiedene Heime, Pflegefamilien und Internate. Eindringlich beschreibt er, dass das Schlimmste für ihn war, dass er nicht über sein Schicksal reden konnte (»Ich hätte gern ganz einfach von meinen Erlebnissen gesprochen ...«[112]). Zum Teil - vor allem in der Anfangszeit - konnte er

---

110 Cyrulnik, Boris, 2014, S. 12
111 Cyrulnik, Boris, 2014
112 A. a. O., S. 38

> nicht darüber sprechen, weil dann die Umgebung herausgefunden hätte, dass er Jude war, und später, als er endlich von einer Tante entdeckt und aufgenommen wird und er nun seine Identität nicht mehr verstecken muss, weil niemand an die schreckliche Zeit erinnert werden will. »Heute frage ich mich, ob nicht der Umstand, dass ich mich auch noch im Frieden zum Schweigen gezwungen sah, eine viel größere seelische Verletzung hervorgerufen hat«[113] als die traumatischen Erlebnisse selbst.
>
> Erst Jahrzehnte später, er hat inzwischen unter Aufbieten aller seiner Kräfte das Abitur gemacht, studiert und ist Psychiater geworden, schreibt er sich seine traumatischen Erlebnisse von der Seele – soweit er sich an sie erinnern kann. Das Niederschreiben des Durchlebten verleiht seinem Gedächtnis eine Struktur, die das Unerträgliche verschönt. »Ich war kein Spielball des Schicksals mehr, sondern wurde das Subjekt der Geschichte, die ich erzählte, vielleicht sogar ihr Held!«[114] Er schrieb alles nieder und gab so seinem Schicksal eine neue Form.

Boris Cyrulnik ist nur eines von unzähligen Beispielen von Menschen, die durch das – bei ihm allerdings erst sehr spät mögliche – Erzählen ihrer schrecklichen Erlebnisse versuchten, diese zu verarbeiten. Er hatte die Eltern, die Geborgenheit, die Freunde, das Zuhause verloren, er hatte große Verluste zu verarbeiten.

Jedes Unglück, das wir erleben, bedeutet einen Verlust, der in uns Trauer auslöst, mag es der Tod eines geliebten Menschen sein, der Verlust der Heimat, der Arbeit, der Gesundheit oder der Freiheit. Immer geht etwas verloren, was wir für einen Teil unserer Identität hielten. Immer ist das, was vorher selbstverständliche Normalität schien, verloren. Wir sind geschockt, verunsichert, niedergeschlagen, unserer Lebensfreude beraubt. Wir trauern.

Wenn wir besonders Schlimmes erleben, haben wir manchmal das Bedürfnis, gar nicht mehr daran zu denken. Wir möchten an das Geschehene nicht mehr erinnert werden und so tun, als sei alles in Ordnung. Das sind nachvollziehbare Vermeidungstendenzen, denn das Sich-Erinnern an negative Erlebnisse tut weh. Möglicherweise wünschen auch die Menschen in unserer unmittelbaren Umgebung, dass über das Geschehene nicht gesprochen wird.

Das »Nicht-dran-Denken« kostet jedoch nicht nur erhebliche Energie, die unerwünschten Gedanken tauchen trotzdem immer wieder auf und lassen uns sehr wahrscheinlich auch im Schlaf davon träumen. »Die Wahrheit ist, dass sich ein massiver Aufruhr der Gefühle, der sich auf alle Aspekte Ihres Lebens

---

113 A. a. O., S. 65
114 A. a. O., S. 53

auswirkt, nicht so einfach ignorieren lässt.«[115] Wenn man versucht, die Gefühle, die durch belastende Erlebnisse ausgelöst werden, zu unterdrücken, muss man langfristig mit negativen gesundheitlichen Folgen rechnen. Es gibt unter Psychologen und Medizinern keinen Zweifel mehr darüber, dass die gedankliche Auseinandersetzung mit einem belastenden Erlebnis eine Reihe positiver Effekte hat.

Auch der Autor Jens-Uwe hat das nach dem Unfall seiner Familie deutlich erlebt. Auf der einen Seite wollte und musste er arbeiten, wollte leben, drängte die Gedanken an die schrecklichen Verluste weg. Auf der anderen Seite jedoch hatte er das Bedürfnis, immer wieder über das Erlebte mit Freunden oder der Familie zu reden, auch wenn ihm das wehtat. Er ist dem Bedürfnis nachgegangen, immer wieder das Grab seiner Familie zu besuchen, obwohl es jedes Mal Schmerzen bedeutete. Trotzdem zog es ihn immer wieder an den Ort seiner Trauer. Als er einmal über diesen Widerspruch reflektierte, kam ihm der Begriff der »Trauerarbeit« in den Sinn, den er aus dem Psychologiestudium kannte. Sich der eigenen Trauer zu stellen, sich immer wieder – wenn auch in »homöopathischen Dosen« – Situationen auszusetzen, in denen der Schmerz erneut aufbricht, in denen sich die Trauer ihren Weg ins Bewusstsein bahnt, ist eine wichtige therapeutische Maßnahme. Dadurch gewinnt man die Möglichkeit, das Erlebte in das neue Leben zu integrieren, das Erlebte mit dem Selbstbild und dem eigenen Bild von der Welt in Verbindung zu bringen. Das ist mühevoll und kostet Kraft, insofern ist der Begriff »Trauerarbeit« sehr treffend, und dies zu erkennen, hat es Jens-Uwe leichter gemacht: Er wusste auf einmal, warum er über das Erlebte reden musste und warum er so oft das Grab seiner Familie besuchte: Es war eine notwendige »Arbeit«, die seine Genesung förderte.

In der Literatur wird vielfach beschrieben, dass die Trauer und damit die Verarbeitung von belastenden Erlebnissen in Phasen verlaufen. Die Psychologin Verena Kast120 Kast[116] unterscheidet vier Phasen, in die man auch die Trauerarbeit untergliedern kann:

- Die Phase des Nicht-wahrhaben-Wollens: Die trauernde Person verleugnet den Verlust (»Das kann nicht wahr sein!«) oder fühlt sich empfindungslos.
- Die Phase der aufbrechenden Emotionen: Die oder der Trauernde erlebt durcheinander Trauer, Wut, Angst, Zorn, Unruhe und sucht vielleicht nach »Schuldigen«.

---

115 Pennebaker, James W., 2010, S. 11
116 Kast, Verena 2001, S. 57 ff.

- Die Phase des Suchens und Sich-Trennens: Das Verlorene wird gesucht, an Orten, wo man es früher fand, auf Fotos oder auch in Phantasien. Innere Dialoge und Aufarbeiten ungelöster Probleme können stattfinden. Bei der Rückkehr muss der oder die Trauernde immer wieder erkennen, dass sich die Realität drastisch verändert hat.
- Die Phase des neuen Selbst- und Weltbezugs: Das Verlorene ist zu einer inneren Figur geworden. Der Betroffene hat seinen Verlust so akzeptiert, dass er sich für neue Lebensmöglichkeiten öffnen kann.

Verena Kast weist darauf hin, dass die Phasen nicht kontinuierlich verlaufen und sich überlappen können, aber dass es wichtig ist, in keiner der ersten drei Phasen »steckenzubleiben«. Die bewusste Auseinandersetzung mit dem Geschehen verhindert dieses Steckenbleiben.

Bei den bisher beschriebenen Schicksalen haben verschiedene Formen von Trauerarbeit den Betroffenen geholfen, ihr erlittenes Unglück zu verarbeiten. Die meisten, bis auf Stephen Hawking, haben darüber gesprochen und geschrieben. Im Folgenden werden wir darstellen, was die Psychologie zu den verschiedenen Formen der Trauerarbeit herausgefunden hat. Im Einzelnen können wir unterscheiden:

- über das traumatische Erleben sprechen,
- über das traumatische Erleben schreiben und
- andere Formen der »Trauerarbeit« leisten.

Über das traumatische Erlebnis sprechen

> »Nach indianischer Auffassung besitzt das gesprochene Wort ein Leben eigener Art. Denn Sprache schafft Sinn.«
> — Rudolf Kaiser[117]

Sigmund Freud[118] entdeckte und erforschte wissenschaftlich, dass es für seine Patientinnen und Patienten hilfreich war, wenn sie sich über ihre belastenden Erlebnisse aussprechen konnten. Ihm kam es dabei darauf an, auch die »verdrängten« Teile des Erlebens ins Bewusstsein zu holen, indem er die Träume der Betroffenen mit ihnen analysierte oder sie frei dazu assoziieren

---

117 Deutscher Indianerforscher, Sprachwissenschaftler und Hochschullehrer, Hildesheim
118 Freud, Sigmund, 2007

ließ. Mit seiner Methode konnte er viele seiner Klientinnen und Klienten von ihren Symptomen heilen.

Eine Voraussetzung für diese Methode, die Resilienz zu steigern, ist, dass die Betroffenen die Offenheit besitzen, ihre Empfindungen zu reflektieren, und dass sie auch bereit sind, darüber zu sprechen.

Untersuchungen haben gezeigt, dass Soldaten, die mit dem Instrument der Sprache umgehen können, seltener unter einer Posttraumatischen Belastungsstörung leiden als solche, die Schwierigkeiten haben, sich auszudrücken[119]. Boris Cyrulnik[120] leitet daraus ab, »dass die beiden wertvollsten Schutzfaktoren die sichere Bindung (siehe Resilienz-Faktor 6: Hilfe durch soziale Kontakte) und die Fähigkeit der Verbalisierung sind«. Soziale Isolierung und sprachliche Schwierigkeiten bilden seiner Meinung nach gleichsam eine ideale Grundlage für die Entwicklung von entsprechenden Störungen nach traumatischen Erlebnissen.

Es gibt verschiedene Formen der Gesprächstherapie bei Therapeutinnen und Therapeuten, doch auch nahe Freunde oder ältere Menschen können einfühlsame und gute Zuhörer sein. Wichtig ist, dass man nach einem Trauma jemanden hat, bei dem man »sein Herz ausschütten kann«.

Nicht nur das Sprechen über seine Erlebnisse verschafft Erleichterung, manchen Menschen hilft es auch, über ihre innere Not schreiben zu können.

Über das traumatische Erlebnis schreiben

> »Am besten gefällt es mir noch, dass ich das, was ich denke und fühle, wenigstens aufschreiben kann, sonst würde ich komplett ersticken.«
> — Anne Frank[121], 16. März 1944

---

119 Samuelson, Kirstin W., 2011
120 Cyrulnik, Boris, 2014, S. 60
121 Annelies Marie »Anne« Frank (geboren 1929) war ein jüdisches, deutsches Mädchen, das 1934 mit seinen Eltern in die Niederlande auswanderte, um der Verfolgung durch die Nationalsozialisten zu entgehen. In den Niederlanden lebte sie ab Juli 1942 mit ihrer Familie in einem versteckten Hinterhaus in Amsterdam. In diesem Versteck hielt Anne Frank ihre Erlebnisse und Gedanken in einem Tagebuch fest, das nach dem Krieg als »Tagebuch der Anne Frank« (Frank, Anne, 2013) veröffentlicht wurde. Kurz vor Kriegsende wurde sie entdeckt und starb im März 1945 im Konzentrationslager Bergen-Belsen.

Nicht nur Anne Frank hat die positive Wirkung erfahren, die das Schreiben über belastende Erlebnisse haben kann. Schon Goethe[122] ließ die fiktive Person Werther schreiben, um über eine unglückliche Liebe hinwegzukommen, und Kafka[123] versuchte in seinem nie versandten »Brief an den Vater« seine schwierige Beziehung zu seinem Vater aufzuarbeiten.

In den 80er Jahren des vorigen Jahrhunderts nahm James W. Pennebaker diese Erfahrungen auf und entwickelte das »expressive Schreiben«. Er verstand darunter ein Schreiben über die eigenen Gefühle, ein Schreiben, bei dem man sich vorbehaltlos öffnet. Es werden auch die Begriffe »emotionales Schreiben« oder »Disclosure-Schreiben« verwendet.

In seiner ersten Studie teilte Pennebaker[124] nach einem Zufallsverfahren 46 Psychologie Studierende in zwei Gruppen. Die eine Gruppe ließ er an vier aufeinanderfolgenden Tagen 15 Minuten lang über ein traumatisches Erlebnis schreiben, die andere Gruppe in der gleichen Zeit über ein belangloses Thema. Die Befunde überraschten selbst Pennebaker: Direkt nach der Schreibsitzung wiesen die Studentinnen und Studenten, die über das traumatische Erlebnis geschrieben hatten, im Vergleich zu der Kontrollgruppe, einen höheren Blutdruck auf und sie berichteten, dass es ihnen nicht so gut gehe (sie leisteten Trauerarbeit). Langfristig zeigte sich jedoch, dass die Studierenden dieser Experimentalgruppe in den folgenden sechs Monaten deutlich seltener zum Arzt gingen und positiver gestimmt waren als die Kommilitonen und Kommilitoninnen aus der Vergleichsgruppe.

Im Anschluss an dieses Experiment wurde eine große Zahl von ähnlichen Untersuchungen durchgeführt, die alle die positiven Effekte des expressiven Schreibens bestätigten. Inzwischen kann man das expressive Schreiben als eine der wissenschaftlich am besten untersuchten Techniken im Selbsthilfebereich bezeichnen. Immer wieder zeigte sich im Vergleich zu einer Kontrollgruppe, dass die Personen, die über ihre traumatischen Erlebnisse geschrieben haben

- verbesserte Immunparameter aufweisen, also mehr Abwehrkräfte gegen Krankheiten besitzen,
- von weniger Symptomen erzählen,
- weniger zum Arzt oder zu einer Ärztin gehen,
- weniger depressiv und ängstlich sind,

---

122 Goethe, Johann Wolfgang, 2013
123 Kafka, Franz, 1999
124 Pennebaker, James & Beal, Sandra, 1986; Pennebaker, James, 2010

- sich subjektiv wohler fühlen und
- über bessere Beziehungen zu ihrer Partnerin oder ihrem Partner berichten.[125]

Unter Fachleuten gibt es keinen Zweifel mehr, dass Schreiben in den meisten Fällen einen großen, die Seele heilenden Effekt hat. »Nach mehr als 20 Jahren Forschung und mehreren hundert Studien können die gesundheitsfördernden Effekte des Schreibens inzwischen als wissenschaftlich gesichert gelten. ... Die neuere Forschung unterstützt die Annahme, dass Personen ... durch selbstöffnendes Schreiben darin unterstützt werden, spontan für sich selbst einen Modus der Verarbeitung von belastenden Ereignissen zu finden, der sich günstig auf ihre psychische und physische Gesundheit auswirkt.«[126]

Wenn man bereit ist, sich wirklich beim Schreiben zu öffnen – und nur dann hilft es – kann sich eine mögliche Angst darauf beziehen, dass man nicht weiß, was etwaige Lesende mit dem Wissen anfangen, das sie über den Schreiber oder die Schreiberin erlangen, wenn das Geschriebene in ihre Hände kommt. Werden sie den Schreiber der Zeilen verstehen, es anderen Menschen weitererzählen? Für die positiven Effekte des Schreibens ist es jedoch nicht notwendig, das Geschriebene aus den Händen zu geben. Die meisten Menschen sorgen dafür, dass niemand ihre Zeilen liest.

Wenn wir uns beschreibend und reflektierend mit dem Unglück, das uns begegnet ist, auseinandersetzen, dann modifizieren wir unsere Vorstellung davon, ob wir das beabsichtigen oder nicht. Dabei ist die erzählte Wahrheit nicht die historische Wahrheit, sie ist eine Verarbeitungsform, die das erlittene Unglück erträglicher macht. Indem wir versuchen zu verstehen, wie es zu allem gekommen ist, und das in Worte fassen, beeinflussen wir die Deutung und damit die Empfindungen, die wir mit dem verbinden, was uns passiert ist.

Es gibt zwei Formen der Darstellung: Die eine bezieht unsere emotionale Seite mit ein (expressives Schreiben), die andere beschränkt sich darauf, sachlich darzustellen, was passiert ist. Hilfreich zur Verarbeitung ist nur die erste Form der Darstellung.

---

125 Die Liste wurde dem schon zitierten Aufsatz von Horn u. a. (2011) entnommen, und durch die Befunde, die bei Pennebaker (2010) zu finden sind, ergänzt. Man sollte erwähnen, dass sich in den Untersuchungen nicht zeigte, dass jede einzelne Versuchsperson vom Schreiben profitiert hat, allerdings gilt diese Einschränkung auch für anerkannte Medikamente.
126 Horn, Andrea u. a., 2011, S. 223

Das Schreiben über die eigenen traumatischen Erlebnisse hat zwei wesentliche Merkmale. Das unterscheidet sie von anderen Formen der Intervention durch einen Coach oder Therapeuten: Die Betroffenen erleben sich als selbststeuernd, sie müssen sich nicht anderen anvertrauen oder ihnen vertrauen und sie sind, wenn sie das Geschriebene vor der Einsicht Fremder schützen, vor sozialen Konsequenzen bewahrt.

Anleitung zum Expressiven Schreiben

Wenn Sie das Expressive Schreiben ausprobieren wollen, kann Ihnen vielleicht die folgende Kurzanleitung helfen:

- Wo, wann und in welcher Form sollte man am besten schreiben?
  Suchen Sie sich einen ruhigen Ort und eine Zeit, in der Sie nicht gestört werden. Es spielt keine Rolle, ob Sie mit dem Computer oder mit der Hand schreiben.
- Worüber sollte man schreiben?
  Wenn Sie ein traumatisches Erlebnis hatten, das einige Zeit her ist, dann schreiben Sie darüber, wobei Sie nicht nur den Hergang, sondern auch die Gefühle ausdrücken, die Sie in den verschiedenen Phasen hatten. Sie können jedoch auch über andere Themen schreiben, über alles, was Sie emotional belastet. Hilfreich kann es auch sein, einem Menschen, der Sie gekränkt oder verlassen hat, einen Brief zu schreiben – wobei Sie sich von vorneherein klar sind, dass Sie den Brief nie abschicken werden.
- Wie lange und wie oft sollte man schreiben?
  Schreiben Sie, wenn Ihnen danach ist. Die Experimente haben gezeigt, dass 15 Minuten ausreichen, wobei man an mehreren Tagen schreiben soll, wenn es sich um ein komplexes Thema handelt (an mindestens vier bis fünf Tagen).
- Wie sollte man mit dem Geschriebenen umgehen?
  Sie sollten einen Platz finden, der von niemandem eingesehen wird und daher für sich selbst schreiben. Falls Sie das Geschriebene aufbewahren, wird es in späteren Jahren sicher interessant für Sie, es noch einmal zu lesen. Wenn Sie es schaffen, auch dann völlig offen über Ihre Gefühle zu schreiben, wenn der Text von anderen gelesen wird, dann ist auch die »Veröffentlichung« des Geschriebenen (in Buchform oder durch Einsicht guter Freunde oder Familienangehöriger) nicht schädlich, sondern bei positivem Feedback sogar unterstützend.

Andere Formen der »Trauerarbeit«

Was wir hier sagen, bezieht sich hauptsächlich auf den Verlust eines geliebten Menschen. Das Trauern, wenn wir Gesundheit, Arbeit oder Freiheit verloren haben, und das, was uns dabei hilft, unterscheidet sich jedoch wenig vom Trauern um einen Menschen.

Das Wichtigste beim Trauern ist sicher – egal was der Grund ist – das Gehaltenwerden von einem Netz von Menschen, selbst in einer Zeit, in der der betroffene Mensch sehr auf sich zurückgezogen wirkt.

Auf das Gefühl »Ich bin nicht allein« kommt es an. Die öffentliche Anteilnahme beim Verlust geliebter Menschen im Rahmen religiöser Rituale stärkt dieses Gefühl. Man kann Schicksalsgemeinschaften suchen, Menschen, die Ähnliches oder Gleiches erlebt haben, die einen auch ohne Worte verstehen und mitfühlen können. Oder man nimmt Kontakt mit Menschen auf, die das Vergangene miterlebt haben und helfen, es im Gespräch noch einmal für einen kurzen Zeitraum lebendig werden zu lassen.

Manche Menschen zieht es an den Ort des Geschehens, andere haben das Bedürfnis, mit abwesenden Menschen in Gedanken zu sprechen, vielleicht mit ihnen zu streiten oder die letzten gemeinsamen Stunden mit ihnen wieder und wieder zu durchleben. Gedenktage und am Anfang sogar Gedenkminuten werden wichtig und ebenso ein Ort, den man mit dem Menschen verbinden kann, ein Grab, ein selbst gebauter Altar, eine Fotografie, eine Kerze, eine Pflanze oder ein Gegenstand, den man mit dem Verstorbenen in Verbindung bringt, selbst wenn es nur eine Schraube des Flugzeugs ist, mit dem er abstürzte. Es sind dann keine neutralen Dinge mehr, sie sind beseelt und verbunden mit dem, den wir schmerzlich vermissen. Auch wenn es nicht möglich ist, den Körper zu bestatten, ist es trotzdem sehr wichtig, ein Abschiedsritual, am besten mit allen Freunden und Verwandten, zu vollziehen.

Man kann der Liebe Ausdruck verleihen, indem man etwas für den Menschen tut. Es können kleine Dinge sein, das Pflegen des Grabes, das Aufstellen eines Gedenksteines, das Gründen einer Stiftung oder auch nur das Anzünden einer Kerze vor dem Foto des oder der Verstorbenen.

Es gibt Formen der Trauerarbeit, die von den Betroffenen praktiziert werden und gar nicht als »Arbeit« empfunden werden. Dazu gehören verschiedene Formen der Kreativität oder der künstlerischen Aktivität.

Man kann seinen Empfindungen im Malen Ausdruck verleihen, beim Töpfern, beim Musikhören oder Komponieren, Singen, Musikmachen oder im Tanz.

Das Trauern ist besonders schwierig und gemischt mit Schuldgefühlen und inneren Vorwürfen, wenn ein nahestehender Mensch den Freitod gewählt hat.

Die deutschlandweit tätige Selbsthilfegruppe für Angehörige um Suizid Agus. e. V bietet dafür einen geschützten Raum. Vielleicht versuchen Sie gerade, diesen Schicksalsschlag zu verhindern. Sie finden eine Übersicht von Einrichtungen für die Suizidprävention für Gefährdete, Angehörige und Hinterbliebene auf der Website der Deutschen Gesellschaft für Suizidprävention DGS. Spezielle Hilfsangebote für Kinder und Jugendliche bei Selbstgefährdung, Cybermobbing oder Belästigung im Chat bietet das Online-Hilfsportal »jugend.support« an.

Der Trauerprozess ist etwas sehr Persönliches und Individuelles. Jeder Mensch trauert auf seine eigene Weise um das Verlorene und es ist wichtig, sich selbst und andere dabei nicht zu beurteilen.

Letztendlich macht uns jeder Schicksalsschlag die Brüchigkeit unseres Lebens bewusst. Menschen gehören uns nicht, Arbeit, Gesundheit, Schönheit, Freiheit sind uns nicht garantiert. Zu schnell gewöhnen wir uns an sie und glauben, ein Recht darauf zu haben, statt jeden Tag dankbar dafür zu sein, wenn wir sie erleben können.

Trauern ist ein Heilungsprozess, der irgendwann auch wieder aufhören darf. Menschen, die tief getrauert haben und bereit sind, sich dem neuen Leben zu öffnen, erleben manchmal, dass andere, die ihre eigene Trauer verdrängt haben, diese Trauer auf sie laden. Sie zeigen nicht Mitgefühl, sondern leiden mit. Es gibt einen großen Unterschied zwischen dem Mitleid, welches das negative Gefühl teilt, und dem Mitgefühl, das uns in unserer Kraft belässt und sinnvolle Unterstützung ermöglicht.

Die Umgebung muss den trauernden Menschen auch mit dem Trauern aufhören und lachen lassen, sich mit der wieder erwachenden Aktivität auseinandersetzen. Das Leben ist ein Geschenk und viel zu kostbar, um in dem Trauerprozess verhaftet zu bleiben.

Resümee

- Über einen Verlust nicht reden zu können, kann nach einem Unglück eine zusätzliche, große Belastung darstellen.
- Wenn wir versuchen, an das erlittene Unglück dauerhaft nicht mehr zu denken, verhindern wir damit die Verarbeitung.
- Sich immer wieder mit dem Verlust auseinanderzusetzen, wird oft als anstrengend erlebt. Man spricht daher zu Recht von Trauerarbeit.
- Jede Form der inneren Auseinandersetzung mit dem Unglück ist für die Verarbeitung hilfreich.
- Mit Menschen über den Schicksalsschlag zu sprechen, hilft vor allem, wenn diese Ähnliches erlebt haben.

- Eine häufig untersuchte und in ihrer positiven Wirkung immer wieder bestätigte Art der Trauerarbeit besteht darin, dass man über das Erlebte und seine Gefühle schreibt.
- Eine Form der Trauerarbeit besteht darin, dass wir uns immer wieder mit Gegenständen oder Orten beschäftigen, die uns an das Verlorene erinnern.
- Auch die künstlerische Auseinandersetzung kann Trauerarbeit darstellen.
- Die Zeit des Trauerns darf und sollte auch ein Ende finden.

2.9 Resilienz-Faktor 9: Aufgaben- oder zielorientiert sein

»Herr gewähre mir, dass ich immer mehr wünsche, als ich vollbringen kann.«
— Michelangelo

Welche Kraft einem Menschen zuwächst, der sich voll und ganz einer Aufgabe verschreibt, lässt sich am besten an dem Schicksal eines Menschen aufzeigen, auf den alle, die von ihm hören, mit großer Bewunderung reagieren.

Ein Genie wird seiner Kräfte beraubt

»Jeder kann etwas erreichen, wenn er es intensiv genug versucht.«
— Stephen Hawking[127]

Stephen war kein besonders guter Schüler und auch in der Studentenzeit fiel er nicht durch seine Leistungen auf. Er war mehr am Rudern und an den Studentinnen interessiert, wenn auch einige Dozenten später behaupteten, dass sie seine Begabung schon damals erkannt hätten - sie sagten das, nachdem er berühmt geworden war. Er studierte in Oxford Mathematik und Physik, wobei er nach eigenen Berechnungen eine Stunde pro Tag gearbeitet hat[128]. *Er trieb lieber Sport, trank Bier und heckte Streiche aus.*

---

127 Hawking, Stephen, 2008, S. 171
128 A. a. O., S. 167

2 Wie man Schicksalsschläge und Krisen bewältigen kann

Im Winter 1962/63 ging er mit seiner Mutter zum Schlittschuhlaufen. »Ich fiel hin und hatte große Schwierigkeiten aufzustehen. Meine Mutter bemerkte, dass etwas nicht stimmte und brachte mich zu unsere Hausarzt.«[129] *Der schickte ihn zu einem Spezialisten und nach vielen Untersuchungen eröffnete man Stephen, er habe Amyotrophe Lateralsklerose (ALS), eine Nervenkrankheit, die sein gesamtes Nervensystem mit Ausnahme des Gehirns im Laufe der Zeit zerstören würde. Das bedeute, dass er sich immer schlechter werde bewegen können, dass er bald völlig gelähmt sein würde und dass er nach etwa zwei Jahren an dieser Krankheit sterben würde. Es gäbe kein Mittel gegen ALS. – Das war 1963, er war gerade mal 21 Jahre alt.*

Entgegen den Voraussagen seiner Ärzte lebte Stephen Hawking 76 Jahre, er starb im März 2018 nach einem erfüllten Leben. Er wurde zu einem der bekanntesten Physiker und Astrophysiker unserer Zeit. Er hat unzählige Ehrungen erhalten und war von 1979 bis 2009 Inhaber des Lucasischen Lehrstuhls für Mathematik an der Universität Cambridge, den einst Sir Isaac Newton und Paul Dirac innehatten. Stephen Hawking lieferte bedeutende Arbeiten zur Kosmologie, Allgemeinen Relativitätstheorie und der Physik der schwarzen Löcher. Durch populärwissenschaftliche Bücher über moderne Physik[130] *wurde er weltweit auch einem breiten Publikum bekannt.*

Die Ärzte hatten zwar Recht, als sie ihm prognostizierten, dass seine Muskeln immer weiter geschwächt würden, aber sie hatten nicht mit seinem Lebensmut und mit seiner körperlichen und geistigen Widerstandskraft gerechnet. Psychologen diagnostizierten: »Die Diagnose veränderte sein Leben und bewirkte einen Motivationsschub.« Stephen verlegte sich aufs Denken. »Wenn ich mich nicht mehr bewegen kann, dann muss ich das tun, was ich noch kann und das ist denken«, sagte er sich.

Seit 1968 war er auf den Rollstuhl angewiesen und 1985 verlor er in Folge einer Lungenentzündung sogar die Fähigkeit zu sprechen. Er verständigte sich von da an mit einem Sprachcomputer, den er zuerst mit den Zuckungen seiner Hand, in der letzten Zeit durch winzige Bewegungen seines Wangenmuskels steuerte.

Stephen Hawking hatte drei Kinder mit seiner ersten Frau Jane Wilde. Sie heirateten 1965 und kannten bei der Hochzeit die Prognose der Ärzte. Ihnen war bewusst, dass Stephen nach Meinung der Ärzte nur noch kurze Zeit bliebe, aber beide waren der Überzeugung, dass er leben würde. 1990 wurde diese Ehe geschieden. 1995 heiratete Stephen erneut, seine Pflegerin Elene Mason, 2006 ließen sich beide scheiden.

---

129   A. a. O., S. 169
130   Hawking, Stephen, 2010

2.9 Resilienz-Faktor 9: Aufgaben- oder zielorientiert sein

Wie konnte ein Mann, der körperlich so schwer behindert war, dass er 24 Stunden am Tag auf fremde Pflege angewiesen war, so erfolgreich sein und ein erfülltes Leben führen? So schrieb 1999 ein Journalist: »Bis heute kann niemand erklären, warum Stephen, der, an einen Rollstuhl gefesselt, nur noch zwei Finger bewegen kann, (Anm.: was ihm später auch nicht mehr möglich war), überhaupt noch lebt.«[131] Wie kann es sein, dass er ganz offensichtlich auch mit einer so extremen Behinderung zurechtkam und sich davon in seiner Arbeit kaum beeinträchtigen ließ? Stephen Hawking behauptete in einem Interview 1993, dass er »heute glücklicher sei als vor seiner Krankheit«[132], und er wird in einem Buch mit den Worten zitiert: »Obwohl ich Pech hatte und ALS bekam, hatte ich sonst in fast allem Glück. Ich bin froh, mit der Theoretischen Physik begonnen zu haben, eines der wenigen Forschungsfelder, bei dem die Behinderung kein ernstes Handicap ist.«[133]

Heute sind die Ärzte überzeugt, dass die ursprüngliche Diagnose nicht ganz richtig war. Stephen Hawking hatte, so sagen sie, vermutlich eine chronisch juvenile ALS, die durch einen längeren Krankheitsverlauf gekennzeichnet ist. Welche Rolle Stephens psychische Verfassung bei dem Verlauf der Krankheit spielte, wurde nicht untersucht. Was Stephen Hawking jedoch eindringlich zeigte, ist, dass man auch dann ein erfülltes Leben führen kann, wenn man in seiner »Bewegungsfreiheit« extrem eingeengt ist und sie schließlich sogar völlig verliert, wenn man in einem Thema, in einer Leidenschaft aufgeht – auch dann, wenn diese Leidenschaft sich auf das Denken beschränkt.

Ebenso, wie man Stephen Hawking als einen »zweiten Einstein« und als »Genie des Geistes« bezeichnet, kann man sagen, dass er ein Genie der Resilienz war. Welche Faktoren haben es ihm möglich gemacht, seine Krankheit seelisch und geistig zu überwinden?

Er selbst sagte, dass er immer Hoffnung hätte und dass es immer etwas gäbe, bei dem ein Mensch erfolgreich sein könne, ganz egal wie düster die Welt um ihn herum aussähe.

Es gab noch andere Faktoren, die ihm geholfen haben: Zunächst hatte er im Krankenhaus einen Leukämie-Kranken als Zimmernachbarn gehabt und Stephen Hawking war überzeugt, dieser sei schlimmer dran als er. Hier zeigt sich seine Fähigkeit, seine Einstellung immer auf positive Aspekte zu richten (»Die Aussicht auf einen frühen Tod brachte mir zu Bewusstsein, wie wertvoll

---

131 Der Spiegel, Nr. 34, 1999
132 Hawking, Stephen, 2008, S. 170
133 Vaas, Rüdiger, 2008, S. 44

das Leben ist.«[134]) und nur Vergleiche anzustellen, bei denen er zu positiven Ergebnissen kommt.

Eine weitere wichtige Motivation, die ihn wünschen ließ, sein Leben weiterführen zu können und die ihm sehr viel Kraft schenkte, war die Liebe von und zu Jane Wild. In einer Dokumentation aus dem Jahr 2013 sagt er: »Meine Liebe gab mir etwas, für das es sich lohnte zu leben. Jane war hübsch und liebevoll und offensichtlich unerschrocken von der rauen Wirklichkeit meiner Krankheit.«[135] Oder an anderer Stelle: »Ohne sie hätte ich es sicher nicht geschafft. Die Verlobung mit ihr hat mich aus der tiefen Verzweiflung gerissen, in der ich mich (nach der Diagnose) befand.«[136] Das ist ein weiteres eindrucksvolles Beispiel für den oben beschriebenen Resilienz-Faktor 6 (»Soziale Kontakte«), auch wenn diese Ehe nach 25 Jahren geschieden wurde. Man kann sich gut vorstellen, dass auch eine große Liebe schließlich an den Schwierigkeiten zerbricht, die das Leben mit extremer körperlicher Behinderung mit sich bringt.

Nach unserer Überzeugung ist allerdings der wichtigste Resilienz-Faktor durch den Stephen Hawking zu einem »Genie« der Resilienz wurde, die Tatsache, dass er offensichtlich richtiggehend besessen war von dem Wunsch, die Entstehung des Universums zu erforschen oder sogar die Weltformel zu entdecken, mit der alles erklärbar wird. Daran arbeitete er bis zu seinem Tod. Die Tatsache, dass es ihm weitgehend gelungen ist, seine Gedanken auch einem breiten Publikum, sogar Kindern in Kinderbüchern verständlich zu machen und dafür von der ganzen Welt Anerkennung zu bekommen, hat seine Motivation sicher noch wesentlich gesteigert.

Wer aufgaben- oder zielorientiert ist, richtet seine Aufmerksamkeit auf die Gegenwart und Zukunft, für den liegt die traumatische Vergangenheit – zumindest für die Zeit der Tätigkeit – außerhalb des Bewusstseins. Oder wie man Stephen Hawkings Situation beschreiben kann: Wer seine Aufmerksamkeit auf die abstrakten Sphären des Universums richtet, für den sind so profane Dinge wie der eigene Körper Nebensache.

Jane Hawking beschreibt in ihren Memoiren immer wieder, wie schwer es für sie war, dass ihr Mann Stephen niemals bereit war, über seine Krankheit zu sprechen. »… seine Weigerung, die Krankheit auch nur zu erwähnen, war … Teil seines Abwehrmechanismus. Ich verstand, dass ihn sein Mut verlassen würde,

---

134 Hawking, Stephen, 2008, S. 170
135 Aus dem Film »Hawking. The remarkable story of a beautiful mind«? (2014).
136 Hawking, Stephen, 2008, S. 171

wenn er eines Tages zugab, wie schlimm es um ihn stand.«[137] Oder an anderer Stelle beschreibt sie, dass es unmöglich war, über medizinische Dinge mit ihm zu sprechen. »Für Stephen war dies ein wesentlicher Bestandteil seines Kampfes gegen die Krankheit.«[138] Er klammerte seinen Gesundheitszustand in seinem Bewusstsein aus, tat so, als ob dieser für ihn eine weit untergeordnete und meist sogar keine Rolle spielte. Für Jane dagegen war das eine große Belastung, »eine entfremdende Macht, die eine Barriere aus seelischem Schmerz zwischen uns errichtete«[139] Aber Stephen bot es die Möglichkeit, alle Energie auf seine Forschung zu richten.

In weniger extremen Maß, hat das, was uns Stephen Hawking vorführt, wahrscheinlich jeder schon einmal erlebt, der ein schreckliches Erlebnis zu verarbeiten hatte: Man lenkt sich mit Arbeit oder einer Tätigkeit ab, die die volle Aufmerksamkeit fordert. Es hilft, wenn man sich vollständig auf etwas anderes konzentriert und dabei die schmerzhaften Erlebnisse für kurze Zeit »vergisst«. Man erlebt dadurch eine Art Erholungspause.

Verdrängen als Resilienzfaktor?

Wie aus den Memoiren seiner Frau Jane hervorgeht, hat Steven Hawking sich nicht – jedenfalls nicht erkennbar – mental mit seiner Behinderung auseinandergesetzt, er hat sie ignoriert oder vielleicht sogar – so weit wie möglich – aus seinem Bewusstsein verdrängt. Hat ihm das geholfen? Vielleicht.

Allerdings widerspricht das der gängigen Auffassung der Psychologie, dass man seine Handicaps mental verarbeiten, dass man sich ihnen stellen muss und sie nicht verdrängen darf.

Könnte es sein, dass diese Erkenntnis (siehe auch Faktor 1: Sehen der Realität) nur für eine große Zahl von Menschen aber nicht für alle gilt?

Bei unseren Recherchen zur Resilienz sind wir auch auf Menschen gestoßen, die schreckliche Erlebnisse und Schicksalsschläge fast ohne beobachtbare Beeinträchtigung ihres Lebens überwunden haben, obwohl sie nie darüber sprachen und auch die anderen Resilienzfaktoren, die wir hier aufführen, keine wesentliche Rolle gespielt haben. Allerdings bedeutet »nicht darüber zu sprechen« nicht, dass der betreffende Mensch nicht innerlich mit dem

---

[137] Hawking, Jane, 2013, S. 200
[138] A. a. O., S. 256
[139] A. a. O., S. 256

schlimmen Erleben umgeht. Er oder sie durchlebt den Prozess des Integrierens des Erlebten vielleicht still.

Trotzdem fragen wir uns: Könnte es sein, dass das Verdrängen für einige Menschen einen Resilienz-Faktor darstellt?

Wir haben leider keine ausführlichen Beschreibungen beispielsweise in Biographien gefunden, in denen wir dieser These nachgehen konnten. Allerdings, so machten wir uns klar, kann es einen solchen Bericht, zumindest als Autobiographie nicht geben, denn es liegt gerade in der Verdrängung, dass der oder die Betroffene darüber nicht reflektiert und es folgerichtig darüber auch keine Aufzeichnungen gibt.

Aus der Trauma-Forschung in Israel wissen wir andererseits, dass durch das Verdrängen durch eine Person oder eine Generation das Trauma und die dazu gehörenden Posttraumatischen Belastungsstörungen auf die nächste Generation »vererbt« werden. Die nächste Generation trägt die Last – oder die Umgebung, wie es Jane Hawking als Barriere, als große, entfremdende, zerstörerische Macht beschreibt. Den Preis der Verdrängung zahlen die Angehörigen.

Hilfe für Andere

Besonders hilfreich bei der Verarbeitung von Traumata sind Tätigkeiten, die sich auf das Wohl anderer Menschen richten. Tausende an Aids erkrankte Mütter in Afrika beispielsweise gestalten voller Liebe Bücher für ihre Kinder, so dass diese auch als Waisen wissen können, dass sie geliebt waren. Wenn wir für andere da sind, vor allem, wenn diese auch ein schweres Schicksal haben, lenkt das nicht nur von dem eigenen Unglück ab, es zeigt uns zugleich, dass es auch andere Menschen gibt, die Schweres zu ertragen haben. Es schützt uns vor Selbstmitleid. Wenn es uns gelingt, etwas für Menschen zu tun, helfen wir damit nicht nur diesen Menschen, sondern wir helfen auch uns selbst.

Stellvertretend für viele eindringliche Beispiele von Menschen, die selbst vom Schicksal schwer getroffen sind und trotzdem anderen helfen, wollen wir Christopher Reeve zitieren.

Superman im Rollstuhl

Der Schauspieler Christopher Reeve, der durch seine Rolle als Superman in vier Filmen bekannt geworden ist, fiel 1995 vom Pferd und brach sich zwei Nackenwirbel. Er war seither vom Hals an gelähmt. Durch die Querschnittslähmung sah er sich gezwungen, sich weitgehend aus der Filmproduktion zurückzuziehen. Stattdessen konzentrierte er sich auf die Rehabilitation von Behinderten und gründete mit seiner Frau zusammen das »Christopher and Dana Reeve Paralysis Ressource Center«, eine Einrichtung, die Querschnittsgelähmte dabei unterstützt, selbständiger zu leben.[140]

Offensichtlich hat auch Christopher Reeve durch seine Behinderung erfahren, wie wichtig das Gefühl ist, dazuzugehören. In einer Rede sprach er über den Begriff »family values« (Familien-Werte): »... glaube ich, seit meinem Unfall eine Definition gefunden zu haben, die mir sinnvoll erscheint. Ich denke, der Terminus will uns sagen, dass wir alle eine Familie sind, dass wir alle einen Wert haben.«[141] *Anschließend weist auch er darauf hin, dass Kranke und Behinderte in der Gesellschaft oft ausgegrenzt werden und dass gerade diese das Eingebundensein in die Gemeinschaft besonders dringend brauchen.*

Zusammenfassend kann man sagen: Begünstigt ist, wer in seiner Jugend soziale Bindung erfahren hat, wer gelernt hat, dass auf die Zuwendung und Liebe seiner Umgebung Verlass ist. Aber auch wer dieses Glück nicht hat, ist in der Lage, sich bei einem Schicksalsschlag mit Hilfe von Aufmerksamkeit fordernden Projekten abzulenken und damit seinem Leben einen neuen Sinn zu geben.

Resümee

- Wer aufgaben- oder zielorientiert ist, richtet seine Aufmerksamkeit auf die Gegenwart und Zukunft, für den liegt die traumatische Vergangenheit für diese Zeit am Rande des Bewusstseins.
- Zielsetzung ist Selbstmotivation.
- Ziele entwickeln sich aus Visionen.
- Große Ziele sind leichter erreichbar, wenn man sie in kleine Ziele und tägliche Maßnahmenpakete unterteilt.
- Es ist günstig, Ziele und Maßnahmen aufzuschreiben und messbar zu machen.
- Jeder Erfolg oder Fortschritt wird notiert, damit man sich darüber freuen und unser Körper dabei das Glückhormon Serotonin ausschütten kann.
- Das Visualisieren, wie man ein (Unter-)Ziel erreicht, stärkt die Motivation, das Durchhaltevermögen und Kräfte, die aus dem Unbewussten unterstützend wirken können.

---

140 Reeve, Christopher, 1999, und Reeve, Christopher, 2002
141 Reeve, Christopher 1999, S. 367

- Die besten Aufgaben und Ziele – außer der persönlichen Gesundung – sind die, mit deren Hilfe wir anderen Menschen helfen oder die Menschen, die wir lieben, unsere Liebe spüren lassen. Es gibt unserem Leben einen neuen Sinn.
- Kranke, Behinderte und vom Schicksal geprüfte Menschen in die Gemeinschaft zu integrieren, ist ein sehr erstrebenswertes und hilfreiches Ziel.

»Das ist es, was der Himmel wünscht: Wer Kraft hat, soll anderen helfen; wer Weisheit besitzt, andere lehren; wer Reichtum erwirbt, ihn mit anderen teilen.« (Alte Chinesische Weisheit)

2.10 Resilienz-Faktor 10: Sich fit halten

»Sport ist eine Metapher für das Leben.
Das Schwierige im Leben, wie im Sport ist, durchzuhalten.
Das Leben ist ein Marathon, kein Sprint.
Man muss jeden Tag einen Schritt machen.
Nutze die Zeit.
Red' nicht, mach!«
— Ben Quattara[142]

Traumatische Erlebnisse müssen nicht von außen kommen. Es gibt Fälle, in denen sich jemand einfach zu viel zumutet und dann zusammenbricht.

Der Selbstausbeuter[143]

Trainer eines Fußball Bundesliga Vereins zu sein, ist aufreibend. Es gibt wahrscheinlich kaum einen Job, der so im Rampenlicht steht und bei dem man einen so häufigen Wechsel beobachten kann. Für Ralf Rangnick, Cheftrainer des FC Schalke 04, war die Belastung im September 2011 zu viel. Er erklärte für alle überraschend, dass er sofort seine Aufgabe niederlege, da er völlig ausgebrannt sei.

---

142 Quattara, Ben, Rapper, Mediengestalter, Ben Quattara Portrait, Dubai, You-Tube
143 Die Schilderung dieses Falls beruht weitgehend auf einem Spiegelartikel (Witte, H., 2011) und der Darstellung in Berndt, 2014, S. 42 ff.

Er hatte sich für seine beruflichen Ziele und Vorstellungen immer zu hundert Prozent eingesetzt, »koste es, was es wolle, und sei es das eigene Lebensglück«[144]. Er war bekannt dafür, selbst an sein Limit zu gehen, perfektionistisch und radikal prinzipientreu zu sein. Das hatte ihn immer wieder an die Spitze gebracht. »Es gibt sicher Situationen, in denen ich anstrengend bin«, gab Rangnick vor Jahren zu. »Wenn ich Bequemlichkeit spüre, dann werde ich unangenehm!« Er schämte sich seines ausgeprägten, vielleicht sogar krankhaften Ehrgeizes nicht. Niederlagen schienen ihm schwer zuzusetzen. »Ralf ist jemand, der immer 200 Prozent gibt, um das Optimum zu erreichen, und diese Erwartung hat er, wie man weiß, auch an sein Umfeld«, sagte sein Berater Oliver Mintzlaff[145]. *»Er kümmert sich immer um jedes Detail.«*

Rangnicks Mannschaftsarzt war es, der im September 2011 die Reißleine zog. Er hatte bei einer Routineuntersuchung ein vegetatives Erschöpfungssyndrom diagnostiziert und es gelang ihm, seinen Schützling zu überzeugen, dass er eine Auszeit nehmen müsse. »Man denkt sich: Beiß die Zähne zusammen. Aber irgendwann geht es nicht mehr«, erzählt Ralf Rangnick. Seine Blutwerte seien »katastrophal im Keller« gewesen, die Hormone durcheinander, das Immunsystem lahmgelegt. »Das war ein kompletter körperlicher Breakdown.« Letztlich sei er sogar über die Diagnose des Mannschaftsarztes erleichtert gewesen.

Schon neun Monate später war er wieder zurück auf der Fußballbühne. Er wurde Sportdirektor zweier Fußballclubs und erzielt mit diesen Vereinen inzwischen wieder große Erfolge. »Mir geht es so gut wie ewig nicht mehr!«, versicherte er seinen Skeptikern, die sich über die schnelle Genesung wunderten. »Er wird nach einer Pause zur alten Stärke zurückkommen«, hatte schon bei seinem Ausstieg sein Mannschaftsarzt prophezeit. »Rangnick ist ja kein Typ, der sich hängen lässt. Der geht das aktiv an«.

Wie hat Ralf Rangnick das geschafft?

Zunächst musste er erkennen, dass weder die Aufgabe noch die Öffentlichkeit den Druck gemacht hatten, unter dem er zusammengebrochen war: Es war er selbst gewesen. Er musste die volle Verantwortung für seinen Zusammenbruch übernehmen.

Er berichtet, wie er seine Gesundheit wiederhergestellt hat: »Das geht nicht, ohne ein paar grundlegende Dinge zu ändern: Dazu zählen der Umgang mit Ruhephasen, die richtige Ernährung und die Zeit, selber Sport zu treiben.« Zwei Begriffe hätten für ihn eine neue Bedeutung bekommen: Selbstdisziplin und Delegieren. »Man muss sich pflegen, gerade in diesem Job.«

---

144 Berndt, 2014, S. 43
145 A. a. O., S. 43

2 Wie man Schicksalsschläge und Krisen bewältigen kann

Wir haben bisher die richtige geistige und seelische Verfassung als entscheidende Punkte für eine gute Widerstandkraft beschrieben. Wir sind jedoch in unserer geistigen und seelischen Verfassung sowie unserer Resilienz stark beeinflussbar von einem gut funktionierenden Körper, auch wenn es Menschen wie Jean-Dominique Bauby oder Stephen Hawking unter Ausschöpfen aller inneren Kräfte gelungen ist, mit einem schwer geschädigten Körper zu leben.

Wenn wir Raubbau an unserem Körper betreiben, zu wenig schlafen, uns einseitig ernähren, zu viele Drogen zu uns nehmen – womit auch Alkohol, Zigaretten und Tabletten gemeint sind – und uns zu wenig bewegen, dann steckt der Körper das lange Zeit weg, ohne sich zu beschweren. Aber es gibt einen Punkt, an dem der Körper uns meldet: »Nicht weiter so!« und wir haben Glück, wenn zu diesem Zeitpunkt noch keine irreparablen Schäden eingetreten sind.

Wahrscheinlich hat Ralf Rangnick es seinem Mannschaftsarzt zu verdanken, dass er rechtzeitig »die Reißleine gezogen hat«, wie er es nennt. Er setzt nun für sich um, was er als Trainer den Fußballspielern, die er trainiert, immer ans Herz legt: Er achtet darauf, was er seinem Körper zumutet und was er ihm als Nahrung und Ruhe anbietet. Er »pflegt sich« und – vor allem – stellte er sein Denken um.

Regelmäßiger Sport stärkt nicht nur die Ausgeglichenheit, sondern trainiert auch Herz, Lunge, Kreislauf, Muskeln, Sehnen und Bänder, stärkt Knochen und dezimiert Übergewicht, senkt das Risiko für chronische Krankheiten und verhindert so vielleicht einen zukünftigen gesundheitlichen Schicksalsschlag.

»Vor allem aber trainiert jeder, der über längere Zeit hinweg ein sportliches Ziel verfolgt, mentale Fähigkeiten: Konzentration, Disziplin, Geduld, Durchhaltevermögen und Überwindung, wenn man einmal keine Lust hat, sich anzustrengen, und trotzdem trainiert. Man gibt sich Struktur und achtet auf gute Ernährung. Das alles sind Faktoren, die mit hoher Wahrscheinlichkeit die Resilienz in schwierigen Zeiten unterstützen und sie auch vorbeugend stärken«, sagt Personal Trainer David Greuzinger.[146]

»Durch Sport kann man nach einem Schicksalsschlag sogar neuen Sinn im Leben finden, neue Ziele entdecken«, fährt er fort und weist auf das Schicksal von Dominik Fels hin.

---

146 Greuzinger, David, München, Interview am 13.4.2015

2.10 Resilienz-Faktor 10: Sich fit halten

Dominik Fels

> *Dominik Fels, ein junger Mann, sitzt aufgrund einer linksseitigen Spastik seit seiner frühen Kindheit im Rollstuhl. Er ist heute – trotz vieler Widerstände und mit Behinderung – ein angesehener Personal Trainer und gibt im Internet Tipps für gutes Training und gesunde Ernährung. Außerdem ist er Fitnessmodel mit einem Sixpack an Bauchmuskeln, um das ihn viele Männer beneiden.*
> *»Es gilt, das Beste draus zu machen!« sagt er im Interview. »Ich will tun, was die Leute nicht von mir erwarten. Man darf sich in seinem Potential nicht bremsen lassen, nicht aufgeben, nicht aufhalten lassen, jeden Tag will ich meine Grenzen überschreiten. Man muss an sich glauben, Glaube versetzt Berge! Es wäre viel zu einfach, wenn mir alles in den Schoß gelegt würde. Das hätte gar keinen Reiz!«*[147]
> *»Ich möchte die Menschen durch Sport motivieren: Glaubt an Euch und fangt an, es umzusetzen!« fügt er – sehr glaubhaft wirkend – hinzu.*

Wie Jean-Dominique Bauby beschreibt auch Dominik Fels die Ablehnung, die der Mensch erfährt, der eine sichtbare Behinderung hat, die Unsicherheit, die die Menschen befällt, die mit ihm in Kontakt treten. Und auch er durchbricht, auf seine Weise, die mögliche soziale Isolation und ist fähig, den Menschen Wichtiges zu geben.

Ebenso wie Bauby betont er die Bedeutung der Unterstützung durch Freunde: »Es freut mich, mit Euch zu wachsen. Wir sind ein Team!«, sagt er in einem Videoclip zu seinen Unterstützern.

Es ist uns bewusst, dass Dominik ein mental außergewöhnlich starker Mensch und dass »Fitness« ein Modebegriff ist, um den sich eine ganze Industrie herum gebildet hat, von Studios über Kleidung bis Eiweißshakes. Im Fitnessboom kann eine Versuchung liegen, sich zu überfordern. Dennoch sind die Impulse, die Sportstudiobesuche, bewegungsorientierte Apps oder internetbasierte Sportprogramme geben, sehr hilfreich, um in Bewegung zu bleiben. Fitnesstracker, Ernährungs- und Bewegungsapps unterstützen einen gesunden Lebensstil und können mithelfen, Körper und Geist zu stärken. Medizinische Apps, die es beispielsweise möglich machen, ein EKG mittels eines Druckes auf den Knopf einer Smartwatch aufzuzeichnen oder den Puls zu messen, können ebenso helfen, gut für unsere Gesundheit zu sorgen.

---

147 Fels, Dominik, Liveauftritt bei NRWLIVE, auf YouTube

Uns geht es hier nicht um Extremleistung, sondern um eine möglichst gute geistige und körperliche Verfassung, um mit den Herausforderungen des Lebens fertig zu werden und sich dabei so wohl wie möglich zu fühlen. Ob Joggen auf den richtigen Pfad führt oder Yoga, Gesellschaftstanz oder Schwimmen, Radfahren und Rudern auf dem Trainingsgerät oder in der Natur, Kraftsport im Studio oder Marathon, was das Richtige ist, spürt jeder und jede selbst. Hauptsache ist, dass man damit beginnt – »Red' nicht, mach!« rappt Ben Quattara – und dass man es regelmäßig ausübt. Schon leichter, regelmäßig mehrmals pro Woche betriebener Sport stärkt die Resilienz, fördert die Gesundheit und verlängert das Leben. Wenn man auch noch mit einem Freund oder einer Freundin trainiert, vielleicht sogar hin und wieder in der Natur, unterstützt das das Durchhaltevermögen, die Disziplin und die Freundschaft. Gleichzeitig kann man aus der Schönheit der Natur Kraft und Ruhe tanken.

Resümee

- Wir sind in unserer geistigen und seelischen Verfassung sowie unserer Resilienz stark beeinflussbar von einem gut funktionierenden Körper.
- Jeder, der über längere Zeit hinweg ein sportliches Ziel verfolgt, trainiert mentale Fähigkeiten: Konzentration, Disziplin, Geduld, Durchhaltevermögen und Überwindung. Man gibt sich Struktur und achtet auf die richtige Ernährung, die für unser Immunsystem ungemein wichtig ist. Das sind Faktoren, die die Resilienz in schwierigen Zeiten unterstützen und sie auch vorbeugend stärken.
- Durch Sport kann man nach einem Schicksalsschlag unter Umständen sogar neuen Sinn im Leben finden oder neue Ziele entdecken.
- Training mit Freundinnen oder Freunden, unterstützt nicht nur das Durchhaltevermögen und die Disziplin, sondern auch die Freundschaft.
- Schon leichter, regelmäßig (mehrmals pro Woche) betriebener Sport stärkt die Resilienz, fördert die Gesundheit und verlängert das Leben.
- Aufenthalte in der Natur können eine Quelle von Ruhe und Kraft sein.
- »Red' nicht, mach!« (Ben Quattara).

2.11 Resilienz-Faktor 11: Sinn erleben

> »Hoffnung ist nicht die Überzeugung, dass etwas gut ausgeht, sondern die
> Gewissheit, dass etwas Sinn hat, egal wie es ausgeht.«
> — Václav Havel

Wird uns Sinn geschenkt, wie durch die Geburt eines Kindes oder durch eine wichtige Aufgabe, oder sind wir es, die unserem Leben und unserem Tun Sinn verleihen? Geschieht beides? Gibt es einen Sinn, der weit über unser Verstehen und unser Leben hinausgeht? Ist unser Leben sinnvoll, auch wenn wir den Sinn gerade nicht erkennen?

Wer fragt sich das nicht in manchen Augenblicken seines Leben.

Was ist das eigentlich: »Sinn«? Mit allen fünf Sinnen im Hier und Jetzt sein? Doch es scheint weiter zu reichen, als nur in den Moment der Gegenwart, auch wenn es diesen umfasst.

Sinn entsteht, wenn wir uns auf etwas beziehen, auf ein Ziel, auf Wertvorstellungen, auf Menschen, die wir lieben, auf wichtige Erkenntnisse oder auf etwas Göttliches. Er gibt unserem Tun und Erleben Richtung und Bedeutung, statt es wahllos erscheinen zu lassen.

Es scheint ein menschliches Bedürfnis zu sein, Sinn im Leben zu empfinden. Einem Bericht des American Council on Education zufolge, galt das primäre Interesse bei einer Befragung unter Studentinnen und Studenten dem Ziel, »sich zu einer Weltanschauung durchzuringen, von der aus das Leben sinnvoll ist.« Ebenso berichtet das National Institute of Mental Health, dass bei einer Befragung an 48 Hochschulen unter 7 948 Studentinnen und Studenten, die Mehrzahl (78 Prozent) »in ihrem Leben einen Sinn finden« wollten.[148]

Skeptiker mögen einwerfen, dass das eine typische Motivation von Studierenden sei, denen es gut gehe, die sich keine grundsätzlichen Sorgen machen müssten, da sie für ihren Lebensunterhalt sorgen könnten und meistens in eine Familie eingebunden seien. Victor Frankl weist darauf hin, dass er, wie viele andere – nicht zuletzt Psychotherapeutinnen, Psychotherapeuten und Psychiaterinnen, Psychiater –, immer wieder beobachtet haben, dass »das Bedürfnis und die Frage nach einem Lebenssinn gerade dann aufflammen, wenn es einem am dreckigsten geht. Das können Sterbende unter

---

148 Zitiert nach Frankl, Victor, 2014, S. 146

unseren Patienten ebenso bezeugen wie die Überlebenden der Konzentrations- und Kriegsgefangenenlager!«[149]

Victor Frankl gehört zu den Menschen, die das aus eigener Erfahrung in Konzentrationslagern wissen und die durch das Erleben von Sinn die schrecklichsten Erfahrungen verarbeiteten, so dass sie auch unter solchen Bedingungen weiterleben konnten.

Viktor Frankl

Victor Frankl wird 1905 in Wien geboren. Er studiert Psychologie, engagiert sich für selbstmordgefährdete Patienten und Patientinnen und leitet zwischen 1933 und 1937 den sogenannten »Selbstmörderinnenpavillion« im Psychiatrischen Krankenhaus in Wien, wo er jährlich ca. 3 000 Patientinnen betreut.

Nach dem »Anschluss« Österreichs an Deutschland 1938 wird es Viktor Frankl auf Grund seiner jüdischen Herkunft untersagt, »arische« Patienten zu behandeln. Als es 1941 für Juden immer gefährlicher wird, in von Deutschen besetzten Gebieten zu leben, bietet das US-Konsulat ihm ein Visum für die USA an, aber Viktor lehnt ab, weil er seine Eltern nicht allein lassen will. Er bleibt und heiratet noch in diesem Jahr Tilly Grosser.

Im September 1942 werden Viktor Frankl und seine Frau zusammen mit seinen Eltern verhaftet und in das Ghetto Theresienstadt, nördlich von Prag gebracht. Dort stirbt nach einem halben Jahr sein Vater an Erschöpfung. Victor, seine Frau und seine 65-jährige Mutter werden am 19. Oktober 1944 in das Vernichtungslager Auschwitz deportiert. Die Mutter wird sofort in einer Gaskammer ermordet, seine Frau Tilly nach Bergen-Belsen gebracht, wo sie im Alter von 24 Jahren stirbt. Victor Frankl selbst wird einige Tage später in einem Viehwaggon zusammen mit einer großen Zahl anderer Gefangener nach Kaufering und schließlich in das Lager Türkheim gebracht. Dort werden er und die anderen Gefangenen am 27. April 1945 von US-Truppen befreit.

Er heiratet 1947 in zweiter Ehe Eleonore Katharina Schwindt, die über 50 Jahre nicht nur seine Lebensgefährtin ist, sondern ihn auch wissenschaftlich unterstützt. Er begründet die Logotherapie und Existenzanalyse, deren zentrales Behandlungsziel die Wiedererlangung eines als sinn- und wertvoll empfundenen Lebens sowie der sinnvolle Umgang mit Schuld und Leid sind. 1955 erhält Viktor Frankl den Professorentitel für Neurologie und Psychiatrie an der Universität Wien und

---

149   A. a. O., S. 146

bekommt weltweit im Laufe der Zeit 29 Ehrendoktortitel verliehen. Er stirbt 1997 mit 92 Jahren in Wien.

In seinem Buch »Ein Psychologe erlebt das Konzentrationslager«, das er in nur 9 Tagen bereits 1946 diktierte und von dem bis 1997 in der englischen Fassung »Man's Search for Meaning«[150] mehr als 9 Millionen Exemplare verkauft wurden, beschreibt er eindrucksvoll den Alltag in diesen Lagern: Wie die Ankommenden der Reihe nach an einem SS-Offizier vorbeigeführt wurden, der mit einem kleinen Fingerzeig darüber entschied, ob die armselige, ausgemergelte Gestalt noch arbeitsfähig war und nach rechts abzutreten hatte oder ob sie nach links in die Gaskammer geschickt wurde, die ironisch mit »Bad« überschrieben war.

Er beschreibt, wie die »Glücklichen«, die zunächst überleben durften, all ihre persönlichen Sachen, auch den Ehering, abgeben mussten und zwei Minuten Zeit hatten, sich vollkommen nackt auszuziehen, um dann alle Haare abrasiert zu bekommen und desinfiziert zu werden. Weitere Schilderungen dieser Unmenschlichkeiten seien dem Leser und der Leserin hier erspart.

Victor Frankl ist davon überzeugt, dass er das alles nur überleben konnte, weil er nie daran zweifelte, dass sein Leben einen Sinn hat. Er schreibt, dass er bei Neuankömmlingen mit großer Sicherheit vorhersagen konnte, ob sie eine Chance zum Überleben hatten, indem er darauf achtete, ob diese Menschen sich die Frage nach dem Sinn ihres Lebens stellten, ob sie sie nicht mehr stellten oder gar bereits für sich negativ beantwortet hatten. Dann waren sie verloren.

Doch es gab auch andere als die, die ihr Leben als sinnlos erachteten: »Wer von denen, die das Konzentrationslager erlebt haben, wüsste nicht von jenen Menschengestalten zu erzählen, die da über die Appellplätze oder durch die Baracken des Lagers gewandelt sind, hier ein gutes Wort, dort einen letzten Bissen Brot spendend? Und mögen es auch nur wenige gewesen sein – sie haben Beweiskraft dafür, dass man dem Menschen im Konzentrationslager alles nehmen kann, nur nicht: die letzte menschliche Freiheit, sich zu den gegebenen Verhältnissen so oder so einzustellen. Und es gab ein ›So oder so‹!«[151]

Er erkennt: Nur die, die auch unter den schrecklichen Bedingungen des Lagers noch einen Sinn in ihrem Leben sahen, konnten das Leben dort ertragen. »Wir müssen lernen und die verzweifelten Menschen lehren, dass es eigentlich nie und nimmer darauf ankommt, was wir vom Leben zu erwarten haben, vielmehr lediglich darauf: was das Leben von uns erwartet«, schreibt Viktor Frankl.[152]

---

150 Frankl, Viktor, 1984
151 Frankl, Viktor, 2014, S. 171
152 Frankl, Viktor, 2006, S. 125

Victor Frankl lenkt unsere Aufmerksamkeit auf die Sinnfrage. Er hat an sich selbst und an seinen Leidensgenossen erkannt, dass selbst in solchen Extremsituationen das Ja-Sagen zum Sinn des eigenen Lebens entscheidend ist für die Art, wie man etwas erlebt und damit für das Weiterleben. Vielleicht ist es sogar immer entscheidend für uns, dass wir einen Sinn in unserem Leben sehen, nicht nur in Extremsituationen. *»Das Wissen um eine Lebensaufgabe hat einen eminent psychotherapeutischen und psychohygienischen Wert. Wer um einen Sinn seines Lebens weiß, dem verhilft dieses Bewusstsein mehr als alles andere dazu, äußere Schwierigkeiten und innere Beschwerden zu überwinden.«*[153]

Die Psychologie hat gezeigt, dass man viele Verhaltensweisen als Abfolge von Reiz und Reaktion begreifen und untersuchen kann. Allerdings bedeutet das nicht, dass wir auf eine bestimmte Reaktion festgelegt sind, wenn wir einen bestimmten Reiz wahrnehmen. Zwischen Reiz und Reaktion liegt ein, wenn auch manchmal kleiner, Moment. In diesem Moment liegt unsere Macht zur Wahl unserer Reaktion. Darin begründet sich unsere Freiheit, die aber nur dann im Sinne der vollen Möglichkeiten des Menschseins genutzt wird, wenn es sich um eine Freiheit **zu** etwas, zu einer »sinnvollen Entscheidung«, zu einer »bedeutsamen Aufgabe« handelt und nicht nur um eine Freiheit **von** naheliegenden Reaktionen.

Für Viktor Frankl bot jeder Tag, jede Stunde im Konzentrationslager die Möglichkeit einer Entscheidung – einer Entscheidung, die bestimmte, ob er sich den Kräften unterwarf, die ihm die Würde und die innere Freiheit rauben wollten, womit er im Reiz-Reaktions-Schema geblieben wäre. Er jedoch nutzte jedes Mal diesen Moment der Freiheit und was Viktor Frankl mit dieser Freiheit anfing, war, in seinem Dasein – und damit in jedem Dasein – einen Sinn zu sehen. *»Ich erzählte meinen Kameraden (die ganz still dalagen und sich kaum noch rührten, höchstens ab und zu ein ergriffenes Seufzen hören ließen) davon, dass menschliches Leben immer und unter allen Umständen Sinn habe und dass dieser unendliche Sinn des Daseins auch noch Leiden und Sterben, Not und Tod in sich mit einbegreife.«*[154]

In seinem Leben einen Sinn zu sehen, sich Menschen zuzuwenden, sich in den Dienst einer guten Sache zu stellen, in einer Aufgabe aufzugehen, Sinn stiftend zu leben, sein Leben zu gestalten, ist eine beglückende Form zu leben und ist auch zur Überwindung schwieriger Lebenssituationen äußerst hilfreich. *»Im Dienst an einer Sache oder in der Liebe zu einer Person erfüllt der Mensch sich selbst. Je mehr er aufgeht in seiner Aufgabe, je mehr er hingegeben ist an seinen*

---

153 Frankl, Viktor, 2007, S. 90
154 Frankl, Viktor, 2014, S. 175

2.11 Resilienz-Faktor 11: Sinn erleben

Partner, umso mehr ist er Mensch, umso mehr wird er selbst«, drückt Viktor Frankl es aus.[155]

Wenn es auch stimmt, dass die meisten Menschen den Wunsch haben, ihr Erleben und Handeln als sinnvoll zu begreifen, so können doch nicht alle Menschen nach der Überwindung eines schweren Schicksalsschlages sagen, dass ihnen die Orientierung an einem Sinn des Lebens geholfen habe. Sie berichten, dass sie einfach versucht hätten, die schlimme Zeit irgendwie zu überstehen. Der Sinn erschließt sich manchmal erst nach längerer Zeit, vielleicht erst, wenn man ein neues Leben aufgebaut hat. Doch allein davon überzeugt zu sein, dass im Geschehen ein Sinn verborgen sein könnte und danach zu suchen, auch wenn man ihn im Moment noch nicht erkennt, stärkt die Resilienz.

Zusammenhänge erkennen

Exemplarisch für das Aufgehen in einer Aufgabe, die Hingabe an ein Werk soll hier Arthur Schopenhauer genannt werden:

Sinn erleben kann auch bedeuten, zu versuchen etwas zu erkennen, das sich nicht allen offenbart, etwas, das in den Erscheinungen und Geschehnissen nicht unmittelbar sichtbar ist. Man könnte sagen, dass es sich um »verborgene Einsichten« handelt, die, so nennt es Arthur Schopenhauer, einen »forschenden Geist«, einen Menschen benötigen, um entdeckt zu werden. Zunächst bestehen diese Einsichten nur in dem Menschen, der sie gefunden hat. Insofern könnten andere sie als »Phantasien« oder »Hirngespinste« bezeichnen und es für völlig überflüssig halten, sich damit zu beschäftigen. Viele solcher Einsichten sind wirklich sehr persönlich, nur für den Betreffenden wichtig und geraten schnell in Vergessenheit – aber einige dieser Erkenntnisse werden nach und nach von immer mehr Menschen geteilt und gehören irgendwann zum Allgemeinwissen. Die Tatsache, dass die Erde nicht Mittelpunkt des Universums ist, die Erkenntnis, dass es Schwarze Löcher im Weltall gibt, oder dass sich die Arten auf diesem Planeten entwickelt haben (Evolution), sind

---

155 A. a. O., S. 147. In diesem Zitat wird deutlich, wie sehr der in diesem Kapitel behandelte Resilienz-Faktor »Sinn erleben« mit den Faktoren »Soziale Kontakte pflegen« vor allem »Liebe geben« und »Aufgaben- oder zielorientiert sein« verbunden ist. Wenn wir diese Faktoren hier getrennt behandeln, dann vor allem deshalb, weil wir die verschiedenen Aspekte der Resilienz deutlich machen wollen.

Beispiele für solche Erkenntnisse. Dann verändern solche Einsichten – wenn schon nicht die Welt – so doch zumindest unsere Sichtweise von der Welt.

Derartige Einsichten haben auch starken Einfluss auf den Menschen, der sie sucht. Das Ringen um sie kann für ihn, wie wir gleich an Arthur Schopenhauer sehen werden, ein sehr bedeutender, in Schopenhauers Fall fast der einzige Resilienz-Faktor werden.

Gefundene Erkenntnisse sind für die Person, die sie entdeckt hat, Überzeugungen, die auch dann – zumindest für sie – unumstößliche Wahrheiten sind, wenn sie nicht empirisch belegt werden können. Die meisten philosophischen Erkenntnisse oder Gedankengebäude gehören zu dieser Gruppe. Das Wissen, »dass ich nichts weiß«[156] (Sokrates) oder dass »alle Menschen glücklich sein wollen«[157] (Aristoteles), aber auch komplexere Gedankengebäude, wie die von Kant (»kategorischer Imperativ«) gehören dazu. Wieviel befriedigender ist es dann erst noch für Forscherinnen und Forscher, wenn sich ihre Überzeugungen wissenschaftlich belegen lassen.

Der Wunsch Zusammenhänge zu erkennen, die nicht offensichtlich sind, also Erkenntnisse zu haben, die das Wissen der Menschheit (zumindest in der Überzeugung des oder der Forschenden) ergänzen, kann also ein sinngebender Resilienzfaktor sein.

Wir können den Drang nach Erkenntnis an uns selbst beobachten, auch wenn wir keine Wissenschaftler oder Philosophen sind, wenn wir die Lösung einer Denksportaufgabe oder eines Rätsels suchen. So lange die Lösung für uns nicht ersichtlich ist, fühlen wir uns unwohl. Die Gestaltpsychologie spricht von einer »offenen Figur«. Wenn wir dann – oft ganz plötzlich – die Lösung gefunden haben, sind wir erleichtert und zufrieden, häufig auch ein wenig stolz. Wir brauchen dann meist auch keine Bestätigung von außen, denn wir wissen: das ist die richtige Lösung, »das ist doch offensichtlich«. Die Gestaltpsychologie nennt das eine »gute, geschlossene Gestalt oder gute Figur«.

Wir suchen immer wieder unbewusst nach solchen »guten Gestalten und wir glauben sie manchmal sogar auch dann zu sehen, wenn sie in der Realität nicht vorhanden sind, wenn wir zum Beispiel lange die Sterne am Himmel oder Wolken ansehen und dort Figuren erkennen.«

Dass das Suchen und Finden von Zusammenhängen und Einsichten nicht nur zu dem Resilienzfaktor »Aufgaben- und zielorientiert sein« gehört,

---

156 In seiner Verteidigungsrede soll Sokrates, bevor er zum Tode verurteilt wurde, dies in ähnlicher Form 399 v. Chr. gesagt haben. Es wurde schon im antiken Rom zum geflügelten Wort.
157 Aristoteles, Zitat aus Nikomachische Ethik: Alle Menschen wollen glücklich sein.

2.11 Resilienz-Faktor 11: Sinn erleben

sondern auch zu dem Resilienzfaktor »Sinn erleben« zu zählen ist, wurde uns bei der Auseinandersetzung mit Arthur Schopenhauer bewusst. Anders als der Forscher Stephen Hawking, der außer seinem Wissensdrang eine große Liebe, Frau, Kinder, Freunde, Kolleginnen und Kollegen und Erfolg an seiner Seite hatte, um mit seinem Schicksal zurecht zu kommen, war Arthur Schopenhauer einsam und zu seinen Lebzeiten kaum bekannt.

Arthur Schopenhauer, ein deutscher Philosoph, lebte von 1788 bis 1860. Er sah sich selbst als Schüler und Vollender des damals schon berühmten Emmanuel Kant und bezog sich auch auf die Ideenlehre Platos. Er selbst wurde erst nach seinem Tod einem größeren Kreis bekannt und gilt heute als einer der bedeutenden Philosophen Deutschlands. Sein wichtigstes Werk ist »Die Welt als Wille und Vorstellung«[158].

Schopenhauer war ein Einzelgänger. Er hat niemals geheiratet oder längere Zeit mit jemandem zusammengelebt. Lange Zeit wohnte er in Frankfurt, war dort ein Gelehrter, der von Chronisten ein »verkannter Niemand« genannt wurde, von manchen auch ein »nörgelnder Misanthrop«. Man kann ihn als einen lebenslang sehr unglücklichen Menschen bezeichnen, der nur ein Vergnügen kannte: seine Arbeit, seine Ansichten, seine Einsichten, seine Erkenntnisse. Das Erkennen von Zusammenhängen war seine offensichtlich einzige Glücksquelle, die verhinderte, dass er am Leben verzweifelte, und die ihm immer wieder Kraft gab, sein eindrucksvolles Lebenswerk zu vollenden.

So schreibt er: »Kein Glück auf Erden kommt dem gleich, welches ein schöner und fruchtbarer Geist... in sich selbst findet«.[159] *Oder: »Geistige Fähigkeiten sind die Hauptquelle des Glücks«.*[160]

Aus diesen Zitaten wird deutlich, dass Schopenhauer Erkenntnisse oder Einsichten (wir können sie auch »Aha-Erlebnisse« nennen), die er in sich selbst durch einsames Grübeln und Überlegen fand, als die wichtigste Glücksquelle ansah.

Es komme ihm nicht primär darauf an, so schreibt er, dass er unsterblich werde, dass die Nachwelt von ihm erfahren würde, (wobei man mit Augenzwinkern an seine eigene Einschätzung von sich als Vollender Emmanuel Kants denken kann). Es komme ihm darauf an, dass er Erkenntnisse finde, die so wertvoll seien, dass sie der Nachwelt übermittelt würden – und erst in zweiter Linie, dass diese Erkenntnisse mit seinem Namen verbunden würden.

---

158 Schopenhauer, Arthur 1919
159 A. a. O., Bd. II, S. 534
160 A. a. O., Bd. I, S. 336, s. a. S. 352, 355 ff, 360.

»Nicht, dass die Nachwelt von einem erfahre, sondern dass in ihm sich Gedanken erzeugen, welche verdienen, aufbewahrt zu werden, ist ein hohes Glück.«[161]

Wie schwer ihm das Leben fiel und dass er offensichtlich oft krank war und unter Schmerzen litt, zeigt folgende Aussage: »*In schlimmen Tagen erscheinen uns vergangene schmerzlose Stunden, die wir unbeachtet ließen, unendlich beneidenswert*[162]. *In guten Tagen kann man sich die vergangenen schlimmen nur sehr unvollkommen vergegenwärtigen (Anm.: wer würde das wollen? Schopenhauer?); hingegen in schlimmen Tagen die glücklichen sehr lebhaft.*«[163]

War das seine Resilienz-Strategie, mit der er es geschafft hat, sein so unglückliches Leben durchzustehen? Gab ihm das Erkennen von Zusammenhängen Sicherheit, so wie uns ein Überblick, eine Ordnung gut tun? Wir können vermuten, dass neben den Einsichten, die ihm immer wieder Kraft gaben, in seinem unglücklichen Leben so produktiv zu sein, auch die Orientierung auf die »glücklichen Tage« halfen. »*Das größte Glück ist eine schmerzlose Existenz. Um nicht sehr unglücklich zu werden, ist das sicherste Mittel, dass man nicht verlange, sehr glücklich zu sein*«[164].

Schopenhauer hat einen sehr engen, fast resignativen Begriff von Glück – und wie das letzte Zitat zeigt – eine sehr bescheidene Vorstellung davon. Diese Form des Glücks, wie er es definiert, ist kein Resilienzfaktor, wie wir ihn sehen. Für uns ist Glück eher ein Wohlbefinden, das einige Zeit anhält und das nicht oder nicht nur auf Bedürfnisbefriedigung beruht, sondern auf dem Empfinden, das aus dem bewussten Wahrnehmen dessen ensteht, was das Leben uns schenkt.

Die meisten unserer Ziele und unserer Hingabe, die unserem Leben Sinn verleihen, werden nicht so hoch oder so weltumspannend sein, wie die von Schopenhauer oder Hawking. Und das ist gut so. Wir brauchen sie, unsere eigenen, persönlichen, auch die kleinen Ziele, die deswegen nicht unbedeutender sind, und wir brauchen unsere Liebe zu unseren nächsten Menschen, die Schopenhauer so sehr vermisste, und die uns doch Großes überwinden und leisten lässt.

---

161 A. a. O., Bd. I, S. 421 f und 424
162 A. a. O., Bd. I, S. 443 und 500
163 A. a. O., Bd. II, S. 641
164 A. a. O., Bd. I, S. 434

Resümee

- Die Überzeugung, dass unser Leben Sinn hat, hilft uns zu leben und zu überleben.
- Sinn entsteht, wenn wir uns auf etwas beziehen, auf ein Ziel, auf Wertvorstellungen, auf Menschen, die wir lieben, auf etwas Göttliches.
- Sinn gibt unserem Tun und Erleben Richtung und Bedeutung, statt es wahllos erscheinen zu lassen.
- Zwischen Reiz und Reaktion liegt der kleine Moment unserer Freiheit. In diesem Moment können wir uns entscheiden für eine (bewusste) sinnvolle Reaktion.
- Sein Leben einer lebensbejahenden Aufgabe zu widmen, stärkt nicht nur die Widerstandskraft, es gibt ihm Sinn und macht es reich.
- Zusammenhänge zu erkennen, stellt für manche Menschen einen wesentlichen Glücks- und Resilienzfaktor dar.

2.12 Resilienz-Faktor 12: Vertrauen auf ein Höheres Wesen

> »Ich müsste von Gesetzen und Kräften sprechen, die der Verstand und die Naturwissenschaften nicht kennen.«
> — Sri Aurobindo[165]

Wir wissen alle nicht, was die Zukunft bringt. Wir haben Pläne, Wünsche, Hoffnungen, Bedürfnisse, Ziele, aber wie sich das Leben wirklich entfalten wird, davon haben wir keine Ahnung, auch wenn wir so tun und vielleicht so tun müssen, als ob alles »geregelt« sei. Wie ein Vergrößerungsglas zeigen uns extreme Situationen die Zerbrechlichkeit unserer Lebensumstände. Welche große Kraft das Vertrauen in eine höhere Macht verleihen kann, extrem schwierige Schicksalsschläge nicht nur zu überstehen, sondern sogar mit Sinn zu füllen, erlebte die Autorin Birgit kürzlich im eigenen Freundeskreis.

---

165 Sri Aurobindo (Aurobindo Ghose), 1872 bis 1950. Er war ein indischer Politiker, Philosoph, Hindu-Mystiker, Yogi und Guru. Er verbindet in seiner Person die humanistische Bildung und das Wissen des Westens mit den Weisheitslehren und spirituellen Traditionen Indiens.

Es sei jedoch vorausgeschickt, dass dieses Vertrauen nur dann die Resilienz unterstützt, wenn das innere Bild der höheren Macht bei dem betroffenen Menschen als positiv erlebt wird. Wird das höhere Wesen, auf das man sich bezieht, als streng oder strafend gesehen, kann es Depressionen, Schuldgefühle und Angstzustände begünstigen und die Resilienz behindern. Wir werden später noch einmal darauf zurückkommen.

Krista Bouillé[166]

Krista Bouillé ist gläubige Katholikin und Anhängerin des spirituellen Lehrers Sathya Sai Baba[167]. Sathya Sai Babas Anhänger gehören verschiedenen Religionen an. Seine Lehre ruft zu Toleranz und Einheit aller Religionen auf und dazu, durch Liebe und Hingabe die Göttlichkeit zu erkennen, die jedem Menschen innewohnt.

> *Ein Autounfall, bei dem Kristas Gesicht und ein Auge schwer verletzt worden waren, hatten Krista in jungen Jahren abrupt mit der Vergänglichkeit von Schönheit und Gesundheit konfrontiert. In ihrer Not und Angst zu erblinden hatte sie brieflich Sathya Sai Baba, den sie nur aus einem Buch kannte, um Hilfe durch seine Energie gebeten und ihre anschließende vollständige Heilung, die selbst der behandelnde Professor als Wunder bezeichnete, der Hilfe Sai Babas zugeschrieben.*
> *»Was ist Sathya Sai Baba für dich?« frage ich Krista.*
> *»Sai Baba ist für mich eine Verkörperung des Göttlichen, der Energie, aus der alles entspringt, wie Christus. Auch zu Christus habe ich eine starke Bindung. Wir sind alle Verkörperungen des Göttlichen.«*
> *Im Krankenhaus liegend nach dem Unfall fühlt Krista sich getragen von Gott:*
> *»In einer Nacht ... hatte ich (Anm.: wegen des Kopfverbandes blind), das beängstigende Gefühl, nach hinten oder nach unten abzusacken in eine endlose Tiefe, in ein Nichts ... Ich dachte, wie verdammt allein man doch ist in den schwierigsten Situationen. Ich hatte große Angst. Auf einmal spürte ich ganz deutlich, dass da jemand ist, der mich trägt, und plötzlich wusste ich, dass ich geborgen bin. Es ist Gott, der da ist, in mir und mit mir. Ich brauche keine Angst zu haben... Ich hörte deutlich eine Stimme in mir sagen: ›Du bist nie allein!‹«*
> *»Wer war diese Stimme?«*

---

166 Das Interview fand am 11. Mai 2015 in München statt.
167 1926–2011

»Das war meine innere Stimme, mein Höheres Selbst, mein Göttliches Selbst. Gott ist in mir, er ist allgegenwärtig.«

Als ihre Gesundheit es wieder erlaubt, reist Krista zum ersten Mal nach Indien zu Sai Baba, dankt für die Heilung und bittet darum, mit ihrem Mann ein Kind adoptieren zu können. Auch dieser Wunsch geht in Erfüllung.

»Neun Monate später, am 4. August 1983, wurde mir in Brasilien ... Olivia eine Stunde nach ihrer Geburt in den Arm gelegt. Wir adoptierten Olivia und waren glücklich und stolz. Sie war schön, ein sehr kreatives Kind, sehr mitfühlend – und äußerst schwierig. Das Trauma, abgelehnt zu werden, verfolgte sie so, dass sie in fast all ihren Jahren immer wieder etwas Positives aufbaute, es zerstörte und so wie ein Magnet Ablehnung anzog ... Im Alter von 22 Jahren endlich begann Olivia, ihr Trauma mit Hilfe von Phyllis Krystal[168] aufzulösen. Nachdem diese Wunde Olivias geheilt war, ging es auf einmal leicht: sie schloss die Modeakademie als Drittbeste ab, hatte zwei großartige Modenschauen und mein Mann und ich überlegten, was wir ihr als Belohnung für ihr gutes Diplom schenken könnten.«

Es wurde eine Reise nach Haiti, die eine Woche Badeurlaub in der Dominikanischen Republik abschließen sollte. Doch als die Zeit für die Abreise aus Haiti in die Dominikanische Republik gekommen war, wollte Olivia lieber noch in Haiti bleiben und die Eltern erst am Ende der Woche zum gemeinsamen Rückflug nach Europa am Flughafen in Santo Domingo treffen – sie hatte sich verliebt. Die Eltern reisten alleine voraus.

Einige Tage später kämpft Kristas Mann Meriadeg beim Schwimmen mit einem starken Sog ins offene Meer und wird nur wie durch ein Wunder entkräftet, aber lebend, an den Strand gespült. Es war ein Tsunami Stufe 3, wird man später wissen, mit dem er im Meer kämpfte. Dass gleichzeitig, am 12. Januar 2010, Haiti von einem schweren Erdbeben heimgesucht wird, erfahren er und Krista erst am Abend im Hotel durch das Fernsehen.

Da alle Strom- und Telefonverbindungen nach Haiti zusammengebrochen sind, sucht das Ehepaar voll Sorge über Paris Informationen und erhält am nächsten Morgen die schlimme Nachricht, dass Olivia noch vermisst werde.

»Du möchtest gar nicht da sein, gehst aus deinem Körper,« sagt Krista. »Ich konnte nichts empfinden, wusste nicht, wo ich war. Ich war wie tiefgefroren, wie eine Forelle, die man aus der Kühltruhe nimmt und auf den Tisch knallt... Wir gingen in

---

168 Phyllis Krystal hat basierend auf C. G. Jung eine Methode entwickelt, sich aus Blockierungen zu lösen. Ihre Methode wendet sich an Menschen, die selbstbestimmt etwas für sich tun wollen. Sie arbeitet mit der Methode, Kontakt zur inneren Quelle der Weisheit, die sie Höheres Bewusstsein nennt, herzustellen und dort Hilfe und Führung zu suchen. Siehe: Krystal, Phyllis, 2004

eine Kirche, beteten, waren erstarrt in Angst und Schrecken. Wir zogen in ein Hotel in der Hauptstadt Santo Domingo, wo inzwischen Verletzte aus Haiti in den Krankenhäusern ankamen. Das Fernsehen in der Hotelhalle lieferte ständig schreckliche Bilder, Hilfstrupps gingen ein und aus und wir liefen zwischendrin herum wie Zombies, warteten und beteten.«

»In der Nacht zum 15. Januar hat Meriadeg so geweint, dass es ihn schüttelte. ›Olivia ruft mich!‹, sagte er. Ich wusste, ich muss ihn gehen lassen.«

Es gelingt Meriadeg, bei einem Hilfstrupp mitzufliegen und das Gelände des zerstörten Hotels zu erreichen. Er gräbt mit bloßen Händen im Schutt, ruft dabei seine Tochter immer wieder, betet. Als ein brasilianischer Retter hört, dass Olivia in der gleichen Stadt geboren sei, aus der er selbst kommt, graben er und seine ganze Truppe mit und finden am sechsten Tag nach dem Erdbeben Olivia – tot.

Meriadeg schafft es nicht, Krista am Telefon zu sagen, dass Olivia nicht mehr lebt. Es sind Freunde, die Krista die Botschaft vom Tod ihrer Tochter übermitteln und mit ihr im Kreis beten.

Im Krematorium von Santo Domingo treffen sich Krista und ihr Mann wieder, Meriadeg ist verstaubt und erschöpft. Noch sind sie benommen, können nicht über den großen Verlust sprechen. Am nächsten Tag verlässt Meriadeg auf der Straße die Kraft. In der Intensivstation einer Klinik wird ihm eine Infusion gegeben, doch es hält ihn dort nicht. Viele Menschen bräuchten Hilfe, sagt er, lieber wolle er das Geld spenden, als da zu liegen. Er verlässt das Krankenhaus schon am darauffolgenden Tag.

Nachts, im Hotelzimmer, bekommt er keine Luft mehr. Krista und ihre Freundin, die Krista in ihrer Not aus dem Nebenzimmer um Hilfe ruft, machen Mund-zu-Mund-Beatmung und massieren Meriadegs Herz. Plötzlich sagt die Freundin, eine Ärztin, leise: »Sein Gehirn ist nicht mehr durchblutet!«, und Krista beginnt zu beten: »Dieu, que ta volonté soit faite, Herr, Dein Wille geschehe.« Als der Notarzt eintrifft, stellt er fest:

»Esta muerto.« Er ist tot.

»Als der Notarzt und die Helfer das Zimmer verlassen hatten«, fährt Krista fort, »habe ich Meriadeg lange in die Arme genommen. »Geh ins Licht, schau nicht zurück, und mach dir keine Sorgen um mich, ich werde das schaffen. Geh ins Licht«, wiederholte ich. Da entspannte sich sein Gesichtsausdruck und wurde friedlich.

Ich blieb in Santo Domingo, bis die zwei Urnen reisefertig waren. Bei meinem Rückflug war ich wie erstarrt. Lebe ich? Die Menschenmassen am Pariser Flughafen – die leere Wohnung zu Hause – die Leere in meinem Leben – die Menschen gehen und du bleibst allein zurück – die Beerdigung von beiden am 12. März 2010 ...«.

»Wie konntest du das alles ertragen, Krista?« frage ich

»Gleich nach der Rückkehr nach Europa fuhr ich zu Phyllis Krystal in die Schweiz, mit der ich an jedem Tag von Santo Domingo aus telefoniert hatte. Am

2.12 Resilienz-Faktor 12: Vertrauen auf ein Höheres Wesen

dritten Tag begannen wir innerlich zu arbeiten, damit ich Olivia und Meriadeg wirklich freilassen konnte.«

Mit Hilfe von Phyllis kam Krista zu der Überzeugung, dass es ihrem Mann und ihrer Tochter gut geht. »Das alles half mir sehr.«

»Ich habe angewandt, was ich selbst in meiner therapeutischen Arbeit seit 20 Jahren vermittle: meine kosmischen Eltern, Mutter Erde als kosmische Mutter und die Sonne als kosmischer Vater, sind immer da. Ich bin in ihnen, in meinem Lichtkörper gefestigt. Ich bin immer mit dem Höheren Bewusstsein, mit Gott, der Energie, aus der alles entspringt, verbunden. Das war und ist mein innerer Halt und meine Sicherheit. Alles andere ist vergänglich.«

»Krista, als was würdest du dich bezeichnen? Als gläubige Katholikin? Als Buddhistin?«

»Es ist alles EINS. All is one. Sai Baba sagt: Sei ein guter Mensch in der Religion, in die du hineingeboren bist. Es gibt nur eine Religion: die Religion der Liebe. Es gibt nur eine Nation: die Menschheit. Es gibt nur einen Gott: er ist allmächtig, es ist der gleiche Gott für alle Menschen.« Gott, Buddha, Jesus, Jehova, Allah, Höheres Bewusstsein, Lichtkörper, Wahres Selbst, das Absolute ... es gibt viele Namen und Formen für die Energie, aus der alles entspringt.«

»Was hat dir noch geholfen, das alles unbeschadet zu überstehen?«

»Ich habe in München gleich weitergearbeitet. Es kam mir immer wieder ein Satz in den Sinn: ›Sink or swim, geh unter oder schwimme‹. Ich habe mich für das Schwimmen entschieden, auch wenn ich am Anfang manchmal kaum die Nase über Wasser halten konnte.«

»Negative Gedanken und Empfindungen habe ich radikal gestoppt. Kam zum Beispiel Selbstmitleid hoch, sagte ich sofort ›Stopp!‹ Ich wusste, sonst komme ich nicht mehr hoch. ›Höre Musik, geh spazieren, mach dir Tee ...‹, sagte ich zu mir und tat es. Ich konzentrierte mich auf Positives und spürte so meine innere Kraft.«

»Ich mache täglich Yoga, Sport, gehe in den Englischen Garten, ernähre mich gut, arbeite ab zehn Uhr früh bis abends. Erst in letzter Zeit nehme ich mir drei Tage pro Woche frei. Disziplin ist wichtig, sich nicht gehen zu lassen. Ich habe gekämpft, mit Hilfe von Gebeten, Mantras und positiven Gedanken.«

»Ich bin überzeugt, Olivia und Meriadeg haben eine wichtige Aufgabe in der anderen Welt und ich habe hier noch meine Aufgabe zu erfüllen. Durch viele kleine Erlebnisse habe ich realisiert: Alles war ein göttlicher Plan, von langer Hand vorbereitet ... Es war nicht einfach, aber ich wusste, alles wird gut. Gott hat mich durchgetragen. Es gibt keine Sicherheit, alles ist vergänglich, Sicherheit gibt es nur im Inneren. Für mich gibt es auch keinen Tod. Wir verlassen nur unseren Körper.«

»Und dann war da noch ein Satz: ›Never give up!‹ Gib niemals auf ... das Leben geht weiter... du hast noch eine Aufgabe. Die Vergangenheit ist vorbei, die Zukunft

ungewiss, lebe jetzt! Diesen Schritt durfte ich auch lernen, die Vergangenheit loszulassen und im Hier und Jetzt positiv verankert zu sein.«

»Wir müssen lernen, die Dinge anzunehmen und sie zu ertragen, ›forbearance‹, Geduld, Duldsamkeit, sie ist wichtig. Alles hat seinen Grund, seine Bedeutung. Was immer geschieht, Schönes oder Schmerzvolles, müssen wir begrüßen und annehmen. Alles ist ein Geschenk Gottes. Du kennst nicht die Hintergründe. Aber es hat einen tieferen Grund, auch wenn ich es nicht verstehe.«

»Gott hat mir einen neuen liebevollen Partner geschickt. Wenn man Gott alles überlässt, Ihm vertraut und Ihm nicht grollt, für das, was Er schickt, schickt Er auch solche Geschenke ...«

»Ich habe immer gewusst, dass es einen Sinn hat, dass ich in Baba, Jesus, in Gott aufgehoben bin, dass Er alles weiß. Ich bin noch hier, weil ich hier noch eine Aufgabe habe und ich werde sie erfüllen, so lange es nötig ist.«

»Mein tägliches Gebet lautet:
I give myself to You, oh Lord,
So you can use me,
All my dreams, all my plans.
All my life is in your hands.
I give myself to You, oh Lord,
So you can use me.«[169]

»Ich bin stärker als vorher, fühle mich losgelöster von der Welt als vorher. Egal was ist, ich danke Gott und denke nicht an Schwierigkeiten. Gott findet die Lösung, wenn ich mich nicht einmische.«

»Wo Liebe sich manifestiert, ist Gott, ist Frieden. Mit der Liebe kommen, wie bei einer Rose, auch die Dornen, Ego, Eifersucht, Bindung. Heb die Rose auf, ohne von den Dornen gestochen zu werden, liebe, ohne Ego, ohne Eifersucht, ohne Festhalten. Die Welt ist voller Liebe. Wir sollen Beispiele von Liebe sein in allem, was geschieht.«

Auch heute noch, etliche Jahre nach dem Unglück, muss ich tief durchatmen angesichts Olivias, Meriadegs und Kristas Schicksal und der inneren Größe und Kraft von Krista. Diese zierliche, hübsche, elegante Frau, die man eher auf einem Boulevard in Paris vermutet als in einer Kirche, kann glauben und ihr Schicksal einer Höheren Macht anvertrauen wie ein Kind.

Doch es ist nicht die Kraft eines Kindes, das noch nie enttäuscht wurde und deshalb blind vertraut. Ihr Vertrauen stützt sich auf ihre Erfahrung nach der

---

169 Ich gebe mich Dir, oh Herr, damit Du mich benützen kannst, alle meine Träume, meine Pläne. Mein ganzes Leben ist in Deinen Händen. Ich übergebe mich Dir, oh Herr, damit Du mich benützen kannst.

Augenverletzung, dem erfüllten Kinderwunsch und auf das Erleben, von Gott getragen, geleitet und beschützt zu sein.

Man muss Wunder für möglich halten, damit sie geschehen. Krista glaubt an die Allgegenwart und Allmacht des Göttlichen und machte damit das möglich, was der Arzt später vielfach als Wunder bezeichnete, nämlich die Heilung ihres Auges.

»Gott ist in mir und ich bin in Gott«, sagt sie und pflegt die Beziehung zu dieser unsichtbaren Kraft, spricht mit Ihm, betet, vertraut Ihm ihre Wünsche an, hört auf Antwort und gibt sich den Fügungen des Schicksals hin, ohne Wenn und Aber. »Herr, Dein Wille geschehe«, betet sie sogar, als wenige Tage nach dem Tod ihrer Tochter auch noch ihr Mann mit dem Tode ringt. Sie hält ihn nicht zurück.

Die Frage nach dem Warum ist nicht von Bedeutung. »Ich habe immer gewusst, dass es einen Sinn hat, dass ich in Gott aufgehoben bin, dass Er alles weiß ... es hat einen tieferen Grund, auch wenn ich ihn nicht verstehe.«

Auch wenn kein Mensch in der Nähe ist, um zu helfen, kann sich Krista immer an Gott wenden. »Du bist nie allein«, ist das Grundgefühl, das sie trägt und hält. Sie ist immer mit dem Höheren Bewusstsein in ihrem Inneren, mit Gott verbunden. Das gibt ihr Halt und Sicherheit.

»Und weißt du«, fügte sie nach einer Pause am Ende des Interviews noch hinzu, »Dankbarkeit ist so wichtig. Dankbarkeit für alles, was Gott uns schickt, und Dankbarkeit für das, was Menschen uns schenken. Die Menschen sind alle Ausdruck des Göttlichen.«

Der Glaube an ein uns wohlgesonnenes Höheres Wesen hilft uns in Krisenzeiten

Die geschilderten Erfahrungen Kristas sind sehr persönlich. Jeder Mensch erlebt das Göttliche anders, seinem Glauben und seinen Überzeugungen entsprechend. Für manche Menschen, wie Krista, ist Gott nah, jederzeit bereit, alle Nöte zu hören, zu schützen und zu tragen. Anderen Menschen scheint das Göttliche weit entfernt zu sein, manche zweifeln seine Existenz gänzlich an. Die einen erleben Gott als Person oder zusätzlich verkörpert in Propheten, Avataren oder Heiligen, die anderen fühlen ihn als eine unsichtbare Energie und Kraft, die sie umgibt und auch in ihnen wohnt. Manche Menschen drücken ihren Glauben an ein Höheres Wesen durch die Zugehörigkeit zu einer Religionsgemeinschaft und die Teilnahme an religiösen Ritualen aus. Andere wieder stören sich an den menschlichen und machtpolitischen Prägungen, die so manche Organisation von Kirche erfahren hat, treten aus und leben dennoch einen tiefen Glauben.

Kristas Leben zeigt eindrücklich, welche Kraft man aus dem Glauben an ein Höheres Wesen und aus dem Vertrauen, von diesem geliebt zu werden, ziehen kann.

Wir haben eingangs vorausgeschickt, dass das Vertrauen in ein Höheres Wesen nur dann die Resilienz unterstützt, wenn das innere Bild der Höheren Macht von dem betroffenen Menschen als positiv erlebt wird. Wird sie als streng oder strafend gesehen, kann sie Depressionen, Schuldgefühle und Angstzustände begünstigen.

Dabei ist es ohne Einfluss, welcher Religion man sich zugehörig fühlt. Alle Religionen gehen über das individuelle Leben hinaus und sehen an dessen Ende das Heilige. Alle Religionen ermuntern zur Hingabe an diese Transzendenz. Alle Religionen stellen Vorbilder für das persönliche Leben zur Verfügung, suchen das Gute, das Schöne und eine Ordnung in der Welt und erkennen gleichzeitig Leiden, Angst und Not als Teil des menschlichen Lebens an. Sie suchen den Sinn des Lebens und des Leidens und geben den Ereignissen Bedeutung. Sie ermuntern, nach dem Sinn, den sie gefunden haben, zu leben und alle Religionen geben Hoffnung, Trost, Schutz und möglicherweise Erlösung. Sie geben in unüberschaubaren Situationen spirituelle Unterstützung und Halt durch Gebet, Riten, Rituale und eine Gemeinschaft der Gläubigen und helfen auf diese Weise, die eigenen Emotionen zu regulieren.

»All is one, alles ist eins«, nannte es Krista.

Wir verstehen hier als Religion die Empfindungen, die ein Mensch erlebt, die Handlungen, die er vollzieht, und die Erfahrungen, die er macht, wenn er sich in Beziehung zu etwas Größerem, Göttlichen, ihm Heiligen erlebt. Dem zugrunde liegt meist ein System von Glaubenssätzen an diese übermenschliche Kraft sowie Rituale und Praktiken, diese zu ehren.

Getroffen durch einen Schicksalsschlag erleben wir uns zunächst orientierungs- und hilflos. Das Leben hat sich unserer Kontrolle entzogen. Selbst Menschen, die sich weit entfernt von Religiosität glauben, beten häufig in schwierigen Situationen und erinnern sich an die Religion ihrer Kindheit.

Untersuchungen zum Thema Religiosität

Religionen bieten Deutungen, Sinngebung an und gleichzeitig Möglichkeiten, mit dem Leid umzugehen. Kenneth J. Pargament zitiert etliche Studien, die belegen, dass die meisten Menschen religiös sind, weil Religion ihrem Leben einen Sinn gibt.[170]

Es gibt leider nur wenig religiös unabhängige, qualitative Forschung zum Thema Krisen und Religiosität. Sebastian Murken[171], einer der unabhängigen Forscher, untersuchte die Rolle der Religiosität bei der Bewältigung von Brustkrebs[172]. Dabei stellte sich heraus, dass nur jene Patientinnen eine Stütze im Glauben fanden, die hochreligiös waren und ein positives Gottesbild hatten. Die, die ein strenges Gottesbild hatten, litten verstärkt unter Angst und Depressionen, mittlere Religiosität bewirkte Verunsicherung und Zweifel.

Religion kann also sowohl eine Ressource als auch ein Hemmnis sein für Resilienz, ein Fakt, den auch Kenneth Pargament[173] ausführt. Einen »Januskopf«, nennt es Sebastian Murken, ein Kopf, der auf der einen Seite religiöse Vorbilder und Möglichkeiten der Emotionsregulierung durch Gebet und Meditation zeige, auf der anderen Seite eine passive Haltung und Schuldgefühle begünstigen kann[174].

Die Vorstellung, das ganze Leben aus eigener Kraft bewältigen zu müssen, jede Entscheidung klug fällen zu sollen, jede Verantwortung und Schuld ein Leben lang alleine zu tragen, erzeugt großen Leistungs- und Erwartungsdruck. Vielleicht hängt das hohe Stressempfinden vieler Menschen der westlichen Welt heute zum Teil auch damit zusammen, dass immer mehr Menschen aus den Religionsgemeinschaften austreten. Doch diesen Zusammenhang zu überprüfen führt in diesem Kontext zu weit.

Wie Sebastian Murken in einem Vortrag am 10.10.2009 in Wien darlegte, nimmt die religiöse Vergesellschaftung in unserer Gesellschaft ab. Gleichzeitig scheinen sich zwei Elemente des Glaubens zu entkoppeln, die in der englischen Sprache mit »faith« und »belief« bezeichnet werden. Die deutsche Sprache hat leider nur den einen Begriff des Glaubens.

»Faith« bezeichnet das Gottvertrauen, das Tragende, das Haltende, das Urvertrauen, den Optimismus. Laut Murken wächst dieser Teil des Glaubens in unserer Gesellschaft, während »belief«, die intellektuelle Ausprägung des Glaubens, das Wissen über die Glaubensinhalte weniger verwurzelt ist.

Die Hingabe an und das Vertrauen in einen gütigen Gott helfen also sehr, ein schweres Schicksal zu ertragen.

---

170 Pargament, Kenneth J., 1997, S. 48 f
171 Murken, Sebastian, 2009
172 Appel, C., Müller, C. & Murken, S., 2010
173 Pergament, Kenneth J., 1997
174 Murken, Sebastian, 2009

Sheila Cassidy, eine englische Ärztin, die in Chile unter Präsident Pinochet gefangen genommen und mehrmals schwer gefoltert wurde und die diese Situation auch hauptsächlich durch ihren starken religiösen Glauben unbeschadet überstehen konnte, spricht einen weiteren interessanten Aspekt an: Die meisten der 130 Frauen, die mit ihr im Gefängnis lebten, waren Marxistinnen und ohne jedes Wissen über eine Religion. Sowohl Sheila Cassidy als auch einige ihrer Mitgefangenen ergriffen die Chance, die Denkweisen der anderen besser zu verstehen. Es zeigt sich, dass sowohl der tiefe christliche Glaube Cassidys, als auch die starke ideologische Überzeugung der Inhaftierten zu gleicher innerer Kraft führten, mit den widrigen Umständen fertigzuwerden.[175] Beides, tiefes Vertrauen in ein Höheres Wesen und starke ideologische Überzeugungen, stärkt die Resilienz.

Resümee

- Religion kann sowohl eine Ressource als auch ein Hemmnis sein für Resilienz. Als »Januskopf« stellt Religion auf der einen Seite religiöse Vorbilder, Schutz, Transzendenz und Möglichkeiten der Emotionsregulierung durch Gebet und Meditation bereit, auf der anderen Seite kann sie eine passive Haltung und Schuldgefühle begünstigen.
- Wird das innere Bild der Höheren Macht als positiv erlebt, unterstützt das Vertrauen in diese Höhere Macht die Resilienz wesentlich.
- Der Glaube an das wohlgesonnene, liebevolle Göttliche Sein entlastet.
- Der Glaube an das Göttliche gibt Sinn über das individuelle Schicksal hinaus.
- Vertrauen in die positive Göttlichkeit gibt Geborgenheit.

---

175   Cassidy, Sheila, 1992, S. 263 f.

2.13 Die Hirn-physiologischen Grundlagen der Resilienz

*Wenn unser Gehirn so einfach wäre, dass wir es verstehen könnten,
wären wir nicht klug genug, um es zu verstehen.*
— Anonym, gefunden bei M. Kaku, 2014

Die Hirnforschung macht in den letzten Jahren große Fortschritte dank der immer besseren und zum Teil neuen bildgebenden Verfahren wie Elektroenzephalographie (EEG), Elektrokortikogramm (ECoG), Positronen-Emissions-Tomographie (PET), Magnetresonanztomographie (MRT) und Elektroden im Gehirn (zumindest von Tieren), mit denen man das Innere des Kopfes untersuchen kann. Es ist naheliegend, dass man auch das Phänomen der Resilienz untersucht, um Möglichkeiten zu finden, bei stark belastenden Erinnerungen zu helfen.

Die Wissenschaft glaubt herausgefunden zu haben, dass bei der Speicherung von Sinneseindrücken allgemein und natürlich auch von belastenden Erinnerungen im Hippocampus (Seepferdchen, ein Teil des Gehirns, das mit dem Langzeitgedächtnis in Verbindung gebracht wird), die Eindrücke über verschiedene Teile der Hirnrinde (Cortex) und auch über den präfrontalen Cortex laufen. Der präfrontale Cortex ist für die Bewertung der Wahrnehmung zuständig. Es werden also nicht »objektive« Sinneseindrücke gespeichert, sondern immer solche, die eine Bewertung erfahren haben. Diese Bewertung, das haben wir erwähnt, macht nicht selten den Unterschied, ob ein Erlebnis für die betroffene Person belastend ist oder nicht.

Erinnerungen werden nach der Verarbeitung einer Vielzahl von sensorischen Erfahrungen an verschiedenen Plätzen der Hirnrinde (Cortex) und des limbischen Systems, das für die Gefühle zuständig ist, gespeichert. Allerdings müssen alle Erinnerungen, die in das Langzeitgedächtnis aufgenommen werden, den Hippocampus passieren.

Es ist einem Team von Wissenschaftlern der Wake Forest University unter der Leitung von Theodore Berger[176] gelungen, einen künstlichen Hippocampus zu schaffen und dort Daten aus den Hippocampi von Ratten zu speichern, die eine komplizierte Bewegungsabfolge gelernt hatten. Die Forscher löschten danach mit Hilfe von Drogen das Gedächtnis der Ratten, mit dem Ergebnis, dass diese die erlernte Bewegungsabfolge nicht mehr ausführen konnten.

---

176 https://neurosciencenews.com/restoring-memory-repairing-damaged-brains-artificial-hippocampus-dr-berger-usc (abgerufen im Mai 2022)

Daraufhin wurden die auf dem künstlichen Hippocampus gespeicherten Daten der Ratten wieder in deren jeweiligen natürlichen Hippocampus »überspielt«: Die Ratten konnten die komplizierte Bewegungsabfolge wieder ausführen. »Diese integrierten experimentellen Modellierungsstudien zeigen zum ersten Mal, dass mit ausreichenden Informationen über die neuronale Kodierung von Erinnerungen eine neuronale Prothese entsteht, die in der Lage ist, den Kodierungsprozess in Echtzeit zu identifizieren und zu manipulieren, kognitive mnemonische (Anm.: gedächtnisstützende) Prozesse wiederherzustellen und diese sogar verbessern kann«, heißt es in der Arbeit.

Um Menschen zu helfen, die mit einer traumatischen Erfahrung nicht zurechtkommen und belastende Symptome entwickeln, sucht man nach Medikamenten, mit denen man ebenfalls die Gedächtnisfunktion beeinflussen könnte. Dabei möchte man nicht wie im oben genannten Experiment, eine das Gedächtnis stützende »Prothese« erstellen, sondern – im Gegenteil – die Erinnerung an das belastende traumatische Erleben löschen.

Das gelang bisher nicht, vielleicht auch deshalb, weil alle Sinneseindrücke beim Weg durch unser Gehirn aufgespalten werden in: schwarz-weiß Bild, Farbe, Bewegung, Entfernung, Geruch, taktile Reize, und bei der Erinnerung wieder neu zusammengeführt werden. (So könnte es durch falsche Zuordnung zu Erinnerungstäuschungen kommen, die uns dann nicht bewusst wären).

Niederländische Wissenschaftler unter der Leitung von Merel Kindt gaben 2009 bekannt, dass das Medikament Propranolol den psychischen Schmerz, der mit traumatischen Erinnerungen einhergeht, lindern könne. Propranolol ist ein Medikament aus der Substanzgruppe der Betablocker, das eigentlich für die Behandlung von Bluthochdruck und Herzrhythmusstörungen eingesetzt wird. Es zeigte sich, dass es auch manchen Patienten half, die an Posttraumatischen Belastungsstörungen litten. Es reduzierte quälende Intrusionen[177], also das Wiedererleben der traumtisierenden Situation und der damit verbundenen Gedanken und Empfindungen sowie Übererregbarkeit.

Kindt konnte bei von Posttraumatischen Belastungsstörungen Betroffenen demonstrieren, dass die einmalige Gabe eines Betablockers (Propranolol) in

---

177 Als Intrusion bezeichnet man in der Psychotraumatologie das häufig durch einen Schlüsselreiz (Trigger) unkontrollierbar wiederkehrende, quälend ins Bewusstsein drängende Wiedererinnern und Wiedererleben von traumatischen Ereignissen und Situationen oder Beschäftigen mit damit in Verbindung stehenden, ungeklärten schmerzhaften Fragen und Gedanken, die durch die tiefe seelische Erschütterung durch das Trauma oder die dadurch zerstörten Grundüberzeugungen aufgeworfen wurden. (Wikipedia: Stichwort Intrusion)

2.13 Die Hirn-physiologischen Grundlagen der Resilienz

der labilen Phase, wenn die Erinnerung an die angstbesetzten Bilder das Gehirn in einen labilen Zustand versetzt hatten, die Erregung schnell dämpft, vermutlich die übliche Eiweißsynthese stört und damit die Erinnerung nachhaltig verändert. Wenn nach zwölf Stunden und später die Erinnerung wieder aufgerufen wird, geschieht dies ohne die vorherige Erregung, Angst oder Panik[178].

Genauere Untersuchungen haben ergeben, dass durch die Gabe von Propanolol die Erinnerung nicht beeinflusst wird, sondern nur die Adrenalinwirkung, die mit der Erinnerung verbunden ist. Dadurch sind die Erinnerungen weniger belastend. In Wikipedia[179] wird jedoch eine zusammenfassende Studie von S. A. Steenen u. a. zitiert, die besagt, dass es »für den Einsatz gegen körperliche Angstsymptome keine ausreichenden Nachweise der Wirksamkeit gibt, nach denen eine routinemäßige Anwendung empfohlen werden könnte.«

Das Ziel, die Gedächtnisinhalte direkt medikamentös zu beeinflussen, wurde bisher nicht aufgegeben. Zwei Forscher vom Medical College of Georgia in den USA und auch ein Kollege in Shanghai (China) gaben 2008 bekannt, dass es ihnen gelungen sei, mit Hilfe eines Proteins namens CaMK11 eine Erinnerung bei Mäusen gelöscht zu haben. Ebenso haben Wissenschaftler am SUNY Downstate Medical Center in Brooklyn herausgefunden, dass das Molekül PKMzeta ebenfalls Erinnerungen tilgen könne. Andre Fenso erklärt: »Wenn weitere Studien diese Ansicht bestätigen, können wir erwarten, eines Tages über Therapien zu verfügen, die auf der Tilgung von Erinnerungen mittels PKMzeta basieren.«[180]

Muss man oder kann man damit rechnen, dass eines Tages Medikamente auf den Markt kommen, mit denen direkt Erinnerungen beeinflusst werden können, mit denen wir gezielt ein Vergessen belastender Erlebnisse erreichen können?

Ist das etwas, was wir uns wirklich wünschen?

Wenn wir einen Partner, eine Partnerin oder nahe Angehörige verloren haben, ist es dann wirklich wünschenswert, dass wir die Erinnerung an dieses Ereignis, womöglich auch an die Menschen verlieren, damit wir nicht mehr trauern? Nehmen wir dann die neue Realität noch richtig wahr?

---

178 https://www.traumahilfe-augsburg.de/rekonsolidierung-traumatisierender-gedaechtnisinhalte (abgerufen im Mai 2022)
179 htps://de.wikipedia.org/wiki/Propranolol (abgerufen im Mai 2022)
180 Zitiert nach einem Bericht in Kaku, Michio 2014

Die Verarbeitung widriger Erlebnisse kann zu einem wichtigen Wachsen der Persönlichkeit führen. Wenn mit Medikamenten die Erinnerung an ein schreckliches Erlebnis ausgelöscht würde, ist eine solche, ein persönliches Wachstum förderliche Auseinandersetzung nicht mehr möglich.

Patienten mit psychischen Beschwerden berichten manchmal, dass sie die Einnahme von Psychopharmaka als Krücke erleben, als Zeichen ihrer Schwäche, dass sie sich deshalb dagegen wehren, oder dass sie sehr unter den Nebenwirkungen leiden. Viele Patienten lehnen daher Psychopharmaka ab und wünschen sich, dass sie »aus eigenen Kräften« mit ihren Symptomen fertig werden, auch gegen den Rat kompetenter Ärzte und Ärztinnen. Diese Patienten nutzen allerlei Tricks, um die Einnahme von Psychopharmaka zu verhindern oder sie »vergessen« deren Einnahme. Vielleicht werden Menschen, denen Gedächtnis auslöschende Medikamente verschrieben werden, diese Mittel auch als »Krücke« erleben und entsprechend handeln?

Anders verhält es sich vielleicht bei Ereignissen, die nicht primär Trauer auslösen, sondern einen nicht, oder nur sehr schwer verarbeitbaren Schock, wie nach Kriegserlebnissen oder einem Verbrechen. Es gibt Fälle von Posttraumatischer Belastungsstörung, die von den Betroffenen selbst mit psychotherapeutischer Hilfe nicht wesentlich verbessert werden können und bei denen die Patienten oder Patientinnen dauerhaft in ihrem Leben eingeschränkt sind. Vielleicht können Methoden oder Medikamente, die auf den oben beschriebenen Versuchen der Gedächtnislöschung beruhen, diesen Menschen einmal gezielte Hilfe bieten. Aber das liegt noch in der Zukunft. Sicher muss man jeden Fall gesondert beurteilen und sorgfältig abwägen, ob man davon Gebrauch machen will.

2.14 Die Resilienz-Faktoren im kurzen Überblick

Wir sahen mehrmals, wie alle Resilienz-Faktoren ineinandergreifen, auch wenn einer besonders stark ist. Deshalb wollen wir zum Abschluss kurz alle dargestellten Resilienz-Faktoren ins Gedächtnis rufen.

Sehen der Realität

Wir Menschen kennen eine Reihe von Mechanismen, die zur Selbsttäuschung führen. Diese sind gerade nach schweren Schicksalsschlägen wirksam. Das

Sehen und Anerkennen der veränderten Realität nach einem einschneidenden Unglück gelingt vor allem mit Hilfe anderer Menschen und ist eine Grundvoraussetzung dafür, dass die meisten anderen Resilienz-Faktoren wirksam werden können.

Die optimale Einstellung: Gestalter-Grundhaltung oder Selbstwirksamkeits-Überzeugung

Die Überzeugung, dass wir auch nach einem Schicksalsschlag Gestalterin oder Gestalter unseres Lebens sein können und nicht den Mächten des Schicksals völlig hilflos ausgeliefert sind (auch wenn das Unglück das Gegenteil zu beweisen scheint), ist ein wichtiger Teil unserer Resilienz.

Wir können nicht verhindern, dass wir in unserem Leben vor schwere Probleme gestellt werden. Ob wir diese als Unglück oder als Herausforderung, an der wir wachsen, interpretieren, ist eine Frage unserer inneren Einstellungen – und diese können wir frei wählen. Das Überwinden von Schwerem setzt Vertrauen voraus in eine Entwicklung zum Guten. Auch eine solche optimistische Grundeinstellung können wir erwerben.

Bewusstseins-Abspaltung oder Dissoziation

Eine zeitlich begrenze Abspaltung der Gefühle von der eigenen Wahrnehmung schützt Betroffene nach einem Schicksalsschlag vor einer Überflutung durch die Empfindungen und einem möglichen Zusammenbruch. Die Dissoziation kann nicht willentlich hergestellt werden und ist bisher nur wenig untersucht. Kehrt die innere Verbindung zu den Empfindungen auch nach Wochen nicht zurück, ist es wichtig, therapeutische Hilfe in Anspruch zu nehmen.

Selbstbewusstsein und Persönlichkeit entwickeln

Die Möglichkeit, sich selbst nach einem erlittenen Unglück besser zu erkennen und vorher unbewusste Persönlichkeitsanteile ins Bewusstsein zu integrieren, schenkt eine neue innere Stärke, ein zunehmendes stabiles Selbstwertgefühl und ein wachsendes Verständnis für andere Menschen. Selbsterforschung erfordert liebevolle Aufmerksamkeit und Ehrlichkeit sich selbst gegenüber.

Für sich selbst sorgen, wieder glücklich sein

Wir haben manchmal ein schlechtes Gewissen, wenn wir nur an uns denken, vielleicht auch dann, wenn die Umgebung von uns erwartet, dass wir noch trauern, wir uns aber nicht mehr so fühlen. In der Rekonvaleszenz-Phase nach einem Unglück kann man das »Es-sich-wieder-gut-gehen-Lassen« als therapeutische Maßnahme ansehen und es sich erlauben. Dass man sich selbst dabei als Gestalter oder Gestalterin seines Schicksals sieht, stellt eine Voraussetzung dar. Wenn man sich als Opfer des Schicksals sieht und das Leiden als einen Beweis für diese Überzeugung betrachtet, wird man sich kaum erlauben oder gar dafür sorgen, dass es einem gut geht.

Humor und kleine »Rollenspiele« helfen, kurzzeitig Distanz zu dem Unglück herzustellen und sich dadurch für diesen Moment leichter zu fühlen.

In den beiden zuletzt genannten Resilienz-Faktoren besteht die Gefahr, dass sie übertrieben oder zu lange praktiziert werden. Wer sich zu sehr im Mittelpunkt seiner Betrachtungen und Sorgen sieht, verliert den Kontakt zu seiner sozialen Umwelt oder wird für diese »unerträglich«, da er nur noch ein Thema kennt: sich selbst. Eine ähnliche Gefahr liegt darin, wenn man nach einem Unglück den Egoismus oder eine einzige »Rolle« zu seiner dauerhaften Gestalter-Grundhaltung oder Handlungs-Orientierung macht. Für diese beiden Resilienz-Faktoren ist eine Kombination mit dem nun folgenden Faktor »Soziale Kontakte« unbedingt notwendig.

Hilfe durch soziale Kontakte

Wir Menschen sind soziale Wesen und brauchen für eine gesunde Entwicklung immer wieder andere Menschen, die für uns sorgen, wobei das seelische Umsorgen manchmal noch wichtiger ist, als das praktische Umsorgtsein. Besonders in Krisenzeiten sind gute Beziehungen zur Familie oder zu Freunden wichtig. Am wirksamsten ist natürlich eine tiefe Liebesbeziehung. Doch auch die Hilfe, die aus weniger intimen Beziehungen erwächst, wie der Mitgliedschaft in Vereinen, Teilnahme an Stammtischen oder einem regelmäßigen Zusammensein mit anderen Menschen im Rahmen eines gemeinsamen Interesses, ist nicht zu unterschätzen. Betroffene brauchen die Fähigkeit (oder müssen es lernen), um soziale Unterstützung zu bitten und diese auch anzunehmen.

Die Zuwendung, die man einem Tier angedeihen lässt, kann trösten und helfen, den Schritt aus der ersten Einsamkeit wieder hin zu Menschen zu finden.

Verzeihen

Wenn wir meinen, einen Verursacher unseres Unglücks ausmachen zu können, empfinden wir oft Hass gegenüber diesem Menschen – sogar und oft besonders, wenn wir es selbst sind, den wir als Ursache der Katastrophe erkennen. Hass und Selbsthass sind nicht nur schädlich für unseren Geist, unsere Seele und unseren Körper, sondern auch hinderlich bei der Verarbeitung der Folgen des Unglücks. Verzeihen stellt daher einen wichtigen Resilienz-Faktor dar.

Das Verzeihen setzt eine Gestalter-Grundhaltung in uns voraus. Nur wenn wir uns selbst als verantwortlich für unsere Gefühle betrachten, haben wir die Kraft, uns und unser Urteil über den anderen Menschen zu hinterfragen und Verständnis für ihn oder sie zu entwickeln.

Trauern

Abschied zu nehmen von dem, was vergangen ist, wird häufig mit »Trauerarbeit« bezeichnet. Die Trauer, die mit einem Unglück verbunden ist, nicht zuzulassen, das Geschehen vielleicht sogar zu verdrängen, ist langfristig gesehen eine erfolglose Technik, mit der man sich schadet. Trauerarbeit kann aus vielen verschiedenen Verhaltensweisen bestehen, auf die wir eingegangen sind.

Aufgaben- und Zielorientierung

Die zeitweise Konzentration auf eine Aufgabe lenkt von dem Erlittenen ab. Man richtet seine Aufmerksamkeit auf die Gegenwart und hoffentlich positive Zukunft und nicht auf die schmerzhafte Vergangenheit. Es ist hilfreich und ein wichtiger Teil von Resilienz, sich eine Aufgabe zu suchen, auch dann, wenn man von der Umgebung alle Arbeit abgenommen bekommt.

Sich fit halten

Wir bestehen aus Körper, Geist und Seele und müssen unseren Körper so fit wie möglich halten, um einen gesunden Geist und eine gesunde Seele zu haben, denn alle drei beeinflussen sich gegenseitig. Mit gesunder Ernährung und körperlichem Training fördern wir nicht nur unseren Körper, sondern auch unsere mentalen Kräfte, wie Konzentration, Durchhaltevermögen, Geduld, Disziplin und Überwindung, die alle wichtige Elemente von Resilienz sind.

Bewegung in der freien Natur ermöglicht zusätzlich, aus dieser Ruhe und Kraft zu schöpfen.

Sinn erleben

Aus der Fähigkeit, Sinn zu finden oder Sinn zu stiften, erwächst große Kraft. Der Sinn erschließt sich nach einem Schicksalsschlag nicht jedem Menschen sofort, manchmal erkennt man ihn erst im Laufe der Zeit oder mit Hilfe anderer Menschen. Sinn, der über unser individuelles Leben hinausgeht, zeigen uns die Religionen. Da jedoch die Sinnsuche, das Sinnfinden und das Sinnstiften nicht nur gläubigen Menschen vorbehalten ist, haben wir diesem Thema einen eigenen Abschnitt gewidmet.

Auch das Erkennen von Zusammenhängen ist eine von vielen Formen, Sinn zu finden. Religiösem Sinn, Erkenntnissuche, Hingebung an geliebte Menschen oder ein Werk ist gemeinsam, dass sie über das Schicksal des vom Unglück Betroffenen hinausweisen.

Vertrauen auf ein Höheres Wesen

Immer wieder zeigen Schicksale, dass Menschen, die einen starken Glauben an eine ihnen wohlgesonnene Höhere Macht haben, trotz aller Schmerzen mit Schicksalsschlägen besser umgehen können als andere. Sie erkennen im Geschehen einen Sinn und fühlen sich auch im Leid geschützt und geborgen.

Wir haben hier zwölf Resilienzfaktoren unterschieden und getrennt dargestellt, um deutlich zu machen, welche einzelnen Kräfte in uns liegen und welch große Macht sie über unser Leben haben können. In der täglichen Realität des Lebens gibt es eine enge Verbindung dieser Faktoren untereinander und oft eine Überschneidung, zum Beispiel zwischen »Sinn erleben« und »Vertrauen auf ein Höheres Wesen«, aber auch zwischen vielen anderen Resilienzfaktoren. Am besten fördern wir sie alle in uns.

3 Am Schicksal gescheitert?

»Wahrlich, keiner ist weise, der nicht das Dunkel kennt.«
— Hermann Hesse

Wir haben an eindrucksvollen Beispielen gesehen, auf welche Weise Menschen selbst große Schicksalsschläge überwinden konnten. Es mag der Eindruck entstanden sein, dass wir immer alles meistern können, was uns in diesem Leben begegnet, wenn wir nur die richtigen Techniken nutzen. Ob das, selbst unter Anwendung aller die Resilienz stärkenden Faktoren möglich ist, kann man mit Fug und Recht bezweifeln. Wir wissen es nicht.

Unübersehbar ist dennoch, dass es unterschiedliche Arten gibt, mit einem Schicksalsschlag umzugehen. Manche Wege können zu einem neuen Leben in innerem Frieden führen, andere wirken wie eine Sackgasse, die das Leid noch verstärkt oder bewahrt. Wir wollen uns in diesem Kapitel mit der Frage beschäftigen, welche Irrwege sich bei erlittenem Unglück anbieten, die den Betroffenen nicht nur nicht helfen, sondern sie sogar daran hindern, das Erlebte zu verarbeiten und im Laufe der Zeit in eine neue, möglichst gute Normalität zurückzufinden.

3.1 Können Außenstehende beurteilen, ob jemand an seinem Schicksal gescheitert ist?

»Man sollte über niemanden urteilen, in dessen Mokassins man nicht mindestens 1 000 Meilen gewandert ist.«
— Indianisches Sprichwort

Um zu beurteilen, ob jemand scheitert, müsste man ein Ziel vor Augen haben, das der Betroffene erreichen sollte. Doch wer setzt das Ziel? Die Religion? Die Moral? Die Kultur? Die sogenannte »Normalität«, die es nicht gibt?

Wenn wir von »Scheitern« sprechen, klingt das auch so, als wollten wir behaupten, der Betroffene hätte eine Alternative gehabt. Aber konnte er wirklich immer zwischen verschiedenen Möglichkeiten wählen?

Wir kennen die inneren und äußeren Ziele anderer Menschen kaum, manchmal sind uns sogar unsere eigenen Ziele nicht ganz klar, und dass jemand innerlich frei in der Entscheidung und im Handeln, sowie sich der Konsequenzen bewusst sei, kann man niemals von einem anderen Menschen behaupten.

Manchmal bürdet das Schicksal einem einzelnen Menschen so viele komplexe Aufgaben auf, dass diese für ihn nicht lösbar sind. Er wird vielleicht hin und her gerissen von der Verantwortung für verschiedene Menschen, der Abhängigkeit von anderen oder von materieller Not, aus der er keinen Ausweg sieht.

Jemand, der weniger erfolgreich mit erlittenem Unglück umgeht als die in diesem Buch erwähnten Persönlichkeiten, kann und darf von uns nicht beurteilt oder gar verurteilt werden. Es gibt nichts, was es einem Außenstehenden im Entferntesten erlauben würde, zu behaupten, jemand sei an seinem Schicksal gescheitert.

Ähnlich gefährlich ist es, zumindest, wenn man es ohne Weisheit und Humor tut, den eigenen Umgang mit Schicksalsschlägen rückblickend zu verurteilen.

Das sind die Gründe dafür, warum wir in diesem Kapitel keine Einzelschicksale in den Mittelpunkt stellen.

Wir wollen im Folgenden Wege aufzeigen, die sich bei einem Schicksalsschlag als vermeintliche »Rettungswege« anbieten, die man jedoch auf jeden Fall vermeiden sollte, um negative Konsequenzen auszuschließen. Wir beschränken uns dabei auf die wichtigsten Irrwege.

## 3.2	Sackgassen auf dem Weg der Bewältigung von Schicksalsschlägen

In die Sucht flüchten

> »Zuerst hat man Drogen wegen seiner Probleme, dann hat man Probleme wegen seiner Drogen.«
> — Gerhard Uhlenbruck[1]

Wir sprachen davon, dass es hilfreich sein kann, wenn man sich nach einem Schicksalsschlag hin und wieder ablenkt. Gefährlich wird diese Ablenkung, wenn sie eine Eigendynamik entwickelt und nicht mehr gesteuert werden

---

1 Deutscher Mediziner und Aphoristiker (geb. 1929)

kann. Das passiert, wenn die Mittel oder die Erlebnisse, mit denen wir uns ablenken, zu einer Abhängigkeit geführt haben.

Mit Abhängigkeit, umgangssprachlich Sucht, wird in der Medizin das unabweisbare Verlangen nach einem bestimmten Erlebniszustand bezeichnet. Diesem Verlangen werden dann die Kräfte der Selbstbestimmung und der Vernunft untergeordnet. Eine Abhängigkeit macht eine freie Entfaltung und damit auch eine Weiterentwicklung der Persönlichkeit unmöglich und zerstört sehr häufig die sozialen Bindungen, die Gesundheit und die sozialen Chancen eines Individuums.

Fast jede Form des Genusses und der Ablenkung kann zur Abhängigkeit führen, wobei die Grenzen zur normalen Nutzung fließend sind. Die am häufigsten auftretenden Abhängigkeiten oder Suchtformen beruhen auf:

Alkohol, Drogen, Tabletten, Zigaretten, Koffein, Arbeit, Internetnutzung, Sex, Pornographie, Essen, Fernsehen, Glücksspiel, Schokolade u. a.

In Abgrenzung zur »normalen« Nutzung spricht man von einer Abhängigkeit dann, wenn der betroffene Mensch ohne diese Form der »Ablenkung« nicht mehr auskommt, wenn er der Beschaffung und Nutzung einen vorrangigen Platz in seinem Leben einräumt und die Häufigkeit und die Menge des Konsums das übliche Maß deutlich überschreitet.

Der oder die Abhängige unterbricht oder schränkt die Gewohnheiten auch dann nicht ein, wenn sich negative Folge- oder Begleiterscheinungen, wie körperliche Nebenwirkungen, Schwierigkeiten im Beruf oder Behinderung der sozialen Kontakte zeigen. (Eine Reihe der oben genannten Abhängigkeiten werden heute als Krankheiten anerkannt.)

Den Weg aus dieser Sackgasse zeigen Suchtberatungs-Stellen wie Condrops, Mindzone, Narcotics Anonymous, Nacao, Sucht-Hotlines, Suchtberatung im Internet – caritas.de, www.sucht-und-drogen-hotline.de, Anonyme Alkoholiker und viele mehr. Die Anonymen Alkoholiker (AA) stellen ein gutes kurzes Blatt zur Verfügung, mit dessen Hilfe man überprüfen kann, ob man abhängig von Alkohol ist oder sich in Gefahr befindet, es zu werden. Die Landesstellen für Suchtgefahren vermitteln Hilfs- und Beratungseinrichtungen zu allen Süchten.

Die Probleme verdrängen

> »Man löst keine Probleme, indem man sie auf Eis legt.«
> — Winston Churchill

Erlebnisse können so schwerwiegend sein, dass selbst die Erinnerung an sie starke seelische Schmerzen auslöst. Es ist naheliegend, dass man dann an das

Erlittene nicht denken will. Aus dem zeitweisen und hilfreichen »Nach-hinten-Schieben« der Erinnerungen kann jedoch ein Verdrängen werden. Man kann sich gar nicht mehr richtig erinnern, das Erlebnis scheint mit der eigenen Person nichts mehr zu tun zu haben.

Der für seine Arbeiten zum Thema Resilienz bekannte Psychiater Boris Cyrulnik[2] (über dessen Erlebnisse wir oben ausführlich berichtet haben) beschreibt die Folgen dieses Vorgangs folgendermaßen: »Im gesunden Gedächtnis gibt die Ich-Vorstellung vor, was für ein Leben wir führen müssen, um glücklich und damit gesund zu sein. Im traumatischen Gedächtnis lässt ein unerklärlicher Riss das Gedächtnis erstarren und verwirrt das Denken.« Es kann keine Sicherheit vermittelnde Ich-Vorstellung mehr erschaffen, da es immer auf der Hut sein muss, die Erinnerungen nicht auftauchen zu lassen, die das Ich mit unbeherrschbaren Gefühlen überfluten würden. Die gesunden Selbsterhaltungs-Reaktionen und -Instinkte sind nicht mehr wirksam.

Das Verdrängen des Unglücks und der damit verbundenen Empfindungen führt auch dazu, dass man nicht mehr in der Lage ist, das Erlebte zu relativieren, zu verarbeiten und in das Selbstbild einzubauen.

Einem Ich, das laufend mit der Verdrängung beschäftigt ist und alles vermeidet, was die in der Tiefe des Bewusstseins verschlossenen Erlebnisse erwecken könnte, ist es nicht möglich, im Umgang mit anderen Menschen wirklich offen zu sein. Jane Hawking beschreibt die ihre Ehe zerstörende Wirkung der Verdrängung ihres Mannes eindringlich. Die Menschen, die mit einem Verdrängenden zusammen sind, spüren, dass etwas fehlt und sind verunsichert. Fehlt Offenheit, kann es zu keiner emotionalen Nähe kommen, die wir sonst im Umgang mit anderen so sehr genießen und die uns Vertrauen in Menschen und letztlich auch in uns selbst vermittelt.

Vielleicht spüren wir, wenn wir selbst verdrängen, dass uns im Umgang mit anderen »etwas fehlt«, kommen zu der Überzeugung, dass wir von »Natur aus ein Spaßvogel« oder aber »schüchtern« seien. Wir reden uns ein, wir seien eben anders als viele Menschen, weil das angeboren sei. Wenn wir mehr als üblich reden, es uns immer gelingt, alle Welt gut zu unterhalten, wir aber nachher erschöpft sind, wenn wir bestrebt sind, besinnliche Stimmungen eher zu vermeiden, Distanz zu Menschen zu halten, dann sollten wir uns fragen, ob wir nicht etwas Schwerwiegendes verdrängen und auf diese Weise überdecken wollen.

---

2 Cyrulnik, Boris, 2014, S. 47

3.2 Sackgassen auf dem Weg der Bewältigung von Schicksalsschlägen

Auch Cyrulnik[3] hat das Vermeiden von negativen Erinnerungen als einen Weg des Umgangs mit seinen Traumata genutzt, damit aber keine sehr guten Erfahrungen gemacht: »Indem ich die beunruhigende Vorstellung der Vergangenheit vermied, ersparte ich mir die Angst, Grübelei und Depression. Doch da ich dadurch eine falsche Vorstellung von mir selbst entwickelte, war meine Beziehung zu anderen Menschen gestört. Ich war fröhlich und umgänglich, doch plötzlich, wenn ein Wort oder ein Ereignis das Verhängnis meiner Kindheit beschwor, verfiel ich in Schweigen.« Den Abwehrmechanismus der Verdrängung oder der Leugnung nennt Cyrulnik »eine Bombe mit Zeitzünder, die in unserer Seele abgelegt ist.«[4]

Hassen

> »Jemanden zu hassen ist so, als trinke man Gift und warte,
> dass der andere stirbt.«
> — Carrie Fischer

Wenn das traumatische Erleben mit einem anderen Menschen zu tun hat, entsteht in uns unter Umständen ein Gefühl der Feindseligkeit, vielleicht sogar des Hasses. Wir fühlen uns hilflos und gleichzeitig tief verletzt.

Wenn wir uns dem Hass überlassen, wird unser Bewusstsein von entsprechenden Gedanken und Vorstellungen überflutet, vielleicht sogar von der Überlegung, wie wir uns rächen können. Hass macht blind. Wir interpretieren alle Versuche des Gehassten, Versöhnung zu erreichen, als »falsch« oder »hinterhältig«. Wir sind nur für Gedanken offen, die unseren Hass stützen und fördern.

Hassgefühle können in der ersten Zeit nach dem traumatischen Erlebnis kurzfristig hilfreich erscheinen, sie sind es jedoch nicht. Sie erwecken den Anschein, als mobilisierten sie Abwehrkräfte, dabei schwächen sie das Immunsystem. Sie lassen uns aktiv werden, aber in die falsche Richtung und sie überdecken unsere Trauer, so dass wir uns ihr nicht zuwenden können. Wir konzentrieren uns auf das Objekt des Hasses und verlieren uns selbst völlig aus dem Blick. Im Kampf gegen das vermeintlich »Böse«, werden eigene Nachteile und manchmal sogar der eigene Untergang in Kauf genommen. Wir

---

3 A. a. O., S. 76 f.
4 A. a. O., S. 113

geben dann die Schuld für unseren Untergang dem »Verursacher« unseres Unglücks.

Starke Hassgefühle haben, abgesehen von den sozialen Folgen, erhebliche negative Auswirkungen auf den eigenen Körper: Sie führen zu Verspannungen, chronischer Gereiztheit, Bluthochdruck, Schlafstörungen, Unkonzentriertheit und dem Verlust von innerem Frieden.

Den Prozess des Verzeihens zu durchlaufen ist in einer solchen Situation die einzige Lösung für das Problem. Deshalb haben wir diesem Thema den Resilienz-Faktor 7 gewidmet.

Verzeihen lässt sich – sehr verkürzt ausgedrückt – durch drei Maßnahmen erreichen:

- Man muss aus der Opferhaltung herauskommen, indem man sich bewusst macht, dass man selbst bestimmt, welchen Gedanken und damit welchen Gefühlen man in sich Raum gibt.
- Man bemüht sich, Verständnis für das Verhalten desjenigen zu entwickeln, auf den sich der Hass richtet.
- Man sucht den eigenen Anteil am Geschehen.

Ausgiebiges Selbstmitleid

> »Selbstmitleid ist mit Abstand das schädlichste nicht pharmazeutische Betäubungsmittel: es macht süchtig, beschert kurzfristig ein Wohlgefühl und isoliert seine Opfer von der Wirklichkeit.«
> — John W. Gardner[5]

Mitgefühl ist ein Heilmittel, das uns andere zukommen lassen, wenn es uns schlecht geht. Mitgefühl – in kleinen Portionen – kann kurzfristig helfen, aber wehe, wenn wir zu viel davon bekommen oder wenn wir dieses Mitgefühl übernehmen und uns selbst bemitleiden. Dann wirkt es auf uns wie Gift, so wie die meisten Heilmittel wie Gift wirken, wenn man sie überdosiert.

Das Mitgefühl anderer ist in Krisensituationen kostbar und kurzfristig unerlässlich, langfristig stellt es jedoch eine große Versuchung dar, uns in das Selbstmitleid fallen zu lassen. Ausgiebiges Selbstmitleid drängt uns in die Passivität, es bietet uns jederzeit Ausflüchte an, unsere neuen Lebensumstände nicht aktiv zu gestalten und wieder Zugang zu positiven Empfindungen zu

---

5 Amerikanischer Schriftsteller und Minister für Gesundheit, Bildung und Wohlfahrt (1912–2002)

suchen. Wie das Hassen und die Süchte stört auch ausgiebiges Selbstmitleid auf längere Sicht gute soziale Beziehungen.

Ausklammern aller Gefühle

> »Die Hälfte aller Fehler entsteht dadurch, dass wir denken sollten, wo wir fühlen, und dass wir fühlen sollten, wo wir denken.«
> — John Churton Collins[6]

Wenn wir keine positiven Gefühle mehr empfinden können, kann es vorkommen, dass wir versuchen, alle unsere Emotionen nicht mehr wahrzunehmen. Wir lösen uns von ihnen, wir werden zu einem reinen »Verstandesmensch«.

Kuhl[7] unterscheidet das Intentions- und das Extensionsgedächtnis und weist darauf hin, dass unser bewusstes Denken und Planen im Intentionsgedächtnis lokalisiert ist. Der wichtigere Teil sei jedoch das Extensionsgedächtnis, da dort die Erfahrungen des gesamten Lebens gespeichert sind. Wenn wir ausschließlich durch unser Intentionsgedächtnis leben wollen und damit unsere Gefühle, die ganzheitliche Wahrnehmung und unweigerlich auch unsere Intuition »ausschalten«, dann verlieren wir den Kontakt zu einem großen Teil von uns selbst.

Die ausschließliche Orientierung an dem rationalen Ich führt langfristig zu Fehlentwicklungen und schadet uns. Wir werden zu Robotern, die sich selbst verlieren und die in Folge auch liebevolle, warmherzige Beziehungen verspielen.

Die oben beschriebene Trauerarbeit und die Suche nach Selbsterkenntnis sind geeignete Wege, diese Gefahr zu vermeiden.

Langzeitige soziale Isolierung

> »Einsamkeit ist das Gewahr-Werden totaler Isolation.«
> — Krishnamurti[8]

Das Verarbeiten eines Schicksalsschlages kostet viel Kraft. Das kann dazu führen, dass man sich von anderen Menschen zurückzieht, um sich nicht auch

---

6 Englischer Schriftsteller und Kritiker (1848–1908)
7 Kuhl, Julius, 2001, s. a. Martens, Jens-Uwe & Kuhl, Julius, 2013
8 Indischer Philosoph, Theosoph und spiritueller Lehrer (1895–1986)

noch auf deren Bedürfnisse und Erwartungen einstellen zu müssen. Man fürchtet sich davor, immer wieder erklären zu müssen, wie es einem geht, scheut das Mitleid, das einen herunterziehen könnte und hat Angst, zum Außenseiter zu werden, weil man etwas erlebt hat, was andere nicht verstehen oder nachvollziehen können. Vielleicht fürchtet man auch, sein Image in der Position der Schwäche, in die man durch den Schicksalsschlag geraten ist, nicht mehr aufrechterhalten zu können.

Sich zeitweise zurückzuziehen und sich mit sich selbst zu beschäftigen, ist sinnvoll und wichtig. Trauerarbeit besteht zumeist darin, dass wir ohne Kontakt zu anderen sind. Doch wenn es nicht gelingt, sich nach einer gewissen Zeit wieder dem Umfeld zu stellen, kann sich aus dem übermäßigen Alleinsein eine Sackgasse entwickeln, die für uns schädliche Folgen hat.

Eine Isolierung von anderen Menschen, der Mangel an Kontakt führt häufig dazu, dass man dem Zusammenleben abträgliche Eigenheiten entwickelt, durch die man zum »Eigenbrötler« und dadurch zum Außenseiter wird. Man verlernt Empathie, die Fähigkeit, sich auf jemand anderen einzustellen und die Kompromissfähigkeit.

Wir gestalten unsere Persönlichkeit durch das, was wir regelmäßig tun. Das hat sogar Einfluss auf unser Gehirn und man kann davon ausgehen, dass wichtige Teile von uns verkümmern, wenn wir lange Zeit keinen persönlichen Kontakt mehr pflegen. Auch entwickeln wir einen wichtigen Teil unseres Selbstbildes in der Kommunikation mit anderen Menschen. Wenn wir sehr wenig Kontakt haben, besteht die Gefahr, dass wir uns unserer selbst in Gemeinschaft nicht mehr sicher sind und aufgrund der wachsenden Unsicherheit die Tendenz in uns zum Rückzug noch verstärken.

Einzelhaft in einem Gefängnis ist eine besondere Form der Folter und eine erzwungene soziale Isolation kann zu psychischen Krankheiten führen. Auch wenn wir uns freiwillig isolieren, bleibt das meist nicht ohne Folgen.

Allerdings gibt es große individuelle Unterschiede. Manchmal wird eine objektiv bestehende soziale Isolation von einer betroffenen Person subjektiv nicht als Mangel empfunden und kann ohne Schaden bleiben. Wer nach einem traumatischen Erlebnis soziale Kontakte vermeidet, verzichtet jedoch auf den vielleicht wichtigsten Resilienz-Faktor, die Hilfe durch Menschen.

3.3 Resümee

Jeder Mensch ist einzigartig, jedes Schicksal ist anders und jeder Lebensweg hat so viele Alternativen und auch so viele nicht vorhersehbare und nicht zu vermeidende Hindernisse und Probleme, dass eine außenstehende Person niemals sagen kann, ob diese oder jene Variante im Leben, diese oder jene alternative Entscheidung, einen wesentlichen Unterschied gemacht hätte. Andererseits ist es offensichtlich, dass manche Lebenswege besser als andere geeignet sind, ein erfülltes, zufriedenes Leben zu ermöglichen. Hier sollte vor einigen häufig beschrittenen Irrwegen gewarnt werden.

Es ist wichtig, diese Irrwege frühzeitig zu erkennen. Je weiter man sie gegangen ist, desto schwieriger ist es, sie zu verlassen. Wenn Sie sich subjektiv schwer belastet fühlen und zunehmend Techniken entwickelt haben, die Ihnen Erleichterung verschaffen, dann prüfen Sie, ob es sich um einen Weg handelt, der die grundlegenden Probleme lösen und ihre Resilienz stärken kann, oder ob Sie in eine der »Sackgassen« geraten sind.

Vor allem folgende Verhaltensweisen sind langfristig mit großen Gefahren und schwerwiegenden Nebenwirkungen verbunden:

- in die Sucht flüchten,
- die Probleme verdrängen,
- hassen,
- Selbstmitleid pflegen,
- Ausklammern aller Gefühle,
- sich langzeitig sozial isolieren.

4 Angst vor Schicksalsschlägen

4.1 Das Wesen der Angst und der Furcht

> »Es ist wahrscheinlich, dass an dem Punkt, an dem wir die meiste Angst verspüren, unser größter Schatz begraben liegt.«
> — Reinhart K. Sprengler[1]

Wir alle kennen Angst und Furcht, sie sind Teil unseres Lebens. Ohne sie wären wir längst einem Unfall zum Opfer gefallen oder hätten wichtige menschliche Beziehungen »verspielt«. Angst, das Gefühl einer unbestimmten Lebensbedrohung und Furcht, die Emotion, die auf ein bestimmtes Objekt, eine konkrete Bedrohung oder eine akute Lebensgefahr bezogen ist, begleiten uns – bewusst oder unbewusst – unser Leben lang. Schon als Säugling kennen wir die Angst vor Trennung. Durch Märchen lernen Kinder weltweit Angst, Furcht und die Erlösung davon als Teil des Lebens zu begreifen.

Wie wir persönlich Angst erleben, hängt von unseren Anlagen und unseren individuellen Lebenserfahrungen und Lebensbedingungen ab, so wie wir ihnen ab unserer Zeugung begegnet sind. Wir sind am Beispiel der Biografie von Peter Schilling und Ray Charles darauf eingegangen, welche Bedeutung das Verhalten der Mutter oder der ersten Bezugsperson auf das Urvertrauen eines Menschen hat, auf sein Grundvertrauen in sich, die Mitmenschen und die Welt.

Durch das Vorbild der ersten Beziehungspersonen lernen wir jedoch auch Angstreaktionen, die für uns wie eine Konditionierung wirken. Man weiß beispielsweise, dass kleine Kinder bei einem Gewitter Orientierung suchend ins Gesicht der Mutter schauen. Bleibt diese ruhig, werden Donner und Blitz als nicht furchterregend, harmlos gespeichert, reagiert sie mit Schreck, registriert das Kind, dass ein Gewitter etwas Bedrohliches ist und verbindet damit Angst. Wir übernehmen also auch Ängste unserer Eltern und sogar der Vorfahren, wenn die Generationen vor uns ihre eigenen Ängste nicht hinterfragt haben.

---

1 Sprengler, Reinhart K., 2015

4.1 Das Wesen der Angst und der Furcht

Der Psychologe Fritz Riemann zeigt vier Grundformen der Angst auf, von denen sich alle weiteren Ängste ableiten lassen:

- die Angst vor dem Verlassen-Werden,
- die Angst vor zu enger Bindung,
- die Angst vor dem Ungewissen und
- die Angst vor dem Endgültigen.[2]

Diese Ängste, so erkennt man sofort, beziehen sich auf gegenüberliegende Pole, die sich zu widersprechen und doch gleichzeitig zu ergänzen scheinen.
Ihnen zugrunde liegen unsere Bedürfnisse

- nach Geborgenheit, »Dazugehören« und Einordnung in ein größeres Ganzes,
- nach Eigenständigkeit,
- nach Sicherheit, Vertrautem, Dauer und Beständigkeit,
- nach Wandel und Erneuerung.

Zu jedem Bemühen, das eine Bedürfnis zu erfüllen, gehört die Angst vor dem gegenüberliegenden Pol. »Und doch ... scheint eine lebendige Ordnung nur möglich zu sein, wenn wir ein Gleichgewicht zwischen diesen antinomischen (widersprüchlichen) Impulsen zu leben versuchen. Eine solche Gleichgewichtigkeit bedeutet indessen nicht etwas Statisches, wie man meinen könnte, sondern sie ist voll ungemeiner innerer Dynamik, weil sie nie etwas Erreichtes, sondern etwas immer wieder Herzustellendes ist.«[3] Der Versuch, diese Bedürfnisse zu befriedigen und die damit verbundenen Ängste gehören also organisch zu unserem Leben, egal ob wir sie uns bewusst machen oder sie verdrängen.

Wir empfinden Angst, wenn wir uns einer Situation gegenüber sehen, der wir uns nicht gewachsen fühlen. Sie ist ein Schutz vor Anforderungen und Eindrücken der Innen- oder Außenwelt, die wir als zu groß für uns empfinden. »Jede Entwicklung, jeder Reifungsschritt ist mit Angst verbunden, denn er führt uns in etwas Neues, bisher nicht Gekanntes oder Gekonntes... Werden und Reifen haben also offenbar viel zu tun mit Angstüberwindung und jedes Alter hat seine ihm entsprechenden Reifungsschritte mit den

---

2 Riemann, Fritz, 2013
3 Riemann, Fritz, 1981, S. 16

dazugehörenden Ängsten, die gemeistert werden müssen, wenn der Schritt gelingen soll.«[4]

Angst und Furcht sind immer (mehr oder weniger deutlich sichtbar) von vegetativen Symptomen begleitet: Pupillenerweiterung, Zittern, erhöhte Pulsfrequenz, Blutdrucksteigerung, Schweißausbruch, Adrenalinausschüttung, Ansteigen des Blutzuckers oder »Schreckensstarre«. Der Köper bereitet sich auf einen Kampf vor, eine Flucht oder in die Richtung des Reflexes, sich tot zu stellen.

Ein Schicksalsschlag katapultiert uns immer aus dem heraus, was uns vertraut ist und uns ein Gefühl von Sicherheit ermöglicht. Es ist also natürlich, dabei Angst zu empfinden. Weil jedes schlimme Erleben nach dem ersten Schock mit tiefen Emotionen gepaart ist, brennt sich die Erinnerung an Schmerz und Angst in unser Gedächtnis ein und möglicherweise entsteht die Furcht, wir könnten wieder etwas derart Schlimmes erleben.

Die Angst kann dadurch die Handlungsfreiheit einengen. Wenn man zum Beispiel seinen Partner verloren hat, vermeidet man – vielleicht sogar unbewusst – sich erneut an einen Menschen emotional zu binden, um die erlebte Trennung nicht noch einmal zu riskieren.

4.2 Umgang mit Angst und Furcht

> »Fürchte dich nicht, geh über die Brücke, überschreite, überwinde die Angst und du wirst leben.«
> — Ursa Krattiger[5]

Angst und Furcht gibt es in allen Kulturen, bei allen Menschen, ob sie es zugeben oder nicht und genauso vielfältig sind die Versuche, ihnen auszuweichen. Ob wir als Kinder (als magischen Zauber) vermeiden, auf die Fugen im Pflaster des Gehsteiges zu treten, um nicht von der Angst überwältigt zu werden, gleich eine schlechte Schulnote zu bekommen, oder ob wir uns wissenschaftlich informieren über die Folgen einer Nuklearkatastrophe für unseren Wohnort – beides dient der Angstreduzierung.

Der erste wichtige Schritt zur Bewältigung der Angst besteht darin, sie wahr- und ernst zu nehmen, sie nicht wegzudrängen.

---

4 A. a. O., S. 9
5 Schweizer Historikerin und Journalistin (geb. 1946)

4.2 Umgang mit Angst und Furcht

Angst und Furcht haben einen Doppelaspekt: Sie warnen uns vor einer Gefahr und enthalten gleichzeitig die Aufforderung, sie zu überwinden. Dazu können sie uns aktiv werden lassen oder sie können uns lähmen. »Das Annehmen und das Meistern der Angst bedeutet einen Entwicklungsschritt, lässt uns ein Stück reifen. Das Ausweichen vor ihr und vor der Auseinandersetzung mit ihr, lässt uns dagegen stagnieren; es hemmt unsere Weiterentwicklung und lässt uns dort kindlich bleiben, wo wir die Angstschranke nicht überwinden.«[6]

Als Erwachsene können wir angstmachende Situationen durchdenken. Es gilt sie anzuschauen, wenn möglich zu »umrunden«, sie aus verschiedenen Perspektiven zu betrachten, wie wir es bereits beim Resilienz-Faktor »Sehen der Realität« beschrieben haben. Oft ist das Geschehen, wie beispielsweise eine Kündigung des Arbeitsplatzes oder die drohende Scheidung nur der Angstauslöser. Dahinter liegen vielleicht tiefer liegende Ängste: die Angst Freunde zu verlieren, aus der Gesellschaftsschicht herauszufallen, in der man sich wohl fühlt, allein zu sein, das Leben mit seinen neuen Anforderungen nicht meistern zu können. Anders als in furchterregenden Situationen als kleine Kinder sind wir jedoch nicht mehr hilflos. Wir sind stärker, können etwas gegen die Angst machende Situation tun, wir können uns jetzt differenziert mitteilen, um Verständnis und Hilfe zu bekommen, wir können die Gefährdung richtig einschätzen und ihr unter Umständen wirksam begegnen.

Große Angst jedoch macht unseren Blickwinkel eng wie in einem Tunnel, wir brauchen daher den Blick anderer Menschen auf die Situation, um sie umfassend einschätzen zu können und die Angst zu überwinden. Einsamkeit und Isolierung wirken angstverstärkend, schon das Mitteilen-Können einer Angst bringt Erleichterung.

Unterdrücken wir Angst, statt sie wahrzunehmen, zu beachten und zu meistern, begeben wir uns nicht nur in Gefahr, sondern heften sie möglicherweise später an harmlose Ersatzobjekte, die mit der ursächlichen Angst gar nichts zu tun haben.

Wenn Angst durch ihre Intensität oder ihre Dauer sehr groß ist oder wenn wir sie als Kind in einer Zeit erlebten, in der wir noch keine seelischen Abwehrkräfte entwickelt haben und sich keine korrigierenden Erfahrungen darüberlegen konnten, kann sie schwer verarbeitet werden. Bleibt die Angst unverarbeitet im Unbewussten bestehen, taucht sie oft in seelischen oder körperlichen Symptomen wieder auf. Dann ist es wichtig, sich professionelle Hilfe bei einem kompetenten Therapeuten oder einer Therapeutin zu suchen. Auch können bestimmte organische Krankheiten, wie Asthma, Herzinfarkt

---

6 Riemann, Fritz, 1981, S. 9

oder manche Stoffwechselerkrankungen, um nur einige zu nennen, mit Angstzuständen verbunden sein und gehören in die Hand einer Ärztin oder eines Arztes. Ebenso verhält es sich mit Angst- oder Panikattacken.[7]

Männer, die dem klassischen Rollenmodell mit Werten von Leistungsstärke, Status, Einkommen verhaftet sind, haben oft Schwierigkeiten, Angst in sich wahrzunehmen. Sie kennen Anspannung, Unruhe, Sorge, können sich wütend, gehetzt, gereizt oder unter Druck zeigen; doch sich Angst einzugestehen, entspricht nicht ihrem Bild von Männlichkeit. Hier kann der Körper wichtige Hinweise auf diese Empfindung geben:

Magenschmerzen, Bluthochdruck, Atemschwierigkeiten, Schlaflosigkeit können Anzeichen von Angst sein. Alkoholkonsum oder die eigenmächtige Einnahme von Psychopharmaka sind der falsche Weg, damit umzugehen. Die Konfrontation mit dem, was uns Angst macht, lässt die Angst schrumpfen und uns dabei reifen.

Wenn wir uns vor einem ganz bestimmten Unglück fürchten, macht es Sinn zu fragen, wie hoch die Wahrscheinlichkeit ist, dass das eintritt, wovor wir uns fürchten. Ist sie hoch, ist es angeraten, Vorsorgemaßnahmen zu ergreifen. Kamen beispielsweise mehrere Herzinfarkte in der Familie vor, so ist es gut, die eigene Disposition von einem Arzt untersuchen zu lassen und das Leben so zu führen, dass man die Wahrscheinlichkeit minimiert, selbst einen Infarkt zu bekommen. Erkennt man die Ängste als nicht gerechtfertigt, von den Eltern oder jemand anderem übernommen, kann man sie innerlich zurückgeben oder sie sich einfach auflösen lassen.

Wir können uns immer bewusst machen, dass das Leiden an der Wirklichkeit keinesfalls die gleiche Wirkung hat, wie das Leiden an der Vorstellung von dieser Wirklichkeit. Wenn wir in der Realität einem Unglück begegnen, kommen automatisch Abwehr- und Verteidigungsmechanismen ins Spiel, ähnlich denen, von denen hier immer wieder die Rede ist, die uns das Unglück ertragen lassen, ohne dass wir daran zerbrechen. Wenn wir nur davon hören und uns vorstellen, uns wäre das passiert, dann sind diese Abwehrmechanismen nicht aktiv und wir sind daher überzeugt, dass wir so ein Erlebnis nicht überstehen könnten. Wir vergleichen das vorgestellte Unglück mit unseren – in Relation zu ihm – kleinen Nöten und stellen uns vor, dass unser Schmerz bei diesem Ereignis ein Vielfaches von dem ausmachen müsste, was wir bisher erlebt haben. Das ist jedoch nicht so. Die Mechanismen unserer Seele schützen uns.

---

7 Siehe hierzu auch: Bandelow, Borwin, 2006. Borwin Bandelow ist einer der führenden Angstforscher.

Eine besondere Angst, die Angst mit der sich alle Menschen einmal auseinandersetzen müssen, ist die Furcht vor dem eigenen Tod.

4.3 Die ultimative Angst: die Angst vor dem Sterben

Um Missverständnisse zu vermeiden, sei vorausgeschickt, dass wir im Folgenden den Bereich der wissenschaftlichen Erkenntnisse und der allgemeingültigen Aussagen verlassen. Wir betreten das Feld der individuellen Erfahrung, auch wenn Wissenschaftler, Autoren und Religionen immer wieder versucht haben und es weiter versuchen, das Wesen des Todes und die Frage eines möglichen Weiterlebens nach dem Tod für alle gültig zu beantworten.

Die Autorin Birgit berichtet von ihren ganz persönlichen Begegnungen mit dem Thema Tod. Wir haben diese Schilderung in dieses Buch mit aufgenommen, da unserer Überzeugung nach das Thema Angst zur Resilienz gehört – und damit auch die letzte Angst, die Angst vor dem Sterben und dem Tod. Vielleicht können die Erfahrungen von Birgit dem einen oder anderen Leser, der einen oder anderen Leserin die Möglichkeit geben, eine eigene, befriedigende, die Angst reduzierende Antwort zu finden.

Wenn wir jung und gesund sind, scheint der Tod so weit weg zu sein, dass wir uns fast für unsterblich halten. Es fällt uns leicht, die Angst davor wegzudrängen. Erst wenn Menschen, die wir lieben oder gut kennen oder unser Lieblingstier die Welt verlassen, tritt das Erkennen der Endlichkeit des Lebens in unser Bewusstsein, um dann meist in der übermütigen Jugend für lange Zeit wieder weit von uns geschoben zu werden. Manchmal kann man jedoch auch als junger Mensch diesem Thema nicht ausweichen.

Ungewollte Begegnungen der Autorin Birgit mit dem Tod

Erlösend, verwirrend, traurig, empörend oder himmelschreiend grausam?

Ersehnt als Erlösung ist er manchmal, der Tod. So nahm ich es unbewusst als Kind wahr, wenn ich mit meinem Vater, einem Landarzt, zu Krankenbesuchen mitfahren durfte. Verwirrend ist er, spürte ich, als plötzlich meine warmherzige Großmutter starb, bei der es nichts zu erlösen gab, und tief traurig machte er, als bald darauf mein geliebter Großvater ihr folgte.

4 Angst vor Schicksalsschlägen

Empörend kam er mir vor, als ich meine ersten beiden Kinder in der Schwangerschaft verlor, und ich war auch ein bisschen überrascht, dass er sich nicht an meine Vorstellungen vom Leben hielt.

Himmelschreiend und grausam zerstörend empfand ich ihn, als mein kleiner Sohn Michael zwei Tage nach seiner Geburt starb. Mein Herz tat so weh, dass ich auf einmal verstand, dass man an gebrochenem Herzen sterben kann, und ich wäre ihm gerne gefolgt. Dem in Kindertagen »lieb« genannten Gott warf ich vehement vor, alles andere als ein guter, lieber oder gerechter Gott zu sein. Hatte ich doch so um das Überleben meines Kindes gebetet.

Jedoch hatte ich beim Flehen auch plötzlich erkannt, dass ich für mich bete. ICH wollte ihn behalten, ohne zu wissen, was für meinen Sohn gut war. Als ich bat, es möge das geschehen, was für meinen Sohn richtig sei, verließ er diese Welt.

Er scheint mit sich reden zu lassen, mein Tod. Auf der Rückreise – ich war zur Entbindung meines Sohnes Michael von Irland, wo wir damals lebten, nach Deutschland gekommen – brannte ein Motor des zweimotorigen Flugzeuges und wir begannen zu sinken. »Willst du wirklich zu mir kommen?«, schien der Tod zu fragen. Mein Innerstes schrie, während meine zweijährige Tochter nichts ahnend von der Gefahr, in der wir schwebten, auf meinem Schoß kuschelte und in meinem Kopf die Gedanken hin und her schossen, wie ich bei einer Notlandung auf Wasser wenigstens ihr Überleben sichern könnte: »Nicht dieses Kind auch noch!« »Ich meine dich!«, blieb die Frage stehen, während das Flugzeug im Dunkel der Nacht immer weiter absackte. Inmitten der betenden, schreienden, hysterisch lachenden oder stummen Passagiere gab mein im Hals pochendes Herz die Antwort: »Ich möchte leben.« Nach einer gefühlten Ewigkeit zerrissen plötzlich Scheinwerfer das Dunkel und unter uns wurden Krankenwagen und Feuerwehrautos sichtbar, abwechselnd einer neben dem anderen, eine lange Reihe, wie Spielzeug aufgereiht von Kinderhand. Mit aufheulendem Motor setzten wir wackelig auf einer Landebahn auf. Die Türen wurden aufgerissen, wir stolperten die Treppe hinunter, wurden von hilfreichen Händen schnell in einen Bus geschoben und fanden uns in der Halle von London Heathrow Airport wieder.

»Ich möchte mit meinem Kind erst morgen weiterfliegen«, sagte ich zu der freundlichen Stewardess, die den Weiterflug mit einer anderen Maschine um Mitternacht ankündigte. Meine Tochter war übermüdet, ich erschöpft. Ich habe gute Freunde in London, es würde gut tun, ihnen an ihrem Kamin sitzend zu erzählen, was wir eben erlebt hatten.

»I am sorry, that`s not possible, das ist nicht möglich«, antwortete sie.

»Warum?«, fragte ich verwundert.

»Weil Sie nicht hier sind!«, kam die verblüffende Antwort. »Deshalb kann ich Ihnen kein Ticket ausstellen.«

»Wo bin ich denn, wenn nicht hier?«

»Sie sind irgendwo zwischen Paris (Anm.: wo wir das Flugzeug betreten hatten) und Shannon (unserem Zielflughafen).«

»Ja, aber der Motor des Flugzeugs brannte. Deshalb sind wir jetzt in London notgelandet!« gab ich zu bedenken.

»I am so sorry, dear«, wiederholte sie und schaute mich und mein weinendes Kind mitleidsvoll an. »Es ist nicht möglich. You are not here! Sie sind nicht hier!« Da war es, das pralle Leben mit seinem manchmal skurrilen Humor, und es schob mich an, aufkeimende Flugangst so schnell wie möglich zu überwinden. Was ich dann auch tat, wenn auch genauso blass und still, wie der Rest der »Überlebenden«, die sich deutlich abhoben von den übrigen Passagieren, als wir das nächste Flugzeug betraten und nach eineinhalb Stunden erleichtert in Shannon landeten.

Was mir damals geholfen hat über den Verlust meines Sohnes hinwegzukommen? Die ausländische Putzfrau in der Klinik, die sah, dass ich nichts gegessen hatte und mich einfach in den Arm nahm. Meine sonnige zweijährige Tochter, die mich brauchte. Die kurzen Momente, in denen ich in den leeren Kinderwagen, der noch bereitstand, hineinlächelte und für mich eine Sekunde lang so tat, als wäre nichts geschehen.

Der religiöse Chiropraktiker, der nicht verstand, warum ich traurig war: »Vielleicht brauchte die Seele ihres Sohnes nur noch die Erfahrung, dass er willkommen war, und das war er. Vielleicht war das alles, was sie noch erleben wollte.« So öffnete er mir die Augen, dass es nicht nur um mich, meine Vorstellungen, meine Wünsche geht, sondern dass eine Seele eigene Pläne haben kann. Mit 29 Jahren begann ich zu ahnen, was Liebe wirklich ist.

Naiv wie ein Kind, das Märchen liest, hatte ich bis dahin geglaubt, dass jemand, der mich liebt und den ich liebe, bei mir sein möchte. Dass mein Sohn so schnell wieder ging, passte genauso wenig in mein naives Bild von Liebe wie sein Tod zum Ende der meisten Märchen passt, die mit folgendem Satz enden, wenn Prinz und Prinzessin geheiratet haben: »Und sie lebten glücklich bis an ihr Lebensende.« Prinz und Prinzessin verlieren keine Kinder, schon gar nicht vier Kinder, wie mein Mann und ich, denn auch das nächste Kind werde ich ein Jahr später zur Welt bringen – zu früh – und es wird sterben. Ich werde es überleben, obwohl ich zu diesem Zeitpunkt noch glaube, so etwas nie wieder überstehen zu können.

Mein Mann und ich, eine Schülerliebe, waren diesen Erschütterungen nicht gemeinsam gewachsen. Heute weiß ich, warum viele Ehen zerbrechen, wenn ein Kind stirbt: Man trauert als Paar nicht im Gleichklang. Der gerade mehr Trauernde fühlt sich einsam und verlassen in seiner Not, der andere gebremst in seinem Lebensschwung durch ihn. Gott sei Dank gibt es heute, anders als damals, Foren und Selbsthilfegruppen im Internet, in denen sich Paare, die Gleiches erleben und vielleicht schon einen Schritt weiter sind, austauschen können.

Auch Irvin D. Yalom, ein Psychiater aus den USA, hat häufig diese Beobachtung gemacht: »Viele Untersuchungen haben gezeigt, dass es entgegen der Erwartung, der tragische Verlust eines Kindes könne eine Familie zusammenschweißen, in vielen Ehen zu wachsenden Spannungen kommt. ... Die Ehepartner trauern auf verschiedene – ja, diametral entgegengesetzte – Weise, sie sind häufig unfähig, einander zu verstehen und zu helfen; der eine füht sich durch die Trauer des anderen in seiner eigenen Art der Trauer direkt beeinträchtigt, was zu Auseinandersetzungen, Entfremdung und schließlich zur Trennung führt.«[8]

Ein Übergang?

Wo war er hingegangen, mein Sohn? Wo waren meine kleinen Kinder? Ohne Planung eröffnete sich mir einige Jahre später die Möglichkeit, ein Monat lang täglich in tiefen Meditationen Reinkarnationsreisen zu unternehmen[9]. Was ich bei diesen Erfahrungen als Tod erlebte, war immer Folgendes: Aus meinem Kopf oben am Scheitel, aus meinem Mund und meiner Nase tritt etwas Feines aus. Es ist feiner als der Hauch, den man an einem kalten Wintertag im Freien ausatmet, aber nicht so flüchtig. Es vereinigt sich nach dem Austritt aus dem Körper – es gibt keine angemessenen Worte es richtig zu beschreiben, aber ich versuche es – zu einem durchsichtigen feinen Schleier. Das bin ich, vollkommen lebendig. Ich bin nicht mein Körper.

Anwesend bei diesem Vorgang, bei dem ich mich von meinem Körper löse, sind immer andere feine »Schleier« von Menschen, die mich lieben, jedoch vor mir aus dem Leben auf der Erde gegangen sind und die nun auf mich warten und mich abholen.

In diesem Zustand bin ich schwerelos, schwebe, nehme alles wahr, allein ein Gedanke ist Impuls genug, mich schwebend zu bewegen, selbst durch Wände und Dächer hindurch. Die Kommunikation mit den anderen Wesenheiten ist leicht, ohne jedes Missverständnis. Jeder Gedanke kommt direkt beim Anderen an und umgekehrt empfängt man jeden Gedanken und jede Empfindung klar, fast telepathisch. Worte sind eine unbeholfene Brücke zwischen Menschen auf dieser Erde und oft die Quelle von Missverständnissen, sicher auch diese meine Worte. Ich möchte nur meine Ahnung teilen, dass da etwas sein könnte, nach unserem letzten Atemzug.

---

8   Yalom, Irvin D., 1989, S. 298 f
9   Zum Thema Reinkarnation: Stephenson, Ian, 2014.

Die Atmosphäre, wie ich sie empfand, ist geprägt von umfassender Liebe, großer Freude und tiefem Frieden.

Ich habe nie so etwas wie ein jüngstes Gericht erlebt, wobei das nicht daran gelegen haben kann, dass ich als Heiliger oder Heilige durch die jeweiligen Leben gegangen bin. Was ich jedes Mal erfuhr, war die große Anziehung eines sehr hellen, warmen großen Lichtes, in das ich hineinschweben wollte und es auch tat. Im Moment des Hineinschwebens wurde mir der Sinn meines gerade vergangenen Lebens auf der Erde, soweit ich ihn nicht schon verstanden hatte, vollständig klar. Das geschah liebe- und verständnisvoll und war in keiner Weise schmerzhaft.

Ich unterlege das alles absichtlich nicht mit den Forschungen von Dr. Raymond Moody[10] und Elisabeth Kübler Ross[11], die ich viel später lese, mit denen von Bernard Jakoby[12], Hans-Peter Dürr[13] oder den spannenden Forschungen des Kardiologen Pim van Lommel, der in einer 10-jährigen Studie an über 344 Herzstillstandspatienten nachweist, dass das Bewusstsein nicht an einen funktionierenden Körper gebunden ist, sondern dass Menschen, deren Gehirn, Atmung und Blutkreislauf nachweislich still stehen, ein klares Bewusstsein erfahren können. Damit entkräftet er Argumente, die behaupten, dass Nahtoderfahrungen lediglich Halluzinationen seien, die das Hirn in Todesangst produziere oder Nebenwirkungen von Medikamenten.[14]

Hier will ich nur erzählen, was ich erlebte. Aber ich kann jeden verstehen, der meinen Gedanken skeptisch gegenüber steht. Hier geht es um einen Bereich, der viel mit persönlicher Akzeptanz zu tun hat.

Für mich hatte der Tod sein Gesicht verändert. Er war vom verwirrenden, empörenden, himmelschreiend grausamen Schlussstrich zu einem Übergang geworden.

Das geht gar nicht ...

Das bewahrte mich jedoch nicht davor, einige Jahre später – ich war gerade 41 Jahre alt – bis ins Mark zu erschrecken, als ein Arzt mir bei der Diagnose Hautkrebs eine Lebenserwartung von zwei Jahren vorhersagte. »Das geht gar nicht!«, war meine erste Reaktion und auch meine vehemente Botschaft an meinen Tod. »Meine Tochter

---

10   Moody, Raymond A., 2001
11   Kübler-Ross, Elisabeth, 2012
12   Jacoby, Bernard, 2013
13   Dürr, Hans-Peter, 2010
14   Van Lommel, Pim, 2013, und van Lommel P. u. a., 2001

ist zu jung! Zuerst will ich ihr helfen, alleine lebensfähig zu werden!« Ich war inzwischen alleinerziehende Mutter meiner 14-jährigen Tochter.

Nach zwei operativen Eingriffen ging ich in die Auseinandersetzung mit dem Tumor, versuchte zu verstehen, was er mir sagen wollte, an meinem größten Abgrenzungsorgan, der Haut. Ich machte eine Psychotherapie, während ich gleichzeitig meine kleine Firma weiter aufbaute, Unternehmen beriet, Seminare hielt, Versicherungen abschloss, damit meine Tochter auf jeden Fall in Ruhe studieren könne. Ich half ihr zu lernen, wie man sich Zeit und Kraft einteilt, wie man kocht und bügelt, sich gut ernährt, nicht nur Körper- oder Raum-, sondern auch Seelenhygiene betreibt, was Gastfreundschaft ist und vieles mehr. Das alles war nicht nur dringlich geworden, es tat auch gut, mich nicht nur um mich zu drehen, sondern etwas für sie und andere zu machen.

Dennoch waren das eine Menge Aufgaben in einer Zeit verminderter Kraft und das noch unter Zeitdruck, denn zwei Jahre sind nicht lange. Es gilt mittlerweile als gesichert, dass Stress und Angst die Immunfunktionen eines Krebspatienten zusätzlich beeinträchtigen können[15]. *Ich versuchte nicht nur durch Psychotherapie, sondern auch mit täglichen Körpermeditationen und anschließenden Visualisierungen nach dem Onkologen Carl Simonton Stress und Angst auszugleichen und gleichzeitig meine Selbstheilungskräfte zu stärken. Christian Schubert schreibt hierzu: »Auch wenn ... die Forschung zu Achtsamkeit und Immunität noch ziemlich in den Kinderschuhen steckt, gibt es doch vielversprechende Hinweise für den positiven Einfluss achtsamkeitsbasierter Verfahren bei Krebspatienten und gesunden Erwachsenen.«*[16]

Es ist nicht der Tod, sondern die Angst, die so schrecklich ist. Sie nistet sich wie ein Polyp mit unzähligen Tentakeln im Inneren ein und scheint einen manchmal auffressen zu wollen.

Heute bin ich tumorfrei, fühle mich wohl und gelte medizinisch als gesund. Dieses Anklopfen des Todes hat mir große Geschenke gebracht: Wann immer ich zerrissen bin von Aufgaben oder Ideen, brauche ich mich nur zu fragen: »Wenn ich nur noch kurz zu leben hätte, was wäre dann wirklich wichtig?« Auch erinnere ich mich an eine Studie, deren Namen ich leider vergessen habe. Das Ergebnis war in folgendes Bild gepackt: »Wenn alle Menschen mit einem individuellen Lebenslied geboren würden, dann singen Krebspatienten ein wunderschönes Lied, aber nicht ihr eigenes.« Das eigene Lied, das unverwechselbare Lied der eigenen Seele immer wieder zu singen – im übertragenen Sinn – neben der Anpassung, die das Miteinander fordert, ist eine spannende und schöne Aufgabe.

---

15 Andersen, Barbara L. et al., 1998, Golden-Kreutz, D. M. & Andersen, B. L., 2004, Witek-Janusek, Linda et al., 2008, in Schubert, Christian, 2014, S. 290 ff.
16 Schubert, Christian, 2014, S. 301

Wie eng Körper, Geist und Seele miteinander verwoben sind, zeigen die neuesten Ergebnisse der Psychoneuroimmunologie. (Sie beschäftigt sich, wie bereits erwähnt, mit dem Zusammenwirken und den Wechselwirkungen des Organismus mit psychischen und psychosozialen Faktoren und Ereignissen.) Durch eine Vielzahl von Untersuchungen gelangte man zu der Einsicht, »dass sich die verschiedenen Subsysteme des Organismus, allen voran Nerven-, Hormon- und Immunsystem, über die Freisetzung von Neurotransmittern, Neuropeptiden, Zytokinen und Hormonen in einer gemeinsamen biochemischen Sprache verständigen« können.[17]

Unsere Gedanken lösen also biochemische Prozesse in unserem Körper aus, die sich auf unser Immunsystem auswirken. Was liegt näher, als damit zu beginnen, auf unsere Gedanken und Gedankenmuster zu achten und dysfunktionalen Gedanken kein Gewicht zu geben?

Unsere Gedanken und Deutungen wiederum erschaffen unsere Gefühle. Das bedeutet: Wir sind verantwortlich für unsere Gefühle, die ebenfalls biochemische Vorgänge in unserem Körper auslösen.

Die Erfahrung zeigt, dass es nicht funktioniert, Gedanken oder Empfindungen »loszulassen« oder sie zu kontrollieren. Der Versuch, einen Gedanken oder eine Empfindung loszulassen, lenkt unser Bewusstsein auf sie und macht sie nur stärker. Gedanken und Empfindungen verändern sich von selbst, wenn wir sie zulassen. Es hilft, ihnen ganz zart Raum in uns zu geben, sie nur wahrzunehmen, ohne uns mit ihnen zu identifizieren. Wir werden merken, dass Vorstellungen, Gedanken und Empfindungen kommen. Es zeigt sich ein Preis, den sie verlangen (wir werden diese Aussage gleich an einem Beispiel erläutern), dann verschwinden sie wieder und innere Ruhe kann entstehen.

Betrachten wir zum Beispiel die Angst. Meist ist ihr unbewusst ein Gedanke vorausgegangen, der eine Erfahrung oder Information aus der Vergangenheit auf die Zukunft projiziert. Der Verstand kann ein nützlicher Diener sein, aber er liebt es auch, spazieren zu gehen, wenn man nicht ganz im Hier und Jetzt ist. Unser Magen zieht sich zusammen, wenn die Angst kommt, oft ebenso unsere Kehle. Unser Herz klopft schneller, die Gedanken flattern, vielleicht zittern auch unsere Hände oder der Angstschweiß bricht aus. Wir können unsere Umgebung nicht mehr mit allen Sinnen wahrnehmen, sind vielleicht ungeduldig und wenig einfühlend mit anderen.

Beobachten wir das still, ohne es verändern zu wollen, erkennen wir den hohen Preis, den wir für einen einzigen Gedanken zu geben bereit sind. Denn die Angst ist nur der Gedanke: »Ich halte das nicht aus.«

---

17 Blalock, J. Edwin, 1994, zitiert nach Schubert, Christian, 2011, S. 4

Wenn wir uns nun auf diesen Gedanken einlassen würden, würden wir ein inneres Drama erschaffen. Sehen wir jedoch mit Sanftheit, was in diesem Moment in uns passiert, sind wir präsent mit unseren Empfindungen, dann lösen sie sich auf und in uns ist Ruhe.

Wie steht es mit der »Hoffnung«? Hoffnung kommt oft zuckersüß. Sie sieht schön aus, verspricht Freude, Vergnügen, Sicherheit, Glück, dass die Dinge besser sind – jedoch erst in der Zukunft. Im Jetzt bringt sie Anspannung und Frustration. Hoffnung führt, ebenso wie die Angst, weg vom Hier und vom Jetzt, wie es ist. Dabei ist doch dieser kleine Moment, in dem ich dies hier schreibe oder in dem Sie dies hier lesen, das Leben. Es ist alles, was wir haben, diesen einzigen kostbaren Moment. Die Vergangenheit ist ein Gedankenkonstrukt und die Zukunft ist noch nicht hier. Es gibt nur das Jetzt. Das zu erkennen, gibt Ruhe und Frieden.

Tätiges Mitgefühl

War es die Ruhe, von der man sagt, dass ich sie in Gesprächen ausstrahle oder einfach die Tatsache, dass ich eine lebensbedrohliche Krankheit überlebt hatte? Eines Tages wandte sich ein 40-jähriger Klient um Hilfe bittend an mich, die Unternehmensberaterin, als bei ihm Krebs diagnostiziert wurde. Ich habe ihn und seine junge Familie drei Jahre begleitet durch Hoffen und Bangen, Kämpfen und Annehmen und war auch bei ihm und bei ihnen, als er starb.

Ich beginne mit dem Ende: Ich empfand es als Ehre, einem Menschen in einer Phase nahe sein zu dürfen, in der nichts mehr zählt, was sonst so wichtig scheint, kein Titel, kein Geld, keine Kleidung, keine Körperkraft, keine Redegewandtheit, kein Charme. Selten dürfen wir einen Menschen so echt, so direkt, so verletzlich erleben, wie in den Tagen und Stunden des Sterbens. Selten können wir uns so berühren lassen, wenn wir es wagen, uns zu öffnen.

Es hat Ähnlichkeit mit einer Geburt. Der Sterbende, wie eine Gebärende, braucht Wärme, rücksichtsvolle Aufmerksamkeit, welche meist kleine Handreichung die richtige sein mag, Ruhe und Mitgefühl. Und auch die Familie braucht Hingabe, Unterstützung im Täglichen und Hilfe, den Mut zu schöpfen, den Sterbenden gehen zu lassen. Ich kann nicht in diesen wenigen Zeilen das Werk von Sogyal Rinpoche »Das tibetische Buch vom Leben und vom Sterben«[18] zusammenfassen. Aber ich denke, jeder, der einen geliebten Menschen auf den Tod zugehen sieht oder über den

---

18 Rinpoche, Sogyal, 2010

4.3 Die ultimative Angst: die Angst vor dem Sterben

eigenen Tod nachdenkt, sollte darin lesen, allein schon, um die verschiedenen Stufen des Sterbeprozesses zu verstehen und die Signale richtig zu deuten. In Tibet liest man den Sterbenden daraus vor, damit sie wissen, wo sie sich befinden. Bis man selbst dann so weit ist zu gehen, hat man es oft gehört und die Stufen des Überganges sind vertraut.

Wenn Sie mich nach großen Momenten in meinem Leben fragen, dann werde ich neben der Ankunft meiner Kinder und Enkelkinder diesen Moment nennen, der gar kein Moment war, denn die Zeit stand still. Es war, als hätte jemand alle Uhren dieser Welt angehalten. Alles war gut. Alle, die wir um das Bett herum saßen, die junge Frau, die beiden Kinder, der Großvater, ein Kollege, der zufällig zu Besuch gekommen war, und ich, wir alle saßen still nach dem letzten Atemzug, über eine Stunde, stellte sich später heraus. Die Zeit blieb stehen und alles, wirklich alles war gut.

Es ist berührend, aber nicht schwer, einen todkranken Menschen zu begleiten. Der Mensch weiß selbst, welches Thema ihn gerade bewegt, und alles, was er oder sie braucht, ist uneingeschränkte Aufmerksamkeit voll Mitgefühl und ohne Urteil. Dann kann sich ein Vertrauensverhältnis aufbauen, in dessen Schutz der oder die Betroffene alles ausdrücken kann, was ihm oder ihr am Herzen liegt, Ängste, Trauer, Sorgen, Bedauertes, Unabgeschlossenes, Zorn, Wünsche oder Freude. Mir ist – auch in anderen Fällen – aufgefallen, dass die todkranken Menschen versuchen, die Menschen, die sie lieben, zu schonen. Sie wollen ihnen das Leben nicht noch schwerer machen und verschweigen meist Schmerzen und Kummer. Ein treuer Freund, eine treue Freundin, die zuhören ohne Urteil, können viel lindern.

Umgekehrt haben auch oft Familienmitglieder und Freunde Angst, die Themen Tod, Schmerz, Abschied, zu berühren, als wären sie ansteckend. Das Sterben wird verdrängt in unserer Zivilisation, die in dieser Hinsicht weniger zivilisiert ist als manch andere Kultur. Dadurch werden die Menschen unbeholfen im Umgang damit, überlassen es meist Fremden in Kliniken, sich um die Sterbenden zu kümmern, und diese Fremden haben, trotz guten Willens, kaum Zeit dafür. »Das wird schon wieder!«, ist ein Satz, der Todkranke in tiefe Einsamkeit stürzt, weil er ihre Realität, ihre Ängste mit vier Worten wegwischt.

Es mag als eine Kleinigkeit erscheinen, aber eine Sache möchte ich noch erwähnen: Der Mensch, der immer hilfloser wird, braucht die anderen. Das weiß er. Er hat keine Wahl, er muss dankbar sein. Deshalb versuchen viele Todkranke es still zu schlucken, wenn sie etwas ärgert. Auch da hilft das Ohr eines unbeteiligten Dritten, der das Beklagte gleich wieder vergisst. Denn leicht ist es für keinen, weder für den Menschen, der ganz auf sich selbst zurückgeworfen ist, noch für die anderen, deren Ängste vor dem eigenen Tod hochkommen und um die herum das Leben noch andere Aufgaben stellt. Es geht darum, dass der oder die Kranke auch *einmal dahingehend das Herz ausschütten kann, ohne dass es weitererzählt wird.*[19]

Ich möchte noch einmal auf das Thema Angst zurückkommen. Selten bezieht sich die Angst wirklich auf den Tod. »Er macht mir nicht Angst, er ist nur unheimlich«, sagte Franz, ein sehr guter Freund, Arzt und Therapeut, vor drei Jahren zu mir, als er selbst an sich diagnostizieren konnte, dass ihm nur noch ein paar Wochen vor der persönlichen Begegnung mit dem Tod blieben. »Es ist ein großer Abschied ... von meinem Auto, meinem Garten, meinen Büchern, meiner Kraft, dann von meinen Freunden, den Menschen, die ich liebe und am Schluss von meinem Körper.« »Aber andere haben es auch geschafft«, fügte er nachdenklich hinzu.

Die größte Angst macht den Betroffenen die Möglichkeit, unkontrollierbaren Schmerz erleiden zu müssen, die eigene Würde zu verlieren, hilflos zu sein, sich nicht mehr äußern zu können, in der Hilflosigkeit allein gelassen zu werden. Wir müssen lernen, darüber zu sprechen, als Angehörige, Freundinnen oder Freunde und letztendlich als Betroffene, und uns gegenseitig die größtmögliche menschliche Hilfe geben in Rücksicht und Achtung. »Tätiges Mitgefühl« nennt das der Buddhismus.

In der Zeit, als ich den Klienten begleitete, fragte ich manchmal Franz um Rat, der als Landarzt viele Menschen hatte sterben sehen. Er war der Meinung, dass die meisten Menschen durch das Versagen der Nieren wie in einem leichten Rausch sterben. Trotzdem solle man darauf achten, was man an deren Bett spreche. Die Menschen verstünden alles, auch wenn sie abwesend wirkten.

Wunder, gibt es sie?

»Ich glaube nicht an Wunder. Ich habe zu viele gesehen.«
— Oscar Wilde

Ob es Wunder gäbe, fragte ich Franz, den Landarzt und Therapeuten, so wie ich auch Jahre vorher meinen Vater gefragt hatte. Beide antworteten das Gleiche und ich will es mit der Antwort meines Vaters illustrieren: »Wenn aus ärztlicher Sicht keine Hoffnung auf Überleben bestand, sagte ich es nur den Angehörigen, wenn sie nachfragten, mit dem Hinweis, dass die Medizin alles andere als allwissend sei, aber ich sagte es nicht dem Kranken. Denn oft habe ich erlebt, dass die Betroffenen noch viele Jahre lebten, wenn sie nicht sogar gesund wurden.« Lachend wies Franz auf

---

19 Wilber, Ken, 2009. Ken Wilber beleuchtet in diesem Buch, das aus seinen Erfahrungen und den Tagebuchaufzeichnungen seiner erkrankten Frau entstand, beide Seiten, die des Gesunden und die des Kranken.

4.3 Die ultimative Angst: die Angst vor dem Sterben

> *einen Bewohner unseres Dorfes hin, der ebenso wie seine Familie geistig einfach ist. Als er fast sterbend aus der Klinik entlassen wurde, bedeutete das für ihn und die ganze Familie, dass er wieder gesund würde. Denn aus der Klinik wird man nur gesund entlassen. Er wurde wieder vollständig gesund und lebt heute noch.*

Die Frage, ob der Geist stärker ist, als die Materie, mag jeder selbst für sich beantworten. Aber eines ist sicher: Die auf die Zukunft gerichtete Aussage eines Arztes mit seiner Autorität kann einem Menschen viel innere Energie und Vertrauen in die eigenen inneren Ressourcen nehmen. In einer groß angelegten Langzeitstudie erwies sich ein eigener optimistischer Erklärungsstil als signifikanter Prädiktor der Lebensdauer.[20]

> *Das Sterben und der Tod von Franz zeigten mir, dass wir auch als Sterbende noch Wichtiges tun können für die Menschen, die uns lieben und zurückbleiben. Ich werde nie vergessen, wie er, der Atheist, seine Tochter und mich an einem seiner letzten Tage segnete. Es ist eine schöne, sogar stärkende Erinnerung.*
>
> *Ich erlebte auch sein monatelanges Bemühen, einer zweiten Tochter, die voll der Vorwürfe und des Zorns über längst vergangene Erfahrungen war, zur Versöhnung und innerem Frieden zu verhelfen. Es gelang nicht. Dabei war das Bemühen von Franz wenig auf sich selbst gerichtet. Er war in Frieden. Als erfahrener Therapeut wusste er jedoch, wie viel schwerer die Aussöhnung für seine Tochter werden würde, wenn sie nicht mehr mit ihm sprechen könnte.[21]*
>
> *Dies ist eine Betrachtung sehr persönlicher Begegnungen mit dem Tod. Die Forschungen diesbezüglich werden immer genauer und werden vielleicht eines Tages das Eine bestätigen und ein Anderes in der Deutung widerlegen. Eines ist sicher: wenn wir offen sind, erweist sich nicht nur unser eigener kommender Tod als auch inneren Reichtum spendend, sondern ebenso die Hinwendung an Sterbende. Sie führen uns zu den Themen, die wirklich wichtig sind und durch sie werden wir immer wieder erinnert, dankbar zu sein dafür, dass wir jeden Morgen aufstehen, gehen, atmen, sprechen, lieben können. Nichts ist selbstverständlich.*
>
> *Wie ich heute zu meinem Tod stehe, fragen Sie? Ich verhandle manchmal mit ihm. Ich möchte gesund sterben. Vielleicht legt der Tod sich leise zu mir eines Nachts im Schlaf, wenn es Zeit ist, mich in meiner bisherigen Gestalt aufzulösen. Er wird mich nicht fragen, ob es mir recht ist. Denn eines erzählten mir die beiden*

---

20 Brummet u. a., 2006, in Schubert, Christian, 2011, S. 145
21 Die Bedeutung von »Verzeihen« erläutern wir bei Resilienz-Faktor 7. Siehe auch: Ferrini, Paul, 2010.

> *erfahrenen Landärzte auch: Selbst alte Menschen, die gesagt hatten: »Doktor, ich bin bereit zum Sterben«, sagten, wenn es so weit war: »Aber nicht heute!«*

Können wir unsere Angst vor dem Tod lindern?

Es ist unser Wunsch, dass alles, was Sie soeben über das Sterben und die Angst vor dem Lebensende gelesen haben, Ihnen hilft, sich in einer positiven Weise mit dieser sicher schwierigsten Aufgabe, vor der wir alle irgendwann einmal stehen, auseinanderzusetzen. Vielleicht hilft Ihnen der eine oder andere Gedanke oder das von uns Erlebte.

Es gibt noch eine interessante Beobachtung, auf die etliche Psychoanalytikerinnen und Psychiater, wie zum Beispiel Irvin D. Yalom[22] hinweisen, die viele Sterbende begleitet haben, und die auch wir durch unsere persönliche und berufliche Erfahrung bestätigen können:

Man kann sein Verhältnis zum Tod wesentlich beeinflussen, auch wenn an der Tatsache des Todes nichts zu ändern ist. Immer wieder kann man beobachten, dass die Angst vor dem Tod bei denen am stärksten ausgeprägt ist, die glauben, nicht genug aus ihrem Leben gemacht zu haben. Das führt zu der Hypothese: Je weniger man aus seinem Leben gemacht hat, je weniger man seine Möglichkeiten ausgeschöpft hat, desto größer ist die Angst vor dem Tod.

Ein erfülltes Leben, in dem man die Augen vor dem unausweichlichen Ende nicht verschließt, lindert die Angst und ist eine gute Vorbereitung auf ein gutes Ende.

4.4 Angst oder Liebe?

Spirituelle Lehren und Religionen sagen, das Gegenteil von Angst sei Liebe.

Es lohnt sich, hinzuspüren, wie anders sich etwas anfühlt, je nachdem, ob wir aus Liebe (wir könnten es auch Hingabe nennen) zu jemandem oder zu etwas handeln oder aufgrund von Angst vor etwas[23]. Leisten wir gute Arbeit aus Angst vor Konkurrenz und Kündigung oder aus Liebe zu dem, was wir für

---

22 Yalom, Irvin D. (1989) siehe auch Yalom, Irvin D. & Yalom, Marilyn (2021)
23 In der Psychologie spricht man von »Hinwendungs- und Vermeidungsverhalten« oder Annäherungs- und Vermeidungsverhalten (Kurt Lewin).

die Sache und für andere Menschen tun? Verführen wir unsere Partnerin, unseren Partner aus Liebe oder aus Angst, er oder sie könnte uns – wenn wir es nicht tun – verlassen? Treiben wir Sport aus Liebe zu dem Sport oder zu unserer Gesundheit oder aus Angst vor Krankheit? Lieben wir das Leben, so wie es ist, mit allem, was es uns bietet, oder machen wir es eng durch unsere Versuche, Schmerzen und vielleicht sogar neue Erfahrungen zu vermeiden? Ohne Liebe gibt es nur Angst und in ihrer Folge Machtspiele. Angst macht eng, in Liebe öffnet man sich. Liebe heilt die Angst.

Francine und David Wheeler haben bei einem Massaker an der Sandy-Hook-Grundschule in Newtown, Connecticut, im Dezember 2012 ihren sechsjährigen Sohn Ben verloren. Sie beschreiben ihre Wahl zwischen Angst, Verzweiflung und Liebe so:

> *»Der Fehler liegt darin, sich das Leben anzusehen und zu denken: ›Ich habe nichts, das Leben hat mir nichts mehr zu geben wegen dieser Tragödie‹. Und, wissen Sie, in unseren dunkelsten Momenten haben wir so gedacht. Ja, aber der Schlüssel ist, es kommt nicht darauf an, was man vom Leben erwartet. Das zu sehen und akzeptieren zu können, ist ein sehr wichtiger Schritt, um den Weg aus der Dunkelheit zu finden ... Man muss sein Herz größer als das Loch machen. Man muss seine Entscheidungen aus Liebe treffen. Wenn wir Entscheidungen aus Angst treffen, dann haben wir Probleme.«*[24]

Das Herz größer zu machen als den Schicksalsschlag, größer als die Angst, das ist Liebe zum Leben.

4.5 Resümee

- Angst und Furcht begleiten uns unser Leben lang.
- Wir empfinden Angst, wenn wir uns einer Situation gegenüber sehen, der wir uns nicht gewachsen fühlen.
- Angst und Furcht sind Warnsignale, die ernst genommen werden wollen. Weil sie bei uns einen Tunnelblick verursachen, brauchen wir den Rat von Freundinnen, Freunden oder Fachleuten, um die Gefahr richtig einschätzen zu können.
- Angst wird kleiner, wenn wir ihr ins Auge schauen.

---

24 Huffington, Arianna, 2014, S. 171

4 Angst vor Schicksalsschlägen

- Durch die angemessene Überwindung von Angst wachsen wir.
- Ereilen uns Schicksalsschläge, schützen uns Mechanismen unserer Seele, die wir uns vorher in ihrer Stärke nicht vorstellen können.
- Die Auseinandersetzung mit dem Sterben und dem Tod macht uns reicher.
- Wir können wählen zwischen Angst und Liebe.

5 Schlussbetrachtung: Das Paradox schwieriger Zeiten

> *»Demetrius sagt treffend: ›Niemand erscheint mir unglücklicher als ein Mensch, dem nie eine Widrigkeit zugestoßen ist‹, denn es ist ihm nicht vergönnt, sich und seine Kraft kennen zu lernen. Er schien den Göttern nicht wert, einmal ein Unglück zu überwinden.«*
> — Seneca

Es sieht so aus, als ob wir Menschen häufig erst einen Anlass, eine Krise brauchen, um zu wachsen und uns selbst zu finden. Wenn uns ein Schicksalsschlag ereilt, der uns aus der Bahn wirft, zeigt sich, wer wir sind und was in uns steckt. Plötzlich zählen nur noch die »wesentlichen Dinge des Lebens«. Wir können solche Situationen als Weckruf sehen, mit dem wir auf das hingewiesen werden, was wir im täglichen Einerlei aus den Augen verloren haben. Von diesem Blickwinkel aus betrachtet, stellen all die Resilienz-Faktoren, die wir hier dargestellt haben, wesentliche Orientierungen dar, mit denen nicht nur Schicksalsschläge gemeistert werden können, sondern die auch geeignet sind, uns in ein erfülltes Leben zu führen.

Wenn uns Unvorhergesehenes geschieht, fühlen wir uns im Idealfall herausgefordert, nicht nur hinsichtlich der Bewältigung dieses Unglücks, sondern auch bezogen auf das Leben als Ganzes. Viele Menschen entdecken in einer solchen Situation einen zunächst nur sehr unbestimmten Wunsch, ein irgendwie echteres und intensiveres Leben zu leben als vorher. Das ist möglich, wenn wir die in uns angelegten Möglichkeiten zur Selbststeuerung nutzen, die nicht nur geeignet sind, die unmittelbaren Folgen eines Schicksalsschlages zu überwinden, sondern unser ganzes Leben auf übergeordnete Ziele hin zu ordnen.

Über alle Resilienz-Faktoren hinweg kann man drei Phasen der Verarbeitung von Schicksalsschlägen beobachten:

In der ersten Phase geht es darum, dass wir mit den durch das Unglück entstandenen Empfindungen zurechtkommen. Dazu ist es nötig, diese möglichst im Beisein nahestehender Menschen zu äußern und im Idealfall eine empathische Unterstützung zu finden.

In der zweiten Phase richten wir den Blick auf unser Leben, wie es sich nach dem unerwünschten, vielleicht sogar schlimmen Ereignis darstellt. Entscheidend sind hier die Fragen nach unserer (möglichst optimalen) Einstellung zum

5 Schlussbetrachtung: Das Paradox schwieriger Zeiten

weiteren Leben, nach den uns zur Verfügung stehenden Kräften und nach unseren noch nicht erfüllten, aber noch realisierbaren Wünschen.

In der dritten Phase gewinnen wir eine neue Sicht auf das Unglück. Es gelingt zusehends, das lebensbestimmende Ereignis in das Leben und das Bild, das wir von uns haben, zu integrieren und aus diesem neuen Gesamtbild einen (neuen?) Lebenszweck abzuleiten. Es kann zu einem »Autonomieschub« kommen, unser Ich wird von uns nicht nur in einem neuen Licht gesehen, sondern es drängt auch, im Handeln realisiert zu werden.

Der schwer zu begreifende Widerspruch, der sich bei der Beschäftigung mit der Resilienz immer wieder zeigt, besteht darin, dass die schlimmsten Zeiten, das größte Unglück, das Beste bewirken können – wenn es gelingt, es zu überwinden. Es kann zu mehr Erfüllung im Leben, zu mehr Tiefe – ja man kann sogar sagen: manchmal zu mehr Glück führen.

Die Samurai im antiken Japan freuten sich, wenn ihnen ein Schicksalsschlag widerfuhr, denn dann konnten sie beweisen, was alles in ihnen steckt, wie stark sie seelisch waren. Da sie an die Wiedergeburt glaubten, waren sie überzeugt, dass sie als Belohnung in einem späteren Leben eine bessere Ausgangsposition erlangen würden und eine höhere Ebene des Daseins.

Auch wenn man nicht an die Wiedergeburt glaubt, kann man diese Überzeugung übernehmen, man muss nur »das nächste Leben« als das sehen, was man erreicht, wenn es einem gelungen ist, sich mit dem Schicksalsschlag auszusöhnen. Auch wenn dieses Leben nach dem schlimmen Ereignis vielleicht nicht immer »glücklicher« genannt werden kann, so erleben wir es sicher bewusster und damit auf einer »höheren« Stufe.

Das posttraumatische Wachstum, die positive psychische Entwicklung nach einem schweren Schicksalsschlag ist ein immer wieder beobachtetes Phänomen. In vielen Fällen gewinnen die Betroffenen den schmerzhaften Ereignissen später etwas Gutes ab.[1] Menschen, die Schwerstes erlebten, berichten von der verbesserten Fähigkeit, mit schwierigen Situationen und Schicksalsschlägen umzugehen, von erlangter Weisheit, der Kraft, Dinge hinzunehmen, die nicht veränderbar sind und der Überzeugung, dass es im Leben Sinn und Zweck gibt. Sie schildern ein bewusstes Setzen von Prioritäten, eine veränderte Bewertung zukünftiger Stressoren, eine Verbesserung der Beziehungen zu anderen Menschen, ein stärkeres Gefühl der Verbundenheit und Zugehörigkeit, ein positiveres Selbstbild und häufig eine erhöhte Spiritualität.

Das Paradox schwieriger Zeiten erkennen wir erst rückblickend. Nach dem Schmerz, nach dem Akzeptieren und Verarbeiten des Geschehens, wenn uns

---

1 Solberg, Nes u. a., S. 150

der Weg in eine neue Normalität geführt hat, werden wir merken, dass das Unglück uns zwar auf einer Ebene etwas genommen hat, uns jedoch auf einer anderen Ebene hat reicher werden lassen. Die Krise wurde im wahren Sinne in eine Chance verwandelt. Das besagt auch die chinesische Schrift. In ihr besteht das Wort für »Krise« aus zwei Schriftzeichen, die einzeln gelesen »Gefahr« und »Chance« bedeuten. In der Krise steckt also beides: Gefahr und Chance. Die Resilienz-Faktoren können eine große Hilfe sein, die Chance zu nutzen.

Resilienz »besitzt« man nicht, Resilienz muss immer wieder aufgebaut und gepflegt werden. Aller Optimismus, alle fördernden Erfahrungen in der Kindheit, reichen nicht ein Leben lang. Soziale Unterstützung wandelt sich im Laufe des Lebens. Es ist wichtig, die eigene Resilienz und die der Menschen, die uns nahe stehen, beständig zu pflegen, wobei sich wahrscheinlich die Gewichtung mancher Resilienz-Faktoren im Laufe des Lebens verschiebt.

Wir wissen nicht, was das Leben noch für uns bereithält. Unser Leben ist nicht vorhersehbar, aber wir können uns wappnen mit Hilfe unserer Resilienz.

Anhang A
Wie steht es um Ihre Widerstandskraft?

Nutzen Sie diese Checkliste und erkennen Sie, welche Stärken in Ihnen wohnen und welche Potentiale von Ihnen noch geweckt werden können. Bitte bewerten Sie folgende Fragen aus Ihrer heutigen Lebenssituation.

1 – trifft nicht zu
2 – trifft eher nicht zu
3 – trifft teilweise zu
4 – trifft weitgehend zu
5 – trifft voll zu

Sehen der Realität   1   2   3   4   5

In schwierigen Situationen bleibe ich ruhig und sehe   O   O   O   O   O
den Tatsachen »ins Auge«.

Ich suche mir Beratung, wenn ich den Überblick in   O   O   O   O   O
meinem Leben verliere oder unter Druck gerate.

Ich spreche mit einem Menschen, der mir nahe steht,   O   O   O   O   O
wenn mich etwas innerlich belastet.

Ich kenne professionelle Hilfe, der ich vertraue.   O   O   O   O   O

Ich bin offen dafür, bei Bedarf die Hilfe eines Therapeuten   O   O   O   O   O
oder einer Therapeutin in Anspruch zu nehmen.

Meine Einstellungen   1   2   3   4   5

Ich kann meine Fähigkeiten gut einschätzen und   O   O   O   O   O
traue mir etwas zu.

Ich bin überzeugt, dass ich meist nicht Opfer der   O   O   O   O   O
Umstände bin, sondern Einfluss auf mein Leben
nehmen kann.

Anhang A Wie steht es um Ihre Widerstandskraft?

1 – trifft nicht zu; 2 – trifft eher nicht zu; 3 – trifft teilweise zu;
4 – trifft weitgehend zu; 5 – trifft voll zu

	1	2	3	4	5
Ich kann annehmen, was ich nicht ändern kann und mache das Beste daraus.	O	O	O	O	O
Bei Problemen suche ich nach Lösungen, nicht nach Schuldigen.	O	O	O	O	O
Ich bin grundsätzlich zuversichtlich und weiß, dass ich Schwierigkeiten überwinden kann.	O	O	O	O	O
Ich habe Durchhaltevermögen und gebe nicht so schnell auf.	O	O	O	O	O

Selbst-Bewusstsein und Persönlichkeit

	1	2	3	4	5
Ich reflektiere meine Urteile und mein Handeln und bewerte manche Situation neu.	O	O	O	O	O
Ich bin offen, neue Seiten an mir kennenzulernen – auch wenn sie mir nicht immer gleich gefallen.	O	O	O	O	O
Ich weiß, dass meine Gedanken meine Gefühle beeinflussen. Ich bin verantwortlich für meine Gedanken und meine Gefühle.	O	O	O	O	O
Ich nehme meine Gefühle bewusst wahr, lasse mich aber nicht von ihnen bestimmen.	O	O	O	O	O
Ich löse Konflikte auch dadurch, dass ich meinen Beitrag zum Konflikt anschaue und ändere.	O	O	O	O	O

Für sich selbst sorgen

	1	2	3	4	5
Ich bin mir wichtig und kann gut für mich sorgen.	O	O	O	O	O
Ich sehe das Schöne in meinem Leben.	O	O	O	O	O

1 – trifft nicht zu; 2 – trifft eher nicht zu; 3 – trifft teilweise zu;
4 – trifft weitgehend zu; 5 – trifft voll zu

	1	2	3	4	5
Ich darf glücklich sein, auch dann, wenn meine Umgebung anderes von mir erwartet.	○	○	○	○	○
Ich habe Humor und kann auch über mich lachen.	○	○	○	○	○
Ich schaffe mir regelmäßig Raum, in dem ich zur Ruhe komme.	○	○	○	○	○

Soziale Ressourcen

	1	2	3	4	5
Ich empfinde großen Rückhalt in meiner Familie und bei guten Freundinnen und Freunden.	○	○	○	○	○
Ich pflege die Beziehungen bewusst, in denen ich auch über persönliche Dinge sprechen kann.	○	○	○	○	○
Ich orientiere mich an Vorbildern.	○	○	○	○	○
Man sagt mir, ich sei ein Freund bzw. eine Freundin, auf die man sich verlassen kann.	○	○	○	○	○
Ich kann um Hilfe bitten und Hilfe annehmen.	○	○	○	○	○

Verzeihen

	1	2	3	4	5
Ich weiß, dass wir Menschen alle Fehler machen, auch ich.	○	○	○	○	○
Mir ist bewusst, dass Verzeihen nur notwendig wird, weil ich jemanden verurteile. Deshalb hinterfrage ich mein Urteil.	○	○	○	○	○
Ich versuche mich in den Menschen, dem ich gram bin, und in seine Situation einzufühlen.	○	○	○	○	○
Ich kann mir selbst verzeihen.	○	○	○	○	○

Anhang A Wie steht es um Ihre Widerstandskraft?

1 – trifft nicht zu; 2 – trifft eher nicht zu; 3 – trifft teilweise zu;
4 – trifft weitgehend zu; 5 – trifft voll zu

Ich bin überzeugt: Verzeihen ist ein Zeichen von Stärke.	O	O	O	O	O

Trauerarbeit leisten	1	2	3	4	5
Ich weiche schmerzlichen Empfindungen nicht aus.	O	O	O	O	O
Ich kann darüber sprechen, wenn ich über etwas traurig bin – und ich tue es.	O	O	O	O	O
Ich habe (mindestens) einen Freund oder eine Freundin, mit dem ich Freud und Leid teile.	O	O	O	O	O
Ich kann allen meinen Gefühlen angemessen Ausdruck geben.	O	O	O	O	O
Abschied ist ein Teil des Lebens, auch wenn es schmerzt. Ich stelle mich der Trauer und kann mich dann wieder dem Leben öffnen.	O	O	O	O	O

Aufgaben- und Zielorientierung	1	2	3	4	5
Ich beschäftige mich mehr mit der Zukunft als mit der Vergangenheit und plane meine Zukunft im Bereich des Menschenmöglichen.	O	O	O	O	O
Disziplin und Durchhaltevermögen sind zwei meiner Eigenschaften.	O	O	O	O	O
Neben meinen beruflichen Aufgaben habe ich weitere Interessen, die mich faszinieren.	O	O	O	O	O
Ich löse Probleme kreativ und pragmatisch.	O	O	O	O	O
Mich für das Wohl anderer einzusetzen gibt mir Befriedigung.	O	O	O	O	O

1 – trifft nicht zu; 2 – trifft eher nicht zu; 3 – trifft teilweise zu;
4 – trifft weitgehend zu; 5 – trifft voll zu

Sich fit halten 1 2 3 4 5

Ich ernähre mich ausgewogen. ○ ○ ○ ○ ○

Ich gehe fast jede Treppe zu Fuß und mache mindestens zweimal in der Woche Sport. ○ ○ ○ ○ ○

Ich sorge für Ruhepausen für meinen Geist und meinen Körper. ○ ○ ○ ○ ○

Es macht mir Spaß, meine Grenzen zu erweitern. ○ ○ ○ ○ ○

Ich weiß, dass ich durch das Verfolgen eines sportlichen Zieles auch meine mentalen Fähigkeiten, wie Konzentration, Disziplin, Geduld, Durchhaltevermögen und Überwindung trainiere. ○ ○ ○ ○ ○

Sinn erleben 1 2 3 4 5

Ich habe realistische Ziele in meinem Leben. ○ ○ ○ ○ ○

Ich orientiere mich an inneren Werten, die mir wichtig sind. ○ ○ ○ ○ ○

Ich empfinde mein Leben als lebenswert. ○ ○ ○ ○ ○

Ich weiß, dass ich mit dem, was ich tue (beruflich und privat), einen Beitrag zum Wohle anderer Menschen leiste. ○ ○ ○ ○ ○

Mir ist bewusst, dass ich mit der Art, wie ich lebe und wie ich mit Schwierigkeiten umgehe, ein Vorbild für andere Menschen bin. ○ ○ ○ ○ ○

Anhang A Wie steht es um Ihre Widerstandskraft?

1 – trifft nicht zu; 2 – trifft eher nicht zu; 3 – trifft teilweise zu;
4 – trifft weitgehend zu; 5 – trifft voll zu

Vertrauen in eine Höhere Kraft   1   2   3   4   5

Ich glaube an eine Schöpferkraft, die mich beschützt   ○   ○   ○   ○   ○
und leitet.

Auch wenn ich den Sinn von manchem in meinem   ○   ○   ○   ○   ○
Leben nicht erkenne, vertraue ich darauf, dass diese
Höhere Kraft ihn kennt.

Ich pflege die Beziehung zu dieser Höheren Kraft   ○   ○   ○   ○   ○
im Gebet oder in innerem Zwiegespräch.

Ich gehöre einer Gemeinschaft von Gläubigen an und   ○   ○   ○   ○   ○
nehme an religiösen Ritualen teil.

Die weltlichen Ausprägungen einer Glaubens-   ○   ○   ○   ○   ○
Gemeinschaft hindern mich nicht zu glauben.

Auswertung

Die Punktzahl oder ein Vergleich mit den Ergebnissen anderer Menschen ist unwichtig.

1) Markieren Sie nun alle Aussagen, die weitgehend oder ganz auf Sie zutreffen, mit grün. Freuen Sie sich an diesen Ihren Resilienz-Ressourcen.
2) Markieren Sie alle Aussagen, die nicht oder eher nicht auf Sie zutreffen, mit gelber Farbe. Hier liegt Ihr ausbaufähiges Resilienz-Potential.
3) Wählen Sie aus der letzten Gruppe eine oder zwei Aussagen aus, die für Sie eine besondere Herausforderung darstellt. Notieren Sie sie und schenken Sie ihnen in diesem Buch und in Gesprächen mit Vertrauten vermehrte Aufmerksamkeit.

Anhang B
Hilfreiche Gedankenmuster und günstige äußere Umstände zum Stärken der Resilienz

Auch als Gestalter und Gestalterin Ihres Lebens können Sie nicht verhindern, dass ab und zu unerwünschte Ereignisse Ihren Lebensweg kreuzen, aber Sie haben zwei wirksame Einflussmöglichkeiten auf Ihren Lebensweg: Sie können entscheiden, welche Gedanken im Vordergrund Ihres Bewusstseins liegen, Sie können bestimmte Gedankenmuster zur Gewohnheit werden lassen und Sie können weitgehend bestimmen, welchen äußeren Umständen Sie sich aussetzen wollen, wenn Sie einen Schicksalsschlag erlitten haben. Diese Gestaltungsmöglichkeiten können Sie gezielt einsetzen, um Ihre Widerstandskraft zu stärken und einem Unglück zu begegnen.

Wenn Sie beim Lesen des Buches oder beim Bearbeiten der obigen Checkliste bei sich Schwächen entdeckt haben sollten, so können Sie gezielt den einen oder anderen Resilienz-Faktor in sich entwickeln und fördern. Er wird Ihnen dann im akuten Problemfall besser zur Verfügung stehen.

Die folgende Aufstellung zeigt Ihnen, mit welchen Gedankenmustern Sie die verschiedenen Resilienz-Faktoren unterstützen können und welche äußeren Umstände Ihnen dabei helfen werden, wenn Sie ein Unglück erlitten haben. Ihre Widerstandskraft wächst, wenn Sie die hilfreichen Gedankenmuster nutzen und wenn Sie unter Bedingungen leben, die Ihnen helfen, Stärke zu zeigen. Sie sind der Meister, die Meisterin Ihrer Gedanken und Einstellungen und auch die äußeren Umstände können Sie im Vorfeld (in guten Zeiten) bis zu einem gewissen Grad gestalten.

Resilienz-Faktor 1: Sehen der Realität

Hilfreiche Gedankenmuster	Günstige äußere Umstände
»Ich bin mir bewusst, dass ich erst einen Überblick über eine neue Situation brauche, bevor ich Entschlüsse fasse und zu handeln beginne.«	Die Informationsgewinnung und Eigenständigkeit des betroffenen Menschen wird vom Umfeld durch hilfreiche Erweiterung des »Tunnelblickes« nach dem Schicksalsschlag gefördert.

Anhang B Hilfreiche Gedankenmuster und günstige äußere Umstände zum Stärken

»Ich suche mir Hilfe, um die veränderten Umstände zu erfassen und Schaden mindernd handeln zu können.«

Dem Orientierung suchenden Menschen wird von seiner Umwelt Orientierung und Struktur angeboten.
Handlungsmöglichkeiten werden von der Umwelt aufgezeigt

Resilienz-Faktor 2: Optimale Einstellung – die Gestalter-Grundhaltung

Hilfreiche Gedankenmuster

»Es gibt für mich einen neuen guten Weg, das Leben zu erfahren, ich muss ihn nur finden.«
»Ich schaffe das.«
»Ich bin Gestalterin oder Gestalter meines Lebens.«
»Ich suche die Schuld nicht bei anderen, ich übernehme Selbstverantwortung.«
»Fehler dürfen sein und gehören zu meinem Lernprozess.«

Günstige äußere Umstände

Der oder die Betroffene besitzt Handlungsmöglichkeiten, Handlungsalternativen.
Die Umgebung traut den Betroffenen zu, das Schicksal zu meistern.
Die Betroffenen erhalten Bestätigungen, dass sie in der Lage sind, ihr Leben zu gestalten.

Resilienz-Faktor 3: Dissoziation

Hilfreiche Gedankenmuster

»Ich kann nichts fühlen, aber das geht vorüber.«
»Wenn die Dissoziation acht Wochen nach dem Unglück immer noch anhält, suche ich mir professionelle Hilfe bei einer Therapeutin oder einem Therapeuten.«

Günstige äußere Umstände

Der oder die Betroffene wird von einfühlsamen Menschen begleitet.
Das Umfeld unterstützt die Suche nach professioneller Hilfe bei lang andauernder Dissoziation

Resilienz-Faktor 4: Sich selbst erkennen

Hilfreiche Gedankenmuster

»Ich suche, mir Unbewusstes bewusst zu machen.«
»Ich bin offen, alle Seiten (auch die »dunklen«, unangenehmen) in mir zu sehen.«
»Alle menschlichen Seiten sind auch in mir, ich möchte sie kennenlernen.«
»Ich nutze meine Stärken.«
»Schwächen sind in einem anderen Kontext Stärken.«
»Ich akzeptiere meine Leistungsgrenzen und habe realistische Ziele.«
»Ich bin wertvoll.«

Günstige äußere Umstände

Die Menschen in der Umgebung drücken Wertschätzung und Akzeptanz aus.
Der betroffene Mensch hat Gelegenheit, in Stille Selbstreflexion zu üben.
Er oder sie bekommt ehrliche Rückmeldungen über sich von anderen und kann Unbewusstes über sich selbst (den Schatten) erkennen.

Resilienz-Faktor 5: Für sich selbst sorgen

Hilfreiche Gedankenmuster

»Ich muss in schwierigen Zeiten (erst einmal) für mich sorgen.«
»Ich sorge gut für mich und nehme mir eine Auszeit.«
»Ich sehe auch das Schöne im Leben.«
»Ich darf lachen, glücklich sein.«

Günstige äußere Umstände

Der oder die Betroffene trifft auf Verständnis in der eigenen Umgebung.
Der betroffene Mensch kann, ohne besondere Konflikte entstehen zu lassen, Regenerationsphasen einplanen.

Resilienz-Faktor 6: Soziale Kontakte, Liebe

Hilfreiche Gedankenmuster

»Ich nehme Hilfe an.«
»Ich hole mir Hilfe und Unterstützung von der Familie, von Freundinnen und Freunden, Kollegen und Fachleuten.«
»Ich kann mich bei meinem Partner, meiner Partnerin fallen lassen.«
»Ich schlage selbst aktiv eine Brücke zu den anderen, schotte mich nicht ab.«
»Ich gebe Hilfe und Unterstützung, wenn andere in Not sind.«.
»Ich pflege bewusst meine Beziehungen.«

Günstige äußere Umstände

Das soziale Umfeld (Familie, Freundeskreis, Schule, Gemeinde, Berufskolleginnen und Kollegen, Fachleute) unterstützt, hilft.
Es gibt eine stabile Beziehung, einen liebenden Partner oder eine Partnerin, sowie enge Freundschaften, in denen man sich aufgehoben fühlt.
In der Gemeinschaft des oder der Betroffenen wird ein wertschätzender und freundlicher Umgangston gepflegt.

Resilienz-Faktor 7: Verzeihen

Hilfreiche Gedankenmuster

»Ich könnte mir vorstellen, dass ich unter den Umständen des anderen auch so gehandelt hätte.«
»Ich kenne die gleiche Charakterseite in mir.«
»Ich verzeihe, ich bin frei.«
»Ich verzeihe mir selbst liebevoll.«
»Ich bin in Frieden mit mir und meiner Umgebung.«

Günstige äußere Umstände

Die Kultur »erlaubt« das Verzeihen.
Der Täter zeigt Reue. (Es erleichtert das Verzeihen, wenn der Täter Reue zeigt.)

Resilienz-Faktor 8: Trauerarbeit

Hilfreiche Gedankenmuster

»Ich stelle mich meinen Gefühlen der Trauer.«
»Ich investiere Energie und Kraft in die Bewältigung des Unglücks.«
»Ich nehme Abschied vom alten Leben.«

Günstige äußere Umstände

Der oder die Betroffene hat Gelegenheit zur Trauerarbeit.
Er oder sie hat geduldige, verständnisvolle Zuhörerinnen und Zuhörer in der Umgebung.

Resilienz-Faktor 9: Aufgaben- und zielorientiert sein

Hilfreiche Gedankenmuster

»Ich sehe die Probleme und handle lösungsorientiert.«
»Ich suche mir neue passende Ziele.«
»Ich plane und setze meine Ziele um.«

Günstige äußere Umstände

Es gibt realistische Ziele, für die der oder die Betroffene motiviert ist.
Er oder sie erhält Unterstützung.

Resilienz-Faktor 10: Sich fit halten

Hilfreiche Gedankenmuster

»Ich ernähre mich gesund und bewege mich regelmäßig.«
»Ich sorge dafür, dass mein Körper fit ist.«

Günstige äußere Umstände

Der oder die Betroffene hat die Möglichkeit, den Körper zu trainieren.

Resilienz-Faktor 11: Sinn finden

Hilfreiche Gedankenmuster

»Ich erkenne noch keinen Sinn in dem Unglück, aber ich vertraue darauf, dass es einen Sinn hat.«
»Ich sehe einen Sinn in dem Unglück.«
»Ich sehe Sinn in dem neuen Leben.«
»Ich gebe meinem neuen Leben Sinn.«
»Ich stifte Sinn für andere.«

Günstige äußere Umstände

Freunde und Familie sind offen für die Sinnsuche der oder des Betroffenen. Nahestehende äußern die Bedeutung, die das Leben des Betroffenen für sie oder andere hat.

Resilienz-Faktor 12: Vertrauen auf ein höheres Wesen

Hilfreiche Gedankenmuster	Günstige äußere Umstände
»Gott (Allah, Jehova, Buddha ...) begleitet mich.« »Tiefer, als in Gottes Hand kann ich nicht fallen.« »Auch wenn ich den Sinn des Unglücks nicht erkenne, die Kraft, die höher ist als alles, kennt ihn.« »Ich traue dem Prozess des Lebens.«	Der oder die Betroffene hat mit Glauben und Spiritualität positive Erfahrungen gemacht oder macht sie im Zusammenhang mit dem Schicksalsschlag.

Nicht alle der vielen vorgestellten Gedankenmuster passen für jeden. Horchen Sie in sich hinein, welches Ihnen Kraft gibt. Suchen Sie die für Sie passenden Gedanken.

Literaturverzeichnis

Andersen, Barbara L.; Farrar, William B.; Golden-Kreutz, Deanna; Kutz, Leigh Ann; MacCullum, Robert; Courtney, Elizabeth Mary & Glaser, Ronald (1998). *Stress and immune responses after surgical treatment for regional breast cancer.* Journal of National Cancer Institute, 90, pp. 30–36. In: Schubert, Christian (2014). *Psychoneuroimmunologie und Psychotherapie*, S. 291, Stuttgart: Schattauer Verlag.
Antonovsky, Aaron (1997). *Salutogenese. Zur Entmystifizierung der Gesundheit.* Tübingen: Deutsche Gesellschaft für Verhaltenstherapie.
Appel, C.; Müller, C. & Murken, S. (2010). Subjektive Belastung und Religiosität bei Chronischen Schmerzen und Brustkrebs. Ein Stichprobenvergleich. In: *Der Schmerz 24*, 449–458.
Bandelow, Borwin (2006). *Das Angstbuch. Woher Ängste kommen und wie man sie bekämpfen kann.* Reinbeck bei Hamburg: Rowohlt Verlag.
Bandura, Albrecht (1977). Self-Efficacy: Toward a unifying theory of behavior change. *Psychological Review, 84*, 191–215.
Bandura, Albrecht (Hrsg.) (1995). *Self-Efficacy in changing societies.* Cambridge: Cambridge University Press.
Bandura, Albrecht (1997). *Self-Efficacy: The Exercise of Control.* New York: Palgrave Macmillan.
Bartens, Werner (2013). *Das falsche Signal*, SZ-Magazin, Heft 4, Thema Gesundheit.
Bauby, Jean-Dominique (2007). *Schmetterling und Taucherglocke.* München, dtv Verlag.
Bauer, Joachim (2014). *Das Gedächtnis des Körpers. Wie Beziehungen und Lebensstile unsere Gene steuern* (4. Auflage). München, Zürich: Piper Verlag.
Berne, Eric (1990). *Spiele der Erwachsenen*, Reinbek: rororo Taschenbuch.
Berndt, Christina (2007). Auf der Suche nach dem Ich. Immer mehr Kinder anonymer Samenspender drängen darauf, die Namen ihrer biologischen Väter zu erfahren. *Süddeutsche Zeitung*, 17. Dezember.
Berndt, Christina (2014). *Resilienz. Das Geheimnis der psychischen Widerstandskraft. Was uns stark macht gegen Stress, Depressionen und Burn-out.* München: Deutscher Taschenbuchverlag. 12. Auflage.
Berzbach, Franz (2013). *Die Kunst ein kreatives Leben zu führen, Anregung zur Achtsamkeit.* Mainz: Verlag Hermann Schmidt.
Blalock, J. Erwin (1994). The syntax of immune-neuroendocrine communication. *Immunology Today, 15*, 504–511.
Blalock, J. Edwin & Smith, Eric M. (2007). Conceptual development of immune system as a sixth sense. *Brain, Behavior and Immunity, 21*, 23–33.
Brummett, Beverly H.; Helms, Michael J.; Dahlstrom, W. Grant & Siegler, Ilené C. (2006). Prediction of all-cause mortality by the Minnesota Multiphasic Personality Inventory Optimism-Pessimism Scale scores: study of a college sample during a 40-year follow-up periode. *Mayo Clinic Proceedings, 81*, 1541–1544.
Byron, Katie (1999). *The Work*, München: Goldmann.
Cassidy, Sheila (1992). *Audicity to Believe.* London: Darton, Longman and Todd.

Charles, Ray & Ritz, David (2005). *Ray. Die Autobiographie* (1. Auflage: 1978). München: Heyne Verlag.
Crwys-Williams, Jenniver (2010). *In the Word of Nelson Mandela*. London: Profile Books.
Cyrulnik, Boris (2014). *Rette dich, das Leben ruft* (5. Auflage). Berlin: Ullstein Buchverlage.
Dürr, Hans-Peter (2010). *Geist, Kosmos und Physik: Gedanken über die Einheit des Lebens.* Amerang: Crotona Verlag.
Ebner-Eschenbach, Marie von (1968). *Aphorismen*. Frankfurt am Main: Insel Verlag.
Ferrini, Paul (2010). *Die zwölf Schritte der Vergebung. Aus der Tiefe des Herzens leben* (5. Auflage). Darmstadt: Schirner Verlag.
Fischer, Carrie (2013). *Prinzessin Leila schlägt zurück. Mein verrücktesLeben zwischen Kokain, Elektroschocktherapie und einem schwulen Ehemann* (2. Auflage). München: mvg Verlag
Frank, Anne (2013). *Tagebuch* (19. Auflage). Frankfurt a. M.: Fischer.
Frankl, Viktor E. (1984). *Man's search for meaning*. New York: Pocket Books.
Frankl, Viktor E. (2006). *... trotzdem Ja zum Leben sagen. Ein Psychologe erlebt das Konzentrationslager* (26. Auflage). München: dtv Taschenbuch.
Frankl, Viktor E. (2007). *Ärztliche Seelsorge: Grundlagen der Logotherapie und Existenzanalyse. Mit den »Zehn Thesen über die Person«.* München: dtv Taschenbuch.
Frankl, Viktor E. (2014). *Der Mensch vor der Frage nach dem Sinn: Eine Auswahl aus dem Gesamtwerk* (26. Auflage; 1. Auflage: 1985). München: Piper Taschenbuch.
Freud, Sigmund (1974). *Kulturtheoretische Schriften*. Frankfurt a. M.: Fischer.
Freud, Sigmund (2005). *Die Zukunft einer Illusion* (Erstveröffentlichung 1927). Frankfurt a. M.: Fischer.
Freud, Sigmund (2007). *Vorlesungen zur Einführung in die Psychoanalyse* (Erstveröffentlichung 1916). Frankfurt a. M.: Fischer Taschenbuch.
Gill, Michael Gates (2008). *Starbucks und ich. Wie ich alles verlor und das Glück wiederfand.* München: Knaur Taschenbuch Verlag.
Goethe, J. Wolfgang (1977). *Sämtliche Werke*. Artemis-Ausgabe, Band 1: Sämtliche Gedichte. Zürich: Artemis.
Goethe, J. Wolfgang (2013). *Die Leiden des jungen Werther* (Erste Veröffentlichung 1774). Berlin: Edition Holzinger.
Golden-Kreutz, D. M. & Andersen, B. L. (2004). *Depressive symptoms after breast cancer surgery: relationships with global, cancer-related, and life event stress.* Psychooncology, 13, pp. 211–220. In Schubert, Christian (2014). *Psychoneuroimmunologie und Psychotherapie*, S. 291, Stuttgart: Schattauer Verlag.
Goffman, Erving (1975). *Über Techniken der Bewältigung beschädigter Identität.* Frankfurt am Main: Surkamp Taschenbuch Wissenschaft.
Harris, Thomas A. (1987). *Ich bin o.k. – Du bist o.k.*. Reinbek bei Hamburg: rororo Taschenbuch.
Hawking, Jane (2013). *Die Liebe hat elf Dimensionen. Mein Leben mit Stephen Hawking*. München, Zürich: Piper Verlag.
Hawking, Stephen (2008). *Einsteins Traum. Expeditionen an die Grenzen der Raumzeit* (9. Auflage. Erschienen 1993). Reinbek bei Hamburg: Rowohlt Taschenbuch Verlag.
Hawking, Stephen (2010). *Eine kurze Geschichte der Zeit* (5. Auflage). Berlin: rororo Taschenbuch.
Hay, Louise (2003), *Heile Deinen Körper*. Lüchow: Kamphausen.

Hiroto, Donald (1974). Locus of control and learned helplessness. *Journal of Experimental Psychology, 102*, 187–193.

Hiroto, Donald & Seligman, Martin (1975). Generality of learned helplessness in man. *Journal of Personality and Social Psychology, 31*, 311–327.

Hönscheid, Ute (2005). *Drei Kinder und ein Engel. Ein tödlicher Behandlungsfehler und der Kampf einer Mutter um die Wahrheit.* München: Pendo-Verlag.

Horn, Andrea B., Mehl, Matthias R. & Deters, Fenne Große (2011). *Expressives Schreiben und Immunaktivitäten – gesundheitsfördernde Aspekte der Selbstöffnung.* In Schubert, Christian (Hrsg.). *Psychoneuroimmunologie und Psychotherapie.* S. 208–227. Stuttgart: Schattauer.

Huffington, Arianna (2014). *Die Neuerfindung des Erfolgs. Weisheit, Staunen, Großzügigkeit – Was uns wirklich weiter bringt.* München: Riemann Verlag.

James, William (1890). *Habit.* Published by: Henry Holt Company (Copyright, 1918 by Alice H. James).

Jacoby, Bernard (2013). *Wege der Unsterblichkeit. Neue Erkenntnisse über die Nahtodforschung.* Reinbek: rororo Taschenbuch.

Joseph, Isaac (2009). *Erwin Goffmann et la microsociologie.* Paris: Presses universitaires de France.

Kafka, Franz (1999). *Briefe an den Vater.* (Geschrieben 1919). Frankfurt a. M.: Fischer Taschenbuch.

Kaku, Michio (2014). *Die Physik des Bewusstseins. Über die Zukunft des Geistes.* Lizenzausgabe 2021 für Nikol Verlagsgesellschaft, Hamburg.

Kampusch, Natascha (2014). *3096 Tage* (12. Auflage). Berlin: Ullstein Verlag.

Kampusch, Natascha und Gronemeier, Heike (2018). *10 Jahre Freiheit.* Berlin: Ullstein Taschenbuch Verlag

Krystal, Phyllis (2004). *Die inneren Fesseln sprengen. Befreiung von falschen Sicherheiten.* Berlin: Allegria Verlag.

Kübber, Sonja (2009). *Umgang mit Widrigem. Handbuch.* Sindelsdorf: TFT Verlag.

Kübler-Ross, Elisabeth (2012). *Über den Tod und das Leben danach.* Güllesheim: Verlag Die Silberschnur.

Maddi, Salvatore R. & Khoshaba, Deborah M. (2005). *Resilience at Work: How to Succeed No Matter What Life Throws at You.* New York: Amacon Books.

Mandela, Nelson (2004). *Long Walk to Freedom. The Autobiography of Nelson Mandela.* Gekürzte Version von Coco Cachalia und Marc Suttner. London: Little, Brown & Co.

Martens, Jens-Uwe (1997). *Der Persönliche Berater: Multimediaprogramm zur Vermittlung der Gestalter-Grundhaltung.* Begleitbuch und interaktive CD-ROM (Gefördert durch das EU Aktionsprogramm Leonardo da Vinci). München.

Martens, Jens-Uwe (1998). *Mit dem Herzen suchen. »Der Kleine Prinz« von Saint-Exupéry als Wegweiser durchs Leben* (2. Aufl. 1999). Köln: DuMont Buchverlag.

Martens, Jens-Uwe (2003). *Der Persönliche Berater – Förderung erfolgsbestimmender Einstellungen.* In: Dittler, Ulrich (Hrsg.): *E-Learning. Einsatzkonzepte und Erfolgsfaktoren des Lernens mit interaktiven Medien* (2., überarbeitete und ergänzte Auflage). München: Oldenburg Verlag.

Martens, Jens-Uwe (2009). *Einstellungen erkennen, beeinflussen und nachhaltig verändern. Von der Kunst, das Leben aktiv zu gestalten.* Stuttgart: Kohlhammer Verlag.

Martens, Jens-Uwe (2010). *Schatzkiste für graue Tage. Wie man Gestalter seines eigenen Lebens wird.* München: Buch & Media.

Martens, Jens-Uwe (2011). *Lernen in der betrieblichen Weiterbildung, dargestellt an lerntheoretisch basierten Praxisprojekten*. München: Allitera Verlag.
Martens, Jens-Uwe (2012a). *Praxis der Selbstmotivierung. Wie man erreichen kann, was man sich vornimmt*. Stuttgart: Kohlhammer Verlag.
Martens, Jens-Uwe (2012b). *Im Herzen kennen wir das Zögern. Der Kleine Prinz als Begleiter durchs Leben*. Düsseldorf: Karl Rauch Verlag.
Martens, Jens-Uwe (2014a). *Glück in Psychologie, Philosophie und im Alltag*. Stuttgart: Kohlhammer Verlag.
Martens, Jens-Uwe (2014b). *Gespräche mit Ute oder Umgang mit den Dämonen des Lebens. Autobiographische Notizen des Autors*. München: Selbstverlag.
Martens, Jens-Uwe & Kuhl, Julius (2020). *Die Kunst der Selbstmotivierung. Neue Erkenntnisse der Motivationsforschung praktisch nutzen* (6. Auflage). Stuttgart: Kohlhammer Verlag.
Moody, Raymond A. (2001). *Leben nach dem Tod*, Berlin: rororo Sachbuch.
Murken, Sebastian (2009). *Religiöses Coping und Resilienz*, Vortrag in Wien, 10.10.2009 Institut RPP Religiosität in Psychiatrie und Psychotherapie, Mediathek.
Nin, Anaïs (1974). *Die Tagebücher. Nummer 3, 1939–1944*. München: Deutscher Taschenbuch Verlag.
Opp, Günther; Fingerle, Michael & Freytag, Andreas (Hrsg.) (2007). *Was Kinder stärkt. Erziehung zwischen Risiko und Resilienz*. München, Basel: Ernst-Reinhardt-Verlag.
Pennebaker, James W. (2010). *Heilung durch Schreiben. Ein Arbeitsbuch zur Selbsthilfe*. Bern: Verlag Hans Huber.
Pennebaker, James W. & Beal, Sandra K. (1986). Confronting a traumatic event: toward an understanding of inhibition and disease. *Journal of Abnormal Psychology*, 95, 274–281.
Pargament, Kenneth J. (1997). *The Psychology of Religion and Coping*. New York: The Guilford Press.
Reeve, Christopher (1999). *Immer noch ich. Mein zweites Leben*. München: Schneekluth.
Reeve, Christopher (2002). *Nothing Is Impossible. Reflection on a New Life*. New York: Ballantine Books.
Riemann, Fritz (2013). *Grundformen der Angst* (41. Auflage). München: Ernst Reinhardt Verlag.
Rinpoche, Sogyal (2010). *Das tibetische Buch vom Leben und vom Sterben*. München: Knaur MensSana Verlag.
Ritchie, George & Sherrill, Elizabeth (2012). *Rückkehr von morgen. Dieses Buch stellt Sie vor die entscheiden Fragen Ihres Lebens* (40. Auflage). Marburg an der Lahn: Francke.
Romero, Catherine (2008). Writing wrongs: Promoting through expressive writing. *Journal of Social and Personal Relationships*, 25, 4, 625–642.
Saint-Exupéry, Antoine de (1957). *Wind, Sand und Sterne*. Düsseldorf: Karl Rauch Verlag.
Samuelson, Kirstin W. (2011). Post-traumatic stress disorder and declarative memory functioning: A review. *Dialogues in Clincal Neuroscience*, 13, 3, 346–351.
Schilling, Peter (2013). *Völlig losgelöst. Mein langer Weg zum Selbstwert – vom Burnout zurück ins Leben*. Weinheim, Basel: Belz Verlag.
Schödel, Helmut (2015). Was ist schon Zeit? Niemand weiß, wie lange ein Leben dauern muss, damit man es glücklich nennen kann. Eine Visite auf der Kinderkrebsstation im Tiroler Universitätskrankenhaus. *Süddeutsche Zeitung Nr. 77*, 2./3.April 2015.

Schopenhauer, Arthur (1919). *Schopenhauers sämtliche Werke herausgegeben von Julius Frauenstädt.* 2. Auflage Neue Ausgabe. Leipzig Brochhaus.
Schubert, Christian (Hrsg.) (2011). *Psychoneuroimmunologie und Psychotherapie.* Stuttgart: Schattauer.
Schulz von Thun, Frieder (2013). *Miteinander reden, Band 3: Das »Innere Team« und situationsgerechte Kommunikation* (23. Auflage). Berlin: rororo Taschenbuch.
Seligman, Martin E. P. (1975). *Helplessness: On depression, development, and death.* San Francisco: Freeman.
Seligman, Martin E. P. (2006). *Learned Optimism. How to Change Your Mind and Your Life* (1. Auflage: 1990). New York: Vintage Books, Random House.
Shapiro, Isaac (2000). *Wellen des Friedens.* Freiburg im Br.: Lüchow Verlag.
Solberg Nes, Lise & Segerstrom, Suzanne C. (2011). *Positivfaktoren, Immunaktivität und Psychotherapie.* In: Schubert, Christian (Hrsg.) (2011). *Psychoneuroimmunologie und Psychotherapie.* S. 137–166. Stuttgart: Schattauer.
Sohng, K. Y. (2003). Effects of a self-management course for patients with systemic lupus erythematosus. *Journal of Advanced Nursing, 42,* 479–486.
Spitz, René A. & Cobliner, Godfrey W. (2005). *Vom Säugling zum Kleinkind. Naturgeschichte der Mutter-Kind-Beziehungen im ersten Lebensjahr.* Stuttgart: Klett-Cotta.
Sprengler, Reinhart K. (2015). *Das Prinzip Selbstverantwortung. Wege zur Motivation* (13. Auflage). Frankfurt am Main: Campus Verlag.
Stephenson, Ian (2014). *Reinkarnation in Europa. Dokumentierte Fälle,* Grafing: Aquamarin Verlag.
Tipping, Colin C. (2006). *Ich vergebe.* Bielefeld: Kampfhausen Verlag.
Tränkle Hermann (1985). *Gnothi seauton. Zu Ursprung und Deutungsgeschichte des delphischen Spruchs.* In: Würzburger Jahrbücher für die Altertumswissenschaft, Neue Folge Band 11, S. 19–31.
Vaas, Rüdiger (2008). *Hawkings neues Universum. Wie es zum Urknall kam.* Stuttgart: Franckh-Kosmos Verlags-GmbH.
Van Lommel, Pim; van Wees, R.; Meyers, V. & Elfferich I. (2001). Near-Death Experience in Survivors of Cardiac Arrest: A prospective Study in the Netherlands. *The Lancet, 358 (9298),* 2039–2045.
Van Lommel, Pim (2013). *Endloses Bewusstsein. Neue medizinische Fakten zur Nahtoderfahrung.* München: Knaur Verlag.
Welter-Enderlin, Rosmarie (2010). *Resilienz und Krisenkompetenz. Kommentierte Fallgeschichten.* Heidelberg: Carl-Auer Verlag.
Welter-Enderlin, Rosmarie & Hildenbrand, Bruno (Hrsg.) (2012). *Resilienz – Gedeihen trotz widriger Umstände* (4. Auflage). Heidelberg: Carl-Auer Verlag.
Werner, Emmy E. (2012). *Wenn Menschen trotz widriger Umstände gedeihen – und was man daraus lernen kann.* In: Welter-Enderlin, Rosmarie & Hildenbrand, Bruno (Hrsg.). *Resilienz – Gedeihen trotz widriger Umstände* (4. Auflage). Heidelberg: Carl-Auer Verlag. S. 28–42.
Werner, Emmy E. & Smith, R. S. (1992). *Overcoming the odds: High risk children from birth to adulthood.* Ithaca, NY: Cornell University Press.
Wilber, Ken (2009). *Mut und Gnade.* Frankfurt a. M.: Fischer Taschenbuch.
Witek-Jarusek, Linda; Albuquerque, Kevin; Chroniak, Karen Rambo; Chroniak, Christopher; Durazo, Ramon & Mathews, Herbert L. (2008). *Effect of mindfulness based stress reduction on*

immune function, quality of life and coping in women newly diagnosed with early stage breast cancer. Brain Behavior Immunology, 22, pp. 969–981. In: Schubert, Christian (2014). *Psychoneuroimmunologie und Psychotherapie*, S. 291, Stuttgart: Schattauer Verlag.

Witte, H. (2011). Hart am Wind. Torsten Rarreck, 47, Mannschaftarzt des Fußball-Bundesligisten Schalke 04, über den Rücktritt des am Burn-out-Syndrom erkrankten Trainers Ralf Rangnick. *Der Spiegel*, 26. September.

Yalom, Irvin D. (1989). *Die Liebe und ihr Henker & andere Geschichten aus der Psychotherapie.* 8. Auflage, Taschenbuch Sonderausgabe 2013, btb Verlag, München

Yalom, Irvin D. (2008). *In die Sonne schauen. Wie man die Angst vor dem Tod überwindet.* 16. Auflage, Taschenbuchausgabe 2010, btb Verlag München.

Yalom, Irvin D. & Yalom, Marilyn (2021). *Unzertrennlich. Über den Tod und das Leben.* 1. Auflage. Btb Verlag, München

Zubieta, J.-K.; Smith Y. R.; Bueller, J. A.; Xu Y.; Kilbourn, M. R.; Jewett, D. M.; Meyer, C. R.; Koeppe, R. A. & Stohler, C. S. (2001). Regional mu opioid receptor regulation of sensory and affective dimensions of pain. *Science 293* (13. Juli 2001), 311–315.

Stichwortverzeichnis

A

Abhängigkeit   158, 159
Achtsamkeit   73, 81, 176
Akzeptanz   23, 75, 93, 99, 175
Alkohol   23, 62, 88, 128, 159
Amygdala   67
Amyotrophe Lateralsklerose (ALS)   120
Angst   31, 32, 38, 39, 65, 72, 94, 96, 97, 109, 111, 115, 146, 161, 164, 166–171, 176–178, 182–184
Arbeitslosigkeit   52, 96
Ärger   31
Armut   27
Auschwitz   132
Außenseiter   69, 95, 164
Autonomie   31, 61
Autonomieschub   186

B

Bedürfnisse   79, 82, 85, 139, 163, 167
Belohnung   50, 141, 186
benefit finding   59
Bergen-Belsen   113, 132
Bescheidenheit   75
Bewusstseins-Abspaltung   64, 65, 153
Beziehung   22, 47, 70, 94, 97, 114, 145, 146, 161
Beziehungsangebot   47
Bezugsperson   166
Bildung   68, 139, 162
Bitterkeit   97, 98, 101
Brasilien   141
Breakdown   127
Brustkrebs   147
Buddhismus   38, 180

C

Cambridge   120
Christus   140
Coach   42, 79, 116
Coping   29
Cortex   66

D

Dankbarkeit   31, 84, 145
Demut   75, 81
Denken   29, 78, 81, 120, 121, 128, 160, 163
Depression   31, 60, 161
Diabetes mellitus   33, 35, 36
Dissoziation   65–68, 153
Disziplin   35, 54, 128, 130, 143, 156
Dominikanische Republik   141
Drogen   40, 62, 88, 128, 158, 159
Durchhaltevermögen   61, 125, 128, 130, 155

E

Egoismus   86, 89, 154
Eifersucht   74, 144
Eigenverantwortung   73
Einsamkeit   55, 70, 97, 154, 163, 169, 179
Einstellungen   44, 47–52, 58–60, 62, 63, 77, 81, 153
Einstellungsänderung   47
Eltern-Ich   72
emotionale Bindung   98
Emotionen   37, 41, 66, 111, 146, 163, 168
Endorphine   66, 67
Entscheidungen   43, 183
Entwicklung   27, 52, 87, 113, 153, 154, 167, 186
Erdulderhaltung   22
erlernte Hilflosigkeit   60

Stichwortverzeichnis

Ernährung 127–130, 155
Erwachsenen-Ich 72
Esoterik 76
Existenzangst 71
expressives Schreiben 115

F

Fernsehen 84, 141, 142, 159
Fitness 129
Freunde 50, 51, 90, 98, 110, 113, 116, 129, 169
Freundschaft 92, 130
Frustration 75, 178
Furcht 166, 168, 169, 171, 183

G

Gebet 144, 146–148
Gedanken 45, 49, 68, 74, 77, 81, 92, 93, 95, 103, 110, 111, 117, 122, 143, 161, 162, 172, 174, 175, 177, 178, 195
Gehirn 34, 49, 66, 67, 83, 142, 164, 175
Geld 43, 45, 70, 142, 178
Gestalter 21, 22, 58–60, 62, 101, 105, 153, 154, 195
Gestalter-Grundhaltung 59–61, 152, 154, 155
Gesundheit 26, 43, 70, 117, 118, 159, 183
Gewohnheit 50, 61, 195
Glaube 59, 129, 145, 148
Gleichgewicht 167
Glück 59, 75, 85, 178, 186
Glücksmomente 19
Gott 35, 75, 140, 141, 143–145, 147, 172, 173
Grundeinstellung 153
Gyrus cinguli 67

H

Haiti 141, 142
Handlungs-Orientierung 154

Hass 74, 84, 100, 101, 103–105, 108, 155, 161, 162
Heilpraktiker 42
Herz 32, 47, 63, 83, 88, 142, 172, 183
Herzenswärme 46
Hilflosigkeit 60, 61, 65, 75, 180
Hindernisse 24, 89, 165
Hirnrinde 66, 149
Hoffnung 23, 54, 60, 91, 121, 131, 146, 178, 180
Hoffnungslosigkeit 71
Hormon 177
Humor 87–89, 154, 158

I

Immunsystem 30, 31, 33, 127, 130, 161, 177
Indien 30, 141
Irrwege 157, 158, 165
Isolierung 96, 113, 163, 164, 169

J

Januskopf 147, 148
Japan 186
Juden 132
Judenverfolgung 108
Jugend 109, 125, 171

K

Karriere 45, 46, 71, 79
Kernspintomograph 83
Kind 28, 29, 34, 35, 49, 58, 59, 70, 71, 78, 84, 144, 166, 173
Kindheits-Ich 72
Kirche 142, 144, 146
Konditionierung 166
Konzentration 128, 130, 155
Konzentrationslager 28, 102, 109, 133, 134
Kreativität 107, 117
Krebs 178

Krise 62, 73, 185, 187
Krisenbewältigung 32
Krisenintervention 41
Kunst 105

L

Lebensaufgabe 134
Lebensberater 42
Lebensdauer 181
Lebenserwartung 175
Lebenssinn 131
Lebensumstände 63, 81, 139, 162
Lernen 105, 107, 108
Lernerfahrung 107
Liebe 21, 70, 70, 92, 94, 99, 106, 117, 117, 125, 134, 140, 143, 144, 173, 175, 182–184
Locked-in-Syndrom 91, 93
Logotherapie 132

M

Marathon 126, 130
Meditation 81, 147, 148
Modell 29, 58, 72, 86
Motivation 104, 122, 125, 131
Musik 69, 89, 117, 143
Mütter 90, 124
Mutter-Kind-Beziehung 70

N

Nächstenliebe 81
Narzissmus 62
Neid 74
Nervensystem 30, 120
Neugierde 72
Neurologie 132
New York 45, 47

O

Opfer-Grundhaltung 60

Opferhaltung 162
Opferrolle 105, 108
Optimismus 58, 59, 147, 187
Orientierung 58, 59, 147, 187
Oxford 119

P

Paris 108, 141, 144
Partner 45, 144
Perfektion 106
Persönlichkeit 29, 50, 53, 68, 76, 81, 82, 86, 87, 153, 159, 164
Persönlichkeitsentwicklung 78
Pessimismus 58
Physik 76, 119–121
Pornographie 159
Posttraumatische Belastungsstörung (PBS) 107
Prägung 21
Prinzip 73
Psyche 29, 30, 65, 80, 82
Psychiater 41, 43, 104, 110, 131, 160
Psychiatrie 41, 132
Psychodrama 81
Psychologe 42, 48, 49, 66, 86, 133, 167
Psychologie 25, 42, 48, 104, 112, 132, 134
Psychoneuroimmunologie 30, 80, 177
Psychopharmaka 170
Psychotherapeut 41, 42
Psychotherapie 41, 42, 176

R

Rache 100, 101, 105
Reichtum 81, 126, 181
Reifen 167
Rekonvaleszenz 85
Religion 143, 146–148, 157
Religionen 140, 146, 156, 171, 182
Religiosität 146, 147
Riten 146
Rituale 107, 108, 117, 146
Robben Island 99

Rolle 50, 85, 87, 88, 90, 98, 116, 121, 123, 124, 147, 154
Rollenmodell 170
Rollenspiel 86, 87
Rollstuhl,

S

Samurai 186
Santo Domingo 141, 142
Sauerstoff 83
Scheidung 27, 169
Scheidungsdramen 15
Schicksal 21, 23, 32, 44, 48, 49, 51–53, 55, 58, 60–63, 81, 83, 85, 87, 88, 90, 93, 94, 96–99, 109, 119, 124, 126, 128, 144, 147, 148, 157, 158
Schicksalsschlag 27, 32, 37, 38, 43, 48, 52, 77, 79–81, 84–88, 94, 95, 97, 99, 118, 125, 128, 130, 146, 153, 156–158, 164, 168, 183, 185
Schönheit 118, 130
Schuld 73, 74, 80, 94, 107, 108, 132, 147, 162
Schutz 22, 37, 41, 146, 148, 167, 179
Schutzfaktoren 113
Seele 29, 41, 43, 66, 68, 86, 87, 89, 115, 155, 161, 170, 173, 176, 177, 184
Seelenhygiene 43, 176
Selbstachtung 54, 58, 100
Selbstakzeptanz 31
Selbstbewusstsein 68, 74, 75, 153
Selbstbild 106, 111, 160, 186
Selbsteinschätzung 58
Selbsterfahrungsgruppe 79
Selbsterforschung 75–77, 80–82, 153
Selbsterhaltungs-Reaktion 160
Selbsterkenntnis 75, 76, 79–81, 163
Selbstheilungskräfte 176
Selbsthilfegruppen 41, 173
Selbstmanagement-Programm 60
Selbstmitleid 21, 87, 97, 98, 124, 143, 162, 165
Selbstmord 54, 96
Selbstmordversuch 69

Selbstreflexion 81
Selbststeuerung 185
Selbstvertrauen 58, 90, 100
Selbstwert 59, 63, 69, 71, 73, 81, 82
Selbstwertgefühl 58, 62, 71, 75, 97
Selbstwirksamkeit 58, 59, 97, 153
Selbstwirksamkeits-Überzeugung 58, 97, 153
Sinn 23, 30, 92, 105, 111, 112, 125, 126, 128, 130–135, 139, 144, 146–148, 156
Sorgen 45, 131, 142, 154, 179
Soziologie 25, 93, 104
Sport 35, 42, 84, 105, 119, 126–130, 143, 183
Starbucks 44–47
Startbedingungen 27, 28
Sterben 134, 171, 178, 179, 181, 182, 184
Stigma 93, 96
Stigmatisierung 43
Stress 35, 60, 68, 104, 176
Stressempfinden 147
Sucht 158, 159, 165
Suchtberatung 159
Suchtgefahren 159
Südafrika 99, 101
Synagoge 109

T

Tagebuch 81, 113
Therapeut 42, 180, 181
Therapie 21, 34, 40, 42, 43, 71, 81
Theresienstadt 132
Tod 34, 54, 65, 84, 90, 102, 110, 134, 142, 143, 145, 171–176, 178–181, 184
Trancezustand 70
Transaktionsanalyse 72
Trauerarbeit 108, 111, 112, 114, 117–119, 155, 163, 164
Trauerprozess 118
Trauma 29, 67, 69, 113, 141
traumatisches Wachstum 59
Träume 77, 82, 112
Tunnelblick 37, 183

V

Verbitterung 97
Verdrängung 29, 65, 80, 160, 161
Vergangenheit 67, 95, 104, 105, 108, 122, 125, 143, 155, 161, 177, 178
Vergänglichkeit 140
Vergeben 99, 104
Vergewaltigung 96
Verhaltensauffälligkeiten 28, 29
Verhaltenstherapie 51
Verletzung 39, 97, 110
Vermeidungstendenzen 110
Verschwörungsmythen 39
Vertrauen 43, 70, 71, 139, 140, 144, 146–148, 153, 156
Verzeihen 99, 104–108, 155
Verzweiflung 39, 45, 49, 64, 84, 122, 183
Vorbilder 51, 63, 146–148

W

Wahrnehmung 37, 49, 50, 153, 163
Warschau 103
Warumlosigkeit 38
Weltanschauung 131
Widerstand 47
Widerstandsfähigkeit 25, 62
Widerstandskraft 25–28, 48, 63, 76, 89, 90, 107, 120, 139
Wien 132, 133, 147
Willenskraft 55, 58
Willensstärke 61
Wohlbefinden 43, 89
Wohlstand 45, 46
Wut 39, 69, 72, 78, 92, 102, 111

Y

Yoga 130, 143

Z

Zähigkeit 61
Zeit 29, 37, 38, 53, 64–66, 73, 75, 77, 84, 86, 87, 94, 97, 100, 101, 104, 104, 107, 109, 110, 114, 116, 117, 119, 120, 122, 123, 125–128, 130, 133, 135, 141, 143, 156, 157, 161, 164, 169, 171, 176, 179–181
Zusammenleben 88, 164
Zynismus 88, 97, 98

Personenverzeichnis

A

Antonovsky, A. 28
Appel, C. 147
Aurobindo, S. 139

B

Baba, S. S. 140, 141, 143
Bandelow, B. 170
Bandura, A. 58
Bartens, W. 30
Bauby, J.-D. 90–97, 128, 129
Bauer, J. 66, 67
Berndt, C. 27, 62, 85
Berne, E. 72, 73
Berzbach, F. 76
Blalock, J. E. 30, 177
Bouillé, K. 140
Buddha 143
Byron, K. 81, 106

C

Cassidy, S. 148
Castaneda, C. 64
Charles, R. 89, 90, 166
Cobliner, G. W. 70
Cyrulnik, B. 25, 28, 50, 104, 110, 113, 160, 161

D

Dürr, H.-P. 175

E

Ebner-Eschenbach, M. von 53
Enright, R. 104

F

Fels, D. 128, 129
Ferrini, P. 105
Fingerle, M. 27
Fischer, C. 161
Frank, A. 113, 114
Frankl, V. E. 131–135
Freud, S. 42, 70, 77, 112
Freytag, A. 27

G

Gandhi, M. 99
Gill, B. 47
Gill, M. G. 44, 47, 52, 53
Goethe, J. W. 86, 114
Goffman, E. 93, 94
Greuzinger, D. 128
Grosser, T. 132

H

Harrell, K. 44
Harris, T. A. 72, 73
Havel, V. 131
Hawking, J. 122, 123
Hawking, S. 112, 119–123, 128
Hay, L. 80
Hellinger, B. 81
Hesse, H. 58, 157
Hiroto, D. 61
Hirschhausen, E. von 88
Hönscheid, U. 83–85
Horn, A. B. 15, 115
Huffington, A. 183, 62, 101

J

James, W. 48, 111, 114

Joseph, I.   94
Jung, C. G.   76, 77

K

Kafka, F.   114
Kampusch, N.   53–55, 58
Khoshaba, D. M.   62
Krattiger, U.   168
Krishnamurti, J.   163
Krystal, P.   141, 142

L

Lewin, K.   182
Lincoln, A.   85

M

Maddi, S. R.   62
Mandela, N.   99–101, 104
Mason, E.   120
Michelangelo   119
Mintzlaff, O.   127
Molière, J.-B. P.   49
Moody, R. A.   175
Moreno, J.   81
Müller, C.   147
Murken, S.   147

N

Newton, Sir I.   120

O

Opp, G.   27

P

Pargament, K.   146, 147
Partner, J.   52, 96, 135, 183
Penfield, W.   72

Pennebaker, J. W.   111, 114, 115
Pinochet   148
Plato   75

Q

Quattara, B.   126, 130

R

Rabindranath, T.   32
Rangnick, R.   126–128
Reeve, C.   124, 125
Reich, W.   70
Riemann, F.   167, 169
Rinpoche, S.   178
Ritchie, G.   102, 103
Ritz, D.   90
Romero, C.   104

S

Saint-Exupéry, A. de   33
Samuelson, K. W.   113
Satir, V.   81
Schäuble, W.   36–38
Scheuer, M.   38
Schilling, P.   69, 71–76, 166
Schödel, H.   38
Schopenhauer, A.   135–138
Schubert, C.   177, 30, 52, 176, 181
Schwindt, E. K.   132
Segerstrom, S.   51, 52
Seligman, M. E. P.   60, 61
Seneca   185
Shakespeare, W.   108
Shapiro, I.   77
Simonton, C.   176
Smith, Y. R.   27, 30
Sohng, K. Y.   60
Solberg Nes, L.   51, 52, 59
Spitz, R. A.   70
Sprengler, R. K.   166

T

Tipping, C. C.   105
Tränkle, H.   75
Tutu, D.   101

U

Uhlenbruck, G.   158

W

Welter-Enderlin, R.   27
Werner, E. E.   27, 28, 30, 89, 90

Wheeler, F. und D.   183
Wild, J.   102, 103, 122
Wilde, J.   120
Wilde, O.   180

Z

Ziglar, Z.   47
Zubieta, J.-K.   67

6., aktual. Auflage 2019
222 Seiten mit 4 Abb. Kart.
€ 27,–
ISBN 978-3-17-036543-8

Dieses Buch beantwortet wichtige Fragen der modernen Motivationspsychologie: Wie können wir erreichen, was wir uns vornehmen? Wie funktioniert Selbstmotivation und wie kann sie erlernt werden? Es werden Wege zur Entwicklung eines intelligenten Umgangs mit den Anforderungen des Alltags erklärt und zahlreiche Tipps zur Anwendung des neu erworbenen Wissens gegeben. Mit vielen praktischen Übungen im Anhang.

Auch als E-Book erhältlich.
Leseproben und weitere Informationen: **shop.kohlhammer.de**

Jon Frederickson

Die Lügen, die wir uns selbst erzählen

Wie man sich der Wahrheit stellt, sich selbst akzeptiert und ein besseres Leben führt

Kohlhammer

2023. 152 Seiten. Kart.
€ 26,–
ISBN 978-3-17-040378-9

Wir sind immer wieder getrieben, wider besseres Wissen zu handeln – ein Spannungszustand, der oft zum Selbstbetrug führt.
Jon Frederickson zeigt in seinem Buch auf, was wir uns vormachen und wie wir uns davon befreien können. Auch wenn wir Unwahrheiten benutzen, um Schmerzen zu vermeiden, kann das Festhalten an unseren Fantasien tatsächlich zur Quelle noch größeren Leidens werden. Anhand von zahlreichen Geschichten und Beispielen stellt der Autor dar, dass die scheinbare Ursache unserer Probleme fast nie der Motor unserer Schwierigkeiten ist. Er arbeitet heraus, was wir wirklich fürchten und wie wir dem begegnen können; welche Lügen wir uns selbst erzählen und wie wir uns den Wahrheiten stellen können, um die wir bisher einen Bogen gemacht haben. Dabei wird deutlich, dass eine Therapie nicht nur ein Gespräch ist, sondern eine Beziehung zwischen zwei Menschen. Es geht darum, wie die Auseinandersetzung mit dem, was wir vermeiden, zu echter Veränderung führen kann. So befasst sich das Buch mit den Grundfragen des Lebens: Wer sind wir? Warum leiden wir? Was suchen wir?

Auch als E-Book erhältlich.
Leseproben und weitere Informationen: **shop.kohlhammer.de**